全面抗战时期
浙江财政史研究

《全面抗战时期浙江财政史研究》编委会　编著

人 民 出 版 社

抗战时期浙江省政府办公旧址

抗战时期浙江省财政厅旧址——方岩老仁昌旅社

抗战时期浙江省财政厅旧址（修缮后）

抗战报刊

戰時的浙江財政

曉辰

戰時財政負有兩種任務：一是調度充分資金以支持戰爭，二是在調度的時候，力求人民負擔的平均，以健全社會經濟機構。由前一項任務來看，戰時財政的運用，在消極的供給抗戰期間國家的必需經費，就後一項任務來看，戰時的財政政策又要積極的發揮促進國民經濟建設的功能。因此抗戰建國綱領和本省戰時政治綱領都以改革財政為完成抗戰建國目的的必要手段。地方財政為全國財政之一環，一省一縣的財政能否擔當上述的任務，關係整個抗戰前途；其影響所及，與某一戰區軍事勝負之牽動全面戰局，並沒有什麼兩樣。

浙西原是本省的經濟重心。在平時有扶助全省經濟發展的力量，在戰時則為補充抗戰力量的主要源泉。浙西許多縣份之淪於敵手，對於戰時的浙江財政自然是個重大的打擊。自從省會和浙西大部縣份失陷，至今恰恰一年；我們願對此時機回顧一下本省財政在動盪的局面下，究竟怎樣渡過了這一年的時光，而那些地方需要加倍努力，那些地方應常激底改革，我們也願貢獻一點意見。

關於一年來本省的財政措施，我們可以從整頓稅制，開發稅源，樽節經費，稽查財務，及縣財政等方面加以檢討：

第一，許多賦稅制度上的缺陷，在平時往往為了種種關係不易發覺，或雖經發覺而無法予以糾正；到了戰時，則因戰爭對於財政需求之迫切，不能容許這些缺陷的機續存在。例如在本省稅制上言，自亦不能例外。

浙西稅務處，甄用稅務處分處查緝辦事處及各項稅務處人員，招考並訓練稅務稽查員，訂定及修正各項營業稅契稅法規，和規定公款必須繳存金庫等等都是人事，組織，和稅務處理方面的重要設施。其中雖然在細目上無需要考量修正

通常籌集經費的方法，只知「開源」，很少有人注意到在戰時的財政狀況下還要有「清源」的工作。所謂清源，就是剔除中飽和不必要的收稅費的意思。現在大多數的賦稅都積弊很深，政府征爨的稅款只有一分，而人民實際上的捐輸已經不只兩倍三倍。整

省庫逐漸充裕的好現象，田賦契稅和營業稅一向是本省的主要財源，我們對於這三種稅收也就特別注意。

地方的進步。

起來戰鬥。求中國民族的發展生存，需要全國民眾起來戰鬥。換言之，無論政治經濟文化各部門，都需要有戰鬥的力量，以達到抗戰的總勝利。不戰鬥就是退却，退却就是滅亡。

達爾文進化的法則，說是求生存就須競爭；其實即是戰鬥。在求生存的時代，我們要一切都為戰鬥，能夠具備戰鬥精神的就能發生戰鬥力量；有了戰鬥力量，就可以完成你所執行某一種工作的任務。

不是為訓你被人打了右頰，左頰也送過去，這究竟是半出世主義的宗教徒告訴你的說法。所以在這時，我們要一切都

用戰鬥的形態來解決政治上內在或外在的各種矛盾和阻礙，有甚麼不可以呢？一個集團內有了腐敗的分子，用快刀斬亂麻的方法，把他割去，一下子就可以解決，地方上有一根惡蟲，以公正無邪的態度，把他除去，也痛快地可以解決。錯誤的是在不用這種戰鬥的形態，而定要別的方法——把他調一個職務或是給他另一種名義的安置在旁的地方——於是遺害猶存而妨及整個集團或整個

戰鬥的形態，而定要別的方法，愈要想調和兩種相反的勢力，而結果愈陷入混亂，所以妥協是只求一時的苟安，相忍為政是只求小朝廷的暫時的太平。這都是消

愈要避免人事的紛爭，而結果會紛爭愈多，愈要想調和兩種相反的勢力，而結果愈陷入混亂。

滅無遺的。

要不得的辦法，一碰到有力的鬥爭，都是消

序

历史浪潮滚滚,淘不尽微尘遗珠。

从九一八事变到抗日战争胜利,中国人民经历了长达 14 年艰苦卓绝的斗争。在这段历史中,有太多时刻值得铭记,有太多精神值得传承。为了纪念浙江财政在永康方岩这段鲜为人知的爱国主义抗战史,本书坚持论从史出、史论结合,通过对中华民国浙江省财政厅档案、《永康市志》等一大批史料文献的整理分析,真实还原了全面抗战时期浙江财政在永康的全貌,总结财政经济政策的历史经验,以期填补全面抗战时期浙江财政历史研究的空白。

抗战岁月,烽火东南。1937 年 7 月 7 日,卢沟桥事变爆发,日本帝国主义悍然发动全面侵华战争。同年 11 月,日军从杭州湾北岸登陆,杭州、嘉兴、湖州等地先后沦陷。面对日军的步步紧逼,为保留抗战火种,在时任省政府主席黄绍竑的主政下,12 月,浙江省政府迁驻永康方岩,省财政厅也随之移驻,一时永康成为浙江的政治、经济和文化中心。直至 1942 年 5 月,日军发动浙赣战役,永康形势告急,才南迁离开。

时局危殆,但希望未绝。浙江省财政厅迁驻方岩初期,浙江省半壁沦陷、运输阻隔、军费激增,加之国民政府自顾不暇,财政一度处于入不敷出、难以维系的境地。在内忧外患的双重压力下,省财政厅毅然推行"自给自足、量出为入、多渠开源"三大改革方针,全省人民积极响应、赢粮景从,为浙江抗战输送了大量人力、物力、财力。正是这种全民投入的抗战热情，延续了浙江财政的生命力，甚至出现了比全面抗战前更充裕的局面，为抗日民族统一战线和全面抗战时期抗日组织的抗战活动提供了强有力的支撑。

80 多年后的今天，方岩山脚下的老仁昌旅馆（浙江省财政厅旧址）依然静静矗立，五峰书院内周恩来亲手栽下的"团结抗战树"早已亭亭如盖。历史无声地证明，中华民族只要团结一心、自强不息，必然能实现民族复兴，屹立于世界民族之林。

世纪征程，奔流激荡；初心如磐，使命在肩。踏上第二个百年的"赶考"之路，唯有踔厉奋发、笃行不怠，方能不负历史、不负时代、不负人民。在党的二十大即将召开之际，谨以此书献礼，勉励新时代党员干部当好"红色根脉"的传承人、守护者，居安思危、化危为机，创造新成就，续写新辉煌，向历史、向人民交出新的更加优异的答卷！

《全面抗战时期浙江财政史研究》编委会

2022 年 8 月

目　录

绪论——全面抗战前浙江财政概述

2021 年是九一八事变 90 周年,也是中国共产党成立 100 周年。在这场长达 14 年之久的艰苦卓绝的抗战岁月中,中国共产党秉持民族大义,积极倡导和促成抗日民族统一战线,坚持全面抗战的政治路线和持久抗战的战略方针,成为全民族抗战的中流砥柱。包括国民党爱国官兵在内的全体中华儿女同仇敌忾,共赴国难,抵御外侮,救亡图存,赢得了近百年来中国人民反抗外敌入侵的第一次完全胜利,为世界反法西斯战争的全面胜利作出了巨大贡献。

浙江省,作为国民党中心统治区域,是抗战的东南前线,在全国抗战中的地位举足轻重。全面抗战爆发后,浙西杭嘉湖先后沦陷,浙江省政府迁驻永康。1939 年春,周恩来视察浙江抗战,与浙江的国民党军政要员会晤。在抗日民族统一战线的旗帜下,浙江的抗日救亡运动蓬勃开展起来。但由于失去了大部分的富裕地区,浙江的财政收入锐减,而军费、县协助费等开支剧增,导致财政异常困难。为此,黄绍竑在第二次主浙后,对战时的浙江省财政采取了一系列改革措施,如调整税收机构、整顿财务行政、举办土地陈报、开辟财税新来源、整顿旧税(营业税等)、活跃社会金融等,使财政收入有了较大幅度的增加,借以建立和扩充抗敌自卫团、兵工厂等,为浙江的抗战胜利作出了重要贡献。财政是维持一个政府政治经济权力的基础,全面抗战时期的浙江财政问题是当时浙江经济的一部分。本书坚持论从史出,史论结合的原则,通过史料的收集、整理和分析,力图全方位展示全面抗战时期浙江财政经济的全貌,总结财政经济政策的历史经验,为今天地方财政政策的制定和财政改革起到一定的借鉴和启迪作用。战时的浙江财政是全面抗战前浙江财政的延续,为了完整、准确地了解战时的浙江财政,须对全面抗战前的浙江财政——北洋政府时期和国民政府前期的财政作简要的回顾。

一、北洋政府时期的浙江财政概述

浙江位于中国东南沿海,素有"东南财赋之区"之称。秦至清朝,财政税收集权于中央,全国财政收支都在中央政府的大系统内统一管理,浙江财政仅仅是国家财政在浙江的分配活动,而不是与中央财政相对应的地方财政。清末曾清理浙江财政,拟分设浙江地方财政,但未实行。辛亥革命推翻清王朝的统治,建立了中华民国。尽管孙中山领导的南京临时政府为时短暂,但是中国社会在政治、经济、文化各方面还是出现了不少新气象。从财政制度上来说,最大的一个变化就是西方国家分税制财政体制的引入和尝试,于1913年1月明确划分了国家收支和地方收支的标准,至此,中国才开始有地方财政的雏形。

(一)民国初年的国地收支划分

1911年辛亥革命后,中华民国成立,由于继承了晚清政府的巨额负债,而关税等收入已拨作外债之担保,财政困于极点,国用所需,全仰给予举债。南京临时政府一成立,即发行军需公债,定额1亿元,实募仅7371150元,[①]成效甚微,无法摆脱财政困境。而财政基础的脆弱,则进一步加深了行政上和政治

---

① 参见潘国旗:《近代中国国内公债研究(1840—1926)》,经济科学出版社2007年版,第218页。另见贾士毅的《国债与金融》第二编"内债",认为此债实募为500万元,商务印书馆1930年版,第6页。

上的危机,故南京临时政府只存在了3个多月就夭折了,辛亥革命的胜利果实被袁世凯所窃取。嗣后,袁世凯恣暴自为,复辟帝制,随后军阀割据混战,财政困难加剧,债台增高且滥。

为了巩固自己的专制统治地位,改变中央与地方财政关系的混乱局面,增加财政收入,以解决财政困境,1912年冬,袁世凯政府订立了《国家地方政费标准》,规定了国地政费分配和中央、地方新的两级财政收入款项划分。此方案在1913年经修正后颁布实施,其目的在于确立编制财政预算的原则依据(见表0-1)。而划分中央、地方财政收入款项(见表0-2),意在解决中央财政"无一不与外债为缘"和"军阀集团武装争夺地盘活动日趋激烈、财政跟着混乱局面的发展而日益不可问"的局势。

表0-1　北洋政府时期国地收支划分表(支出部分)

国家政费	地方政费
海陆军费	立法费
官俸官厅费	教育费
立法费	警察费
内务费	实业费
外交费	卫生费
司法官厅及监狱费	救恤费
专门教育费	工程费
官业经营费	公债偿还费
工程费	自治职员费
西北拓殖费	征收费
征收费	
外债偿还费	
内债偿还费	
清帝优待费	

资料来源:财政部财政年鉴编纂处编:《财政年鉴》,商务印书馆1935年版,第2页。

表 0-2　北洋政府时期国地收支划分表（收入部分）

现行税项之划分		将来新税之划分	
国家税	地方税	国家税	地方税
田赋　盐税	田赋附加税	印花税	房屋税
关税　常关	商税　粮米捐	登录税	国家不征的消费税
统捐　厘金	牲畜税	继承税	国家不征的营业税
矿税　契税	油捐　酱油捐	营业税	入市税　使用物税
牙税　当税	船捐　杂货捐	所得税	使用人税
牙捐　当捐	店捐　房捐	出产税	营业附加税
烟税　酒税	戏捐　车捐	纸币发行税	所得附加税
茶税　糖税	乐户捐　茶馆捐		
渔业税	肉捐　饭馆捐		
	鱼捐　屠捐		
	夫行捐　土膏捐		
	其他杂税		
	其他杂捐		

资料来源:财政部财政年鉴编纂处编:《财政年鉴》,商务印书馆 1935 年版,第 1—2 页。

由于有了上述明确的国地收支划分标准,浙江地方财政乃以孳生。

（二）北洋政府时期的浙江财政概况

浙江光复后,百废待举,军政费用、支付赔款、举办各项社会保障事业等,需款孔亟;而军政府为苏民困,于 1911 年 11 月 5 日通电全省,宣告"所有历年积欠及本年应完钱粮一概豁免,其厘卡自九月十五日起先行裁撤"[①],又使来

---

① 《杭州新政汇志》,《申报》1911 年 11 月 11 日。

源枯竭。军政府的财政几成危机。1912 年浙省预算收入 1000 万元,而预算支出竟达 2000 万元。[①] 财政支出中,军费因新成之第一、第二两师,及其他军队,多达 700 万元,而行政上添设机关经费,亦增至数十万元,[②]由于缺乏现款,浙江一时出现金融阻滞、市面恐慌、百业凋敝的现象。

为解决财政困难,军政府采取多项措施。一是没收官产,追解外逃清朝官员所挟巨款。军政府一成立即"派队查抄藩库,一律封存",要求将各署局库银号抄出的现款暂时会解浙江兴业银行,仅 1911 年 11 月 10 日就运交银 100 万元、现洋 10 万元,[③]12 月初,军政府财政部又要求总商会转嘱各钱庄,将所存官款开出详细清单送财政部核办,总商会立即转嘱各钱庄"详细开报,恭请查提"。据估计,当时杭州大小官厅在各钱庄的存款在 160 万元以上。[④] 1912 年 1 月,军政府财政部又成立了官产清理局,清理各府厅州县官产,要求各府县民事长将辖区内所有清朝衙、署、所、绿营、旗地等官产,详细造表送财政部。浙江光复时,清朝要员大都星散,不少官员卷巨款外逃。据军政府财政、政事两部清查,有据可查的这类官吏在道府州县官员中就有170 余人,如道员刘学询欠大清银行 15 万元,军政府政事部会同官产清理局查封西湖刘庄备抵。军政府还派出专员调查携款外逃官员,并敦请所在地政府协拿追解。这一措施对解决军政府财政困难起了重要作用,当时军政府"入不敷出之数,多取决于前清藩道各库存款及追起州县欠款"[⑤](见表 0-3)。

---

① 《浙省预算不敷之可惊》,《申报》1912 年 4 月 2 日。
② 徐绍真编:《浙江财政概要》,杭州财务人员养成所 1931 年版,第 2 页。
③ 《杭州新政汇志》,《申报》1911 年 11 月 11 日。
④ 《新杭州种种·查提各项官款》,《申报》1911 年 12 月 4 日。
⑤ 浙江通志馆修、余绍宋纂:《重修浙江通志稿》第 90 册,浙江图书馆 1983 年誊印本,第30—31 页。

表 0-3　浙江省 1911 年 9 月至 1914 年临时收入表

单位:元(银元)

款别 / 年别	没收前清存款	捐　输	追起前清存款	追起前清旧款
1911.9	5277248	201868		
1912			50548	
1913				24611
1914				8792

资料来源:财政部财政调查处编:《各省区历年财政汇览》(第一编第二册,浙江省、福建省),财政部财政调查处发行 1927 年版,第 14 页。

　　二是建立和健全合理的税收制度。为普惠民生,军政府建立之初曾通令豁免钱粮,裁撤厘卡,但"所有正用(即盐、绸、烟、酒、糖)及地方公用杂捐照常完纳",然民众误以所有税捐均在豁免之列,因而拒交正用。为此,都督汤寿潜于 1911 年 11 月 24 日专门出示晓谕,指出所有各项常捐如盐、绸、烟、丝、茶、酒、糖等款照常完纳。[①] 地丁和统捐是财政收入之大宗,军政府于 1912 年 2 月公布了《浙江省地丁征收法议决案》《浙江省统捐暂行法议决案》,重新征收这两项税费。前项议案规定:凡全省田地山荡悉照原科征收,每银 1 两改征银元 1.5 元,原带征的外债捐照征,原带征的各种公益捐是否照征由县议会或城镇乡议会决定,所有从前"南漕兵米"一律裁免。[②] 第二项议案规定:各府县设统捐局和统捐分局,凡货物运销,不论道路远近均于第一次经过的统捐局按值百抽五的捐率一次收足,沿途所经其他各局不复重征。[③] 这样,统捐"较之昔日厘捐,所减已非细数"。此外,军政府还先后公布了《暂时不动产登记法议决案》《典当捐税议决案》《暂时不动产转移税法议决案》等法规,逐渐建立和健全了合理的税收制度。这对缓解浙江军政府的财政危机起了积极作用。

---

①　《新浙江缔造种种》,《申报》1911 年 11 月 25 日。
②　《浙江军政府公报》第 11 册 1912 年 2 月 6 日。
③　《浙江军政府公报》第 9 册 1912 年 2 月 4 日。

三是发行军用票和爱国公债。当上述两项措施仍不足以解决财政困难时，军政府先后通过发行军用票及爱国公债，以济其穷。军政府于1911年12月1日第一次发行军用票300万元，以100万元救济商业，维持市面，以200万元充作军饷。① 1912年6月，军政府第二次发行军用票200万元。② 此外，军政府还通过发行公债解决财政危机。1912年2月，浙江军政府财政部发行维持市面公债100万元，照面额发行，期限5个月，年息6厘。公债票投放后，认购踊跃，"风行市上，一无阻滞"。不久，军政府财政部又设立"公债票总经理处"，发行爱国公债500万元。③ 公债票上市后2个月就募集30万元，其中50万张1元票公债很快被认购一空，足见广大劳动群众对军政府的信任与支持。

1912年8月，朱瑞接任浙江都督后，以屈映光署民政长，张寿镛为财政司长，浙江省从此进入军人当政时期。朱瑞、屈映光时期的浙江省财政，起始由于负担甚重，负债累累。1913年7月，财政厅在无处设法筹款的情形下，准备向礼和洋行借款1000万元。但因浙省此前所借600万元债款两次逾期，礼和洋行不愿借给，以至于都督府无论何种机关官长概发半薪，兵警暂给半饷。④ 经过1年多的整理，财政情形有明显改观。据朱瑞的报告，到1914年6月，浙江原定520余万元军费，被减至年支出351万余元，较诸预算及1912年和1913年实支之数，年减170余万元。⑤ 1913年浙江国税厅筹备处成立，凡属于国税收入部分，由厅署筹划经管，其余地方收入，及国地两费之支出，仍由隶属于行政公署之财政司掌管，是年北洋中央政府虽颁布预算，但浙江格于实际情形，未能牵强筹办。在本年度终了4个月前，浙江曾认解中央三四十万元。⑥ 1914

① 浙江省人民银行金融研究室编：《浙江近代金融史》，浙江图书馆古籍部藏1984年油印本(未刊)。

② 《民立报》1911年12月7日；《浙江公报》第11册1912年6月9日。

③ 《浙江公报》第16册1912年2月14日；《浙江军政府公报》第56册1912年4月3日。

④ 《浙省借款不成之窘况》，《申报》1913年7月3日。

⑤ 李振华辑：《近代中国国内外大事记》，(台北)文海出版社1997年版，第3117页。

⑥ 徐绍真编：《浙江财政概要》，杭州财务人员养成所1931年版，第2页。另据《浙江省财政税务志》(中华书局2002年版)第157页所载，1913年浙江上缴中央财政总额为60万元。

年度预算,据屈映光向中央呈报,新税旧税通盘计算,收支相抵,可余 500 余万元,除弥补前欠,偿还礼和借款、地方公债,收回军票,共约 200 余万元外,计可报解中央 300 余万元。① 这除了说明浙江在努力向中央靠拢外,亦可看出浙省财政整理确有实效。故魏颂唐认为民初浙江财政在 1916 年前是"极盛时期"②。另外,值得一提的是这一时期浙江议会制的实施。按省议会暂行法规定,省议会有权议决本省单行条例,同时负责审查省政府财政预算,监督省财政,行政官员须到议会接受质问。

1914 年 7 月,浙江省政府财政厅成立,收支有统一机构,军政各费,亦均定有限制,加以整顿税收,初见成效,故在 1914 年和 1915 年,浙江报解中央旧税,数达三四百万元,且各项新税解款,尚未在内。③ 盖其时浙江政费,从严控制,而收入内烟酒、印花等税,均由省财政厅经管,故周转尚灵。1916 年省政局变更,增练师旅,添设机关,扩充警察,推广司法,军政各费,几达 1720 万元,支出骤形膨胀。收入方面,是年省议会议决,漕南抵补金改为每石 4 元,较从前减收 1 元,每年收入约计减少 70 余万元,故虽将中央解款如数截留,尚难支配,于是不得不向省内金融界设法借垫,以应急需,亏累之积,斯为滥觞,自后浙江财政年窘一年,其间虽经财政当局,多方筹划,力事整顿,终未能见大效,省库窘迫,仍唯有向银行界挪垫应付,截至 1919 年止,共计亏垫银 120 万元;④1920 年和 1921 年,浙江连遭岁荒,田赋因灾蠲缓,计短收银 200 余万元,加以丝茧捐减收 60 余万元,且从 1921 年起,浙西实行减赋,年短 40 万元,故统计岁入,共短 300 余万元之巨。而支出方面,各机关经费一项,此前每年额定为 350 万元,经迭次增加,至 1919 年一变而为 483.6 万余元,约增 37%,其

---

① 李振华辑:《近代中国国内外大事记》,第 3094 页。

② 《魏颂唐偶存稿》,浙江财务人员养成所 1931 年编印,第 2 页。

③ 徐绍真编:《浙江财政概要》,杭州财务人员养成所 1931 年版,第 2 页。另据《浙江省财政税务志》(中华书局 2002 年版)第 157 页所载,1914 年浙江上缴中央财政总额为 4016564 元,1915 年上缴中央财政总额为 4305564 元,两年共计 800 余万元。

④ 徐绍真编:《浙江财政概要》,杭州财务人员养成所 1931 年版,第 3 页。

他尚有警察官吏恤金、水警煤费、密查费等款,或系中央核准,或按本省现状,必须增加者,共计不下 10 万元,收入骤短巨款,支出又增加,故截至 1920 年度止,共垫借银 180 万元,积欠过巨,周转失灵,乃由省财政厅呈准军民两署,募集定期借款 150 万元,即以 90 万元划还中国银行,其余则拨交金库,以充军政各费,惟当时旧欠既未清偿,新债又须按月拨还,财政支绌,仍不减于往昔,至 1921 年度终了时,亏垫达 320 余万元。1922 年,浙江许多地方洪水泛滥,田赋减收,统计蠲缓短绌,几达 160 万元,而其他捐税,因灾后民力凋敝,亦短收 40 余万元,加以抵补金附税,又复逐年递减,而是年新增支出,如保安队及临时防务等款,约需 36 万余元,至年度终了,核计共积欠借款 420 万元,省财政厅无奈之下又举行第二次定期借款 200 万元,以应眉急。1923 年度内,浙江疏浚太湖之测量、改良蚕桑会之经费、添募警备队之薪饷各项,共计 18.9 万余元,上述支出事关浙江水利、实业和治安,无法节减,然而亏欠借款,是年度又增加了 50 余万元。其时悉索敝赋,终难为继,至 1924 年 1 月,再募集第三次定期借款 150 万元,尚不足支配,又于是年 6 月,发行第四次定期借款 200 万元。自 1924 年"齐卢之战"爆发后,浙江政局不稳,支出浩繁,财政愈益恶化,因之前所发债券都要陆续还本付息。当局罗掘已穷,为治标计,分别于 1925 年、1926 年发行善后公债 300 万元、整理旧欠公债 360 万元。

总之,北洋政府时期的浙江省财政,自军政府一成立就十分困难,可以说是无年不与借款、举债为缘,皆因在此期间内,浙江军事繁兴,财政益形竭蹶,以收入言,则人民流难失所,粮赋固无形停顿,而货物停滞,统捐亦毫无收入,短绌之巨,为从来所未有;而支出方面,非但省库临时特别支出,为数甚巨,即地方各县为军队提借供应之款,几达 140 万元,[1]其周转之困难,已可想见。且连年兵灾迭现,民力已亏,赋税增无可增,而历年所欠借款,又非按时清偿不可,遂致前欠未清,后债又积,只能借新还旧,以资补苴。北洋政府时期浙江省

---

① 徐绍真编:《浙江财政概要》,杭州财务人员养成所 1931 年版,第 4 页。

历年财政收支实数如表0-4所示,以资比较。

表0-4　浙江省1911年9月至1926年财政收支实数比较表

单位:元(银元)

年度	收入	支出	余(+)或亏(-)
1911.9—1912.6	10242076	10505025	-262949
1912	5423121	13095763	-7672642
1913	7977504	11835399	-3857895
1914	13314837	13840521	-525684
1915	13641691	15614138	-1972447
1916	16763612	17217283	-453671
1917	12990813	15298902	-2308089
1918	13563008	14925723	-1362715
1919	11915118	13086149	-1171031
1920	12510191	14047538	-1537347
1921	11878602	13770363	-1891761
1922	12426696	14210240	-1783544
1923	13309990	13067143	+242847
1924	12976426	15447209	-2470783
1925	13822646	14754799	-932153
1926	11895994	17577777	-5681783

资料来源:浙江省财政税务志编纂委员会编:《浙江省财政税务志》,中华书局2002年版,第163页。原文注明,收入数为赋税收入,包括地丁、抵补金、屯粮、租课、契约、契纸费、验契费等项,债款等临时收入未计算在内。1911年9月—1912年6月、1916年的数字引自财政部财政调查处编:《各省区历年财政汇览》(第一编第二册,浙江省、福建省),财政部财政调查处发行1927年版,第14页,收入数包括债款等临时收入。

(三)北洋政府时期的浙江财政收入

民国初年浙江的收入基本结构和税制与清末税制大体无异。袁世凯执政时期,为使财政收入有可靠来源,整理旧税,开征新税,划分中央和地方收入,形成了有半殖民地、半封建色彩的资本主义税制。综观北洋时期的浙江财政收入可分赋税收入、非赋税收入和借款收入三大类。此处主要论述赋税收入、非赋税收入两类。

1. 赋税收入

北洋时期浙江的赋税收入主要有田赋、契税、船捐、烟酒附税、盐附税、烟酒牌照税等项。此外,还有正杂各税、正杂各捐等名目。

（1）田赋

田赋指征收于土地之各种赋税而言,为中国封建社会之国家正供,向属中央,历代多有变革,战国、秦、汉和两晋时期实行租税制,而北魏至隋、唐则为租调（租、庸、调）制,唐中期至明代是两税法,明中期至清初实行一条鞭法,或以钱米缴纳,或以力役充之。到了清朝,承明旧制,银差力差并合为丁,其余赋法,更革不多。康熙以前,地、丁分别征课,雍、乾以后,地丁合一,其初施行清丈,厘定经界,颇见整理,道光以降,内忧外患交迫而来,虽迭谋清理,而成效不大。进入民国以后,浙江省首创免漕,以解民困,未几议改为漕南抵补金,与地丁各别征收,历年照办,改变不多。田赋系一总称,其中因历史的关系,包括地丁、抵补金、屯粮、租课和田赋征收费五类,兹分述之。

地丁:地丁是从清代延续下来的赋款。地者指田地山荡等类而言,丁者人丁之谓。据清朝户部则例所载,浙江省各项田地,共 464102 余顷,丁 8622808 人,①康熙五十年,定以康熙五十年丁册为常额,其新增者,谓之盛世滋生,永不加赋。雍正四年,覆准浙江各属丁银,以通省田亩均摊,每田赋银 1 两,均摊丁银 2 钱 4 厘 5 毫,从此丁有滋生,徭无加额,寓丁税于亩税之中,而并称为地丁。在清朝,地丁赋款名目繁多,如地丁、河工、颜料蝎茶、南丝、抵课水手、司存留,府厅州县存留等款,属于布政司主管。漕项漕截属于督粮道主管,凡此种种,均由州县于征起地丁内,分款报解坐支,分案造册奏销,期限既各不同,

---

① 徐绍真编:《浙江财政概要》,杭州财务人员养成所 1931 年版,第 15 页。

考成亦非一致,十分复杂。民国以后,有所繁化。地丁赋款向以银两为本位,后因生银久不通行,清朝时已折合制钱征收,每地丁银 1 两,折 2243 文至 2800 文不等,再以钱数折合银元,算法甚为烦琐。民国后,改为直接以银元折合,1912 年 5 月,经临时省议会议决,每地丁银 1 两,折合银元 1.5 元,为中央正税,另加粮捐 3 角,为省税,共 1.8 元,其余为特捐,留作县地方之用,如某县地丁,按清代旧例,向征制钱 2500 文,即应改征银元 2.5 元,其中 1.5 元为国税,3 角为省税,其余 7 角则为县税。浙江地丁的历年实际征收额因年岁歉熟不同,时有增减,平均大约为应征额的 80% 左右。1911 年 9 月—1912 年 6 月实收 222868 元,1912 年实收 3704085 元,1914 年实收 4424314 元,1915 年实收 4137247 元,1916 年实收 4200611 元。[①] 1924 年浙江的地丁应征数为 4954502 元,其中国税 4128752.3 元,省税 825750 元。[②]征收地丁的经费,是以正税 1.8 元为基数,加征 9%。

抵补金:也称漕南抵补金,为漕粮与南米(留本省供兵胥之用的粮食)裁免后改征银元之税。清代漕粮原须解京正供,南米则留在省内发放兵粮。民国成立后,浙江临时省议会于 1912 年 1 月议决,按照地丁征收法案第三条规定,漕粮与南米一律裁免,但军事未定以前,应否征收一次,由省议会议决之等语。南北统一后,浙江省当局,以漕、南征纳,关系全国收入,将浙江省丁漕征收法电请提交北洋政府国务会议,经国务会议公决,浙江省漕南,仍应照旧征收,并交由参议院议决办法大纲六条,将浙江省向征之漕南米,一律实行裁免,按照向征米数,改征抵补金,每斗折征银元 3 角(每石 3 元),由于南米向来征折色,不及 3 角者,仍照旧办理。但北洋政府财政部嗣以财政困难,此项抵补金办法较之清朝征收实数短绌甚巨,即于 1913 年 12 月,由部电饬照清朝最多

---

① 财政部财政调查处编:《各省区历年财政汇览》(第一编第二册,浙江省、福建省),财政部财政调查处发行 1927 年版,第 39—69 页。

② 浙江省财政税务志编纂委员会编:《浙江省财政税务志》,中华书局 2002 年版,第 154 页。

之额征收。经国税厅筹备处查明,清朝各县折征价目平均每石4.758元,因此改为每斗征银5角,由部通饬照办。由于浙省议会和民间团体纷纷以负担太重为理由请求降低,省政府于1916年10月改为每斗征收3角,另外每斗再加1角作为省税。带征的省税,从1921年起逐年降低,1921年为每石8角,1923年为每石0.6元,其后每年递减0.1元。1924年全省应征数为776926.479石,每石国税3元,总计2330779元;省税0.5元,总计388463元。① 由于大部分随地丁征收,历年实际征收数在80%左右。1912年实收98507元,1914年实收3320020元,1915年实收2982911元,1916年实收2900599元。② 抵补金的征收经费,自1921年起稳定为国税每石3.75%,省税3%。

屯粮:屯粮出自屯田,系为漕运帮丁而设,③ 自漕运停止,屯田无设置之必要。1915年,颁布处分屯田章程,责成屯坐各县,将从前官有屯田一律开放,改为人民私有。各县屯田经此处分,屯粮名目已不复存在,然间有少数县份尚未办理完结,仍由县分征分解。随着屯田的转卖为民田,屯粮大部分也转入地丁,历年实际征收为数不多,1912年实收16694元,1914年实收45851元,1915年实收81500元,1916年实收20010元。④ 至1924年,国家项下仅列有8370元,省列1674元。⑤

租课:租课系对出租给百姓耕种的国有土地征收地租。浙江租课名目繁多,有地租、沙租、牧租、佃租、篷租、渔课等,基本上是在公属荒废地和沿江、河

---

① 浙江省财政税务志编纂委员会编:《浙江省财政税务志》,中华书局2002年版,第154页。

② 财政部财政调查处编:《各省区历年财政汇览》(第一编第二册,浙江省、福建省),财政部财政调查处发行1927年版,第45—69页。

③ 徐绍真编:《浙江财政概要》,杭州财务人员养成所1931年版,第19页。关于屯粮的解释,《浙江省财政税务志》与此略有不同,谓"屯粮系前清驻浙江军队屯田部分所交纳的田赋",参见《浙江省财政税务志》,中华书局2002年版,第154页。

④ 财政部财政调查处编:《各省区历年财政汇览》(第一编第二册,浙江省、福建省),财政部财政调查处发行1927年版,第45—69页。

⑤ 浙江省财政税务志编纂委员会编:《浙江省财政税务志》,中华书局2002年版,第154页。

口不稳定新增土地上征收,具有以租代赋的性质。民国初年,项内所涉田地多数改为民有,租课升入大粮,应征的银米转入地丁和抵补金内,租课逐渐豁免减消,1916 年的预算全省尚有租课 55229 元,至 1923 年,已经减至 7642 元。[①]历年实际征收数无多,1911 年 9 月至 1912 年 6 月仅实收 2478 元,1912 年实收 33846 元,1914 年实收 54636 元,1915 年实收 36350 元,1916 年实收 30213 元。[②]

田赋征收费:浙江省田赋征收费于 1914 年,根据财政部批准按照正赋的 10%以内征收,实际从 1914 年上忙开始,在地丁项下附加征收 9%,抵补金项下每石附加征收 0.15 元。实际执行中,田赋多的地区征收费有盈余;田赋少的地区则不敷使用。因此,国税厅规定按照地丁征额的等差规定各地的征收费支配标准,从 7.5%到 10%不等。1924 年,地丁征收费 445905 元,其中各县留支及拨补 413687 元,剩余 32218 元留于省财政厅作为催征、勘灾等备用。抵补金征收费 99058 元,全部留在县级作为经费。

(2)契税

契税是对土地、房屋等不动产,在产权买卖转移时所书立凭据所征的税。中国的契税,历史悠久。按清户部则例所载,置买田房价银每两纳税 3 分。又载如系活契典当田房,契载在 15 年内者,概不纳税,当时办法简单,投税之契由官填给契尾,即为完事。到了清朝后期,各省契税率轻重不同,课征办法,各地也不一致。有买契从价每两征收 9 分的,有典契征收半额的,有买典同额征收的,有正税以外附带征收杂项的,凡此种种,莫可究诘。1911 年,为了全国征收统一,订立《契税试办章程》20 条,规定买契征收 9%,典契征收 6%,其中买契以 3%—6%、典契以 4%—5%作为中央收入,其余拨归地方,严禁各项附

---

① 浙江省财政税务志编纂委员会编:《浙江省财政税务志》,中华书局 2002 年版,第 154 页。

② 财政部财政调查处编:《各省区历年财政汇览》(第一编第二册,浙江省、福建省),财政部财政调查处发行 1927 年版,第 39—69 页。

加。但各省地方政府认为此项规定难于照办,因此并未严格实行。民初承袭清制,1912 年 7 月,举办不动产登记,兼征移转税,规定卖契税 20‰,典契税 15‰。1913 年 7 月,北洋政府财政部通饬照清朝税则,仍改为卖契税 9%,典契税 6%,浙江即于 9 月起遵令实行。但因税率骤增,收数锐减。1914 年,北洋政府财政部颁布契税条例 12 条和实施细则,规定不动产买卖典押的契约,须报官厅验核,加盖官厅印章,并缴纳契税,所立契约始能生效。卖契按价课税 9%,典契按价课 6%,同时加收契纸费每张 5 角。先典后卖的卖契可以原纳典契税划抵卖契税,但买主必须是原承典人。官厅、自治团体及其他公益法人典卖不动产免税。契税完纳期限为契约成立后 6 个月,逾期不纳税者课罚款 10 倍于应纳税款。由于税率过重、处罚太严,民间多匿报匿价,契税收入反而减少。为此,北洋政府财政部遂电令各省体察情形,自定税率,报部核准施行,于是税制趋于混乱。1917 年,北洋政府财政部复修改税率,规定卖契按价课税 6%,典契课 3%,另准地方征收附加税供其便宜使用,但以最高不超过正税 30% 为限。兹将浙省办理契税情形略述于下。

由于契税为征于产权移动之税,而契纸为产权移动之表征,故整顿契税必须就契纸方面定一管理办法,既可使稽征便利,又能使隐匿减少。我国民间习惯,遇有产业卖典,或用空白纸张随意书写,或购坊间印刷纸张照式填写,每年成立契纸,究有若干张数,是否漏税,无从稽考。清末浙江省藩司有鉴于此,特颁行官契纸,至 1917 年,浙江财政厅仿照湖北省成规,订定发行契纸细则,规定:凡民间卖典产业,均须书写官契纸,以为产权之凭证,官契纸每张 5 角,由各县公署就所管区域,酌设契纸发行所若干处,人民需用契纸,须填具申请书,向各发行所缴价购买。购得纸后应于两个月内(遇有特殊情形酌予宽限外)成立契约,否则即失效力。倘有遗失或误填等事故,须缴价补购。至于各县及发行所出售契纸经费,规定在所收契纸费每张 5 角内,除半数解省外,以 1 角为县局经费,以 1.5 角为发行所经费,各按销售张数,分别提给。浙江省契税向由各县经征,并无定额,因契约之成立,要视产业移转多寡为衡,而产业移转之多寡,又随年岁收获之丰歉、人民富力之消长而定。浙江省契税,自 1912 年 7 月起,定名为移转税,全省收数为 26 万元,1913 年 9 月改名为契税,中间因税率之变迁,截至 1914 年 12 月止,连同契纸费,实收 54 万余元,1915 年收数为 50 万元,[1]1916 年约收 53 万余元。[2]

(3)统捐

民国初年,浙江将清末厘金改为统捐。1912 年,在浙江财政司下设置 11 个统捐局,对货物征收统捐归地方收入。1913 年,成立浙江国税厅筹备处(隶属财政部国税厅总筹备处),是年 5 月接收浙江财政司所属各统捐局,7 月呈准财政部将统捐局一律改名征收局(分局),统捐由地方收入转归中央收入。浙江统捐有百货捐、丝捐、绸绉捐、棉花捐、茶捐、糖捐、洋广货捐、宁镇船捐、宁波闽货捐、煤捐、煤油捐、箔捐 13 种,但以百货捐范围最广,数额也最大。百货捐分为绸缎绣货、皮毛牲畜、棉花厂纱、呢羽布匹、锡箔纸札、磁器货窑、木竹、铜锡铅铁、油、药材、食物、颜料、京广杂 13 类,相应的税率也分 13 类,从 5.5% 至 10% 不等。民国初年,依照清朝一起一验之数,酌量增减,大都减轻者多,增加者少,以后该项税又修正过几次。统捐的征收,按照民初制订的《统捐暂行办法》和 1914 年 7 月公布的《浙江省征收统捐章程》规定,浙江货物运销应于第一次经过统捐征收局(分局)一次征收足额。外省货物运入浙江地界相同。征收局发给捐票,沿途凭票查验放行。因此,浙江征收统捐虽对厘金旧制作了一些改进,但遇卡检查、手续烦琐,且省与省捐率各异,阻碍商品流通,国民政府财政部于 1928 年召开苏浙皖闽赣五省裁厘会议后,浙江从 1931 年 1 月起废止统捐,改办特种消费税。从 1912 年至 1923 年,浙江省实收统捐 4644.9 万元;[3]其中百货捐 1911 年 9 月至 1912 年 6 月实收 678071 元,1912

---

① 徐绍真编:《浙江财政概要》,杭州财务人员养成所 1931 年版,第 43 页。

② 财政部财政调查处编辑:《各省区历年财政汇览》(第一编第二册,浙江省、福建省),财政部财政调查处发行 1927 年版,第 70 页。

③ 浙江省财政税务志编纂委员会编:《浙江省财政税务志》,中华书局 2002 年版,第 135 页。

年实收 1639817 元,1914 年实收 2742368 元,1915 年实收 2991024 元,1916 年实收 2893258 元。①

(4)牙税(牙帖捐税)

浙江省牙税,在清朝后期计分三种:一曰牙行,应领部颁牙帖;一曰丝茧行,由司给发谕单;一曰钞户,由司给发季钞执照。凡开设牙行,依其地点之繁僻,分为四等,各纳捐银 480 两至 60 两不等。光绪二十九年(1903 年)起,改为三等,并规定年纳税银自 10 两至 5 两不等。② 浙江光复后,经临时省议会议决,颁布《捐换牙帖简章》,将前清部领牙帖、谕单、季钞统称为牙行捐帖,长期牙帖 10 年换一次,年换牙帖 1 年一换,季换牙帖每季一换,并规定牙帖捐率和牙税率。1916 年 1 月起施行《浙江省续订牙帖章程》,对捐率、牙税作了调整,牙帖捐率:长期者,"繁重上则"捐银 800 元,"中则"捐银 500 元,"下则"捐银 250 元;"偏僻上则"捐银 400 元,"中则"捐银 200 元,"下则"捐银 120 元。年换牙帖捐率,比照长期牙帖分别等则加二成完缴十分之一;季换牙帖捐率比照年换牙帖捐率分别等则完缴四分之一。牙税率:按年缴纳,"繁盛上则"税银 40 元,"中则"税银 30 元,"下则"税银 15 元,"偏僻上则"税银 20 元,"中则"税银 10 元,"下则"税银 5 元。③ 季换牙帖者每季完纳四分之一。应领牙帖有关繁盛偏僻的界限,以资本多寡、年计牙用收入,由县知事按规定标准核定,牙帖捐税并由各县署征收。浙省牙税实征数 1911 年 9 月至 1912 年 6 月实收 42621 元,1912 年实收 70736 元,1914 年实收 163258 元,1915 年实收 165667 元,1916 年实收 202870 元。④

---

① 财政部财政调查处编:《各省区历年财政汇览》(第一编第二册,浙江省、福建省),财政部财政调查处发行 1927 年版,第 39—69 页。
② 徐绍真编:《浙江财政概要》,杭州财务人员养成所 1931 年版,第 65 页。
③ 浙江省财政税务志编纂委员会编:《浙江省财政税务志》,中华书局 2002 年版,第 140 页。
④ 财政部财政调查处编:《各省区历年财政汇览》(第一编第二册,浙江省、福建省),财政部财政调查处发行 1927 年版,第 40—70 页。

（5）当税（当帖捐税）

当税创自清朝康熙三年（1664 年），户部则例规定，每当铺按年征银 5 两至 2 两 5 钱不等，至雍正六年（1728 年），始设典当行帖规则，凡民间开设典当，均应呈地方官转详布政司请帖，按年纳税，奏销报部。所谓税者，专指正税一项而言，后因海防筹饷，或因军需集款，责令各商于正税外，每铺领帖 1 张，另捐饷银若干，于是有帖捐之名。此项捐银数目，各省原无定率，因款归外销，向不报部，各依惯例而抽收。浙江省典当，清朝时，征收当帖捐、当税及架本捐三种。繁盛地方，每帖捐银 400 两，偏僻地方捐银 200 两，当税均每年 50 两，架本捐按架本多寡，分等抽收，后复令加倍完纳，故有正倍捐之名称。浙江光复以后，经临时省议会议决，将银两改为银元征收，规定繁盛地方，每帖 1 张，捐银 400 元，偏僻地方，每帖 1 张，捐银 200 元，每年税额，无论繁盛偏僻，各完银 75 元，而架本捐，仍按清朝旧率，以银两折合银元，分别征收，凡架本捐在 15 万元以上者，每年缴正倍捐银 300 元，10 万元以上者，缴捐 240 元，5 万元以上者，缴捐 180 元，2 万元以上者，缴捐 120 元，不及 2 万元者，缴捐 60 元。[1]后来，浙江省奉北洋政府财政部令迭次整顿，于 1915 年，由省财政厅拟订当帖捐税简章，规定各当铺领帖有效期为 10 年，期满即应换领新帖，缴纳帖捐，后因各典商多未遵行，1925 年由全浙典业公会，呈准缓办。只架本捐一项，有减半缴纳的，也有从未缴纳的，省内各县办法不一，纷歧杂乱，致此项捐税收数大受影响。浙江省当税实征数 1911 年 9 月至 1912 年 6 月实收 1000 元，1912 年实收 34309 元，1914 年实收 54434 元，1915 年实收 37028 元，1916 年实收 27956 元。[2]

（6）矿税

矿税是对采掘业征收的税。根据北洋政府颁布的《矿业条例》和《矿业

---

[1] 徐绍真编：《浙江财政概要》，杭州财务人员养成所 1931 年版，第 73—74 页。

[2] 财政部财政调查处编：《各省区历年财政汇览》（第一编第二册，浙江省、福建省），财政部财政调查处发行 1927 年版，第 40—70 页。

法》,矿税包括矿区税、矿产税和统税。矿区税是按矿区占地亩数计征,由矿业主向实业厅预交,而后转解中央农商部。矿产税是按矿产品产地的平均市价计算,由矿业主统计前 6 个月的产量,计算出产值,上交各省财政厅。统税,由矿业主预估 3 个月内的运销额,按 5% 的税率计算税额,上交财政部。浙江矿税以矾矿为大宗,其次为煤、铁、弗石,以及锑、锌、铅、铜、锡、锰、硫磺等,浙江从 1915 年开征矿产税,下面就矿区税和矿产税分别论述。

矿区税　第一类矿质计有:金、银、铜、铁、锡、铅、锑、镍、钴、锰、锌、铝、砒、汞、铋、铂、铱、钼、铬、铀、煤炭类、宝石类等 22 种。税率和计税价格:按年每亩纳银元 0.3 元;其砂铂、砂金、砂锡、砂铁在河底者,按年每长 10 丈纳银元 0.3 元。第二类矿质计有:水晶、石棉、金刚砂、云母、钢玉、石膏、磷酸石灰、重晶石、硝酸盐、硫磺、硫化铁、硼砂、弗石、大理石(可作装饰品者)、长石、滑石、笔铅、泥炭、琥珀、土沥青、柏油、浮石、海泡石、磁土、硅藻土、硅藻板、苦土矿、漂白土、颜料石类(如赭石红土等)等 29 种。税率和计税价格,按年每亩纳银元 0.15 元。矿区探矿,一、二两类税额均以 0.05 元计算。

矿产税　按照《矿业条例》规定,第一类矿质税率为 15‰;第二类矿质税率为 10‰。计税价格按出产地 6 个月平均市价由农商总长核定。《矿业法》公布时,列举的 51 种矿质的税率为 2%,计税价格按出产地附近市场平均市价由农矿部根据省主管官署报告核定。

北洋时期的矿税(矿区税、矿产税)开始由农商部矿务署所属当地矿务部门直接征收后解交浙江省财政厅核收,册报农商部。长兴矿税由长兴矿税征收专员征收。以后矿产税改为浙江省财政厅所属当地财政部门征收。但采矿权者因矿工罢工,或其他不可抗力致不能工作继续 2 个月以上时,可请求免纳不能工作期间矿区税。[①] 北洋时期的浙江矿税收数不多,1912 年为 656 元,

---

① 浙江省财政税务志编纂委员会编:《浙江省财政税务志》,中华书局 2002 年版,第147 页。

1914年为430元,1915年为1384元,1916年为1554元。[①]

(7)船舶牌照费

浙江的船舶牌照费,为取缔船户、防止盗源而设,由内河水警局及外海水警局征收,其牌照每年换领一次,规定内河船舶牌照费分为五等,自5角至4元不等。至于外海船舶牌照费分为八等,自1角至2元不等,每年收数平均约20000元左右,1914年实收2029元,1915年17704元,1916年21017元。[②]

(8)烟酒牌照税、烟酒公卖费

烟、酒两项征税,在浙江办理统捐时归入百货范围之内,本有二成附捐,以充地方教育公益等需,其后烟酒征税,划出统捐范围,另设专局办理,1914年5月开征烟酒牌照税,按年纳税。整卖营业者40元,甲种零卖营业者16元,乙种零卖营业者8元,丙种零卖营业者4元。北洋时期的浙江烟酒牌照税历年实征数,1914年为187641元,1915年为152590元,1916年为140920元。[③]至于烟酒公卖费,浙江于1915年8月实施,采取产、销并征制。费率为:行销烟酒者,按经卖商、分卖商分别确定,公卖售价内扣给经卖商1.5分手续费;分卖商由经卖商所得1.5分内扣给1.3分手续费;零卖商由分卖商所得1.3分内扣给1分手续费。产制烟酒者,查明酒缸数量、刨烟丝工具数量,议定售价,从量核定,每百斤费率,烟叶1.5元,烟筋0.6元,烟梗免费,烟丝3.6元;酒类自0.1元至0.2元,洋酒不征费,酒精4.8元,[④]以后费率迭有变动。烟酒税费是浙江货物征税的大宗税收,公卖费实收数,1915年为134992元,1916年

---

① 财政部财政调查处编:《各省区历年财政汇览》(第一编第二册,浙江省、福建省),财政部财政调查处发行1927年版,第47—70页。

② 财政部财政调查处编:《各省区历年财政汇览》(第一编第二册,浙江省、福建省),财政部财政调查处发行1927年版,第55—70页。

③ 财政部财政调查处编:《各省区历年财政汇览》(第一编第二册,浙江省、福建省),财政部财政调查处发行1927年版,第53—73页。

④ 浙江省财政税务志编纂委员会编:《浙江省财政税务志》,中华书局2002年版,第136页。

为 290746 元。①

（9）印花税

浙江开办印花税始于 1913 年 4 月。省城于同年 4 月 15 日起，按照 1912 年 10 月公布的《印花税法》执行。凡商民所用契押、簿据一律贴用印花，由警察厅派警检查，县城镇乡责成县知事一律仿办，设置征收局会同办理。贴用印花范围分为契约、簿据两类，契约类列举 15 种，簿据类列举 11 种。最低贴 1 分，最高贴 1.5 元。1914 年 8 月公布《关于人事凭证贴用印花条例》，列举 9 项凭证贴用印花，从 0.04—2 元不等；其中出洋护照，学生可减 1/2 贴用印花。印花税的征收，1913 年 4 月开办期间由浙江国税厅筹备处经管，筹备处派员分赴各县，会同县知事劝导当地商会转饬商民贴用印花，县公署附设印花税支发行所，委任县知事兼任推销事务，印花税票由财政部印制颁发到省转各地销售。1915 年，浙江国税厅筹备处撤销，印花税事务移交财政厅接办。1917 年 2 月，成立浙江印花税处，由财政部委派处长专司其事，财政厅兼管印花税事务划归该处主办。但实际上，自 1920 年以后，印花税款经军事机关截留，抵作浙江军饷，财政部停发印花税票，印花税处无法应付，决定自制印花，以免税务停顿。处长也改由省委派。因此，印花税处自 1920 年至 1926 年与中央完全隔绝。1927 年 6 月才开始隶属于国民政府财政部，将印花税处改为浙江印花税局。至于免税，民国初年规定国家所用之契约、簿据不贴印花。但有营业性质之各种官业，仍依规定贴用印花税票。浙江对杭州、鄞县电报局具有营业性质的报费收照几经交涉才按规定贴印花税票。北洋时期浙江印花税的实收数，1914 年为 24591 元，1915 年为 133379 元，1916 年为 14516 元。②

---

① 财政部财政调查处编：《各省区历年财政汇览》（第一编第二册，浙江省、福建省），财政部财政调查处发行 1927 年版，第 65、73 页。

② 财政部财政调查处编：《各省区历年财政汇览》（第一编第二册，浙江省、福建省），财政部财政调查处发行 1927 年版，第 57—73 页。

（10）屠宰税

屠宰税系 1915 年 1 月间,由北洋政府财政部颁发《屠宰税简章》,令饬开办,浙江省始征屠宰税。税额按头确定:猪每头大洋 0.3 元,牛每头大洋 1 元,羊每只大洋 0.2 元,1916 年以屠牛有妨农事删除牛税,猪、羊每头增税 0.1 元。浙江奉文办理,经财政厅参照本省情形,拟订施行细则,由各县按屠户营业大小,定税额之多寡,分别认定。但浙江省各县多未能切实办理,收数未见起色。1917 年间,财政部据甘肃等省以冠婚丧祭年节宰杀,一律收税,未免涉及苛细,请求免除等情,经核准,通令免征,惟其范围以绝对无营业性质者为限,至此屠宰税尽失其行为税之性质,而为纯粹之营业税,浙江省历来照办。1921 年间,省财政厅以屠宰税收数疲滞,特再订定整顿办法,所有各县屠宰猪羊两税,无论派人征收及由屠户直接认缴,一律由县收回,责成各该管警察区官,按月向各屠户调阅簿据,查明实在屠宰只数,核实征解,行之年余,税收仍无起色。1922 年改变方针,拟采用投标方法,招商承办,但因政局变更,未及实行。1925 年,经省财政厅按照各地方肉食销场情形,酌定派额,责成各县切实征收,全省年共应征银 674328 元,[①]然未能如额征足。

北洋政府时期的浙江租税收入,以田赋及烟酒税费等为大宗,其大略情形已如前述,此外,尚有丝捐、茧捐、茶捐等项,其性质类似于租税,或系于国家税项下带征,或系依新章划归地方收入,创设历史各不相同,办理之情形亦有差异,兹不赘述。

2. 非赋税收入

北洋时期浙江的非租税收入,极为有限,仅行政、司法及少数官有财产收入而已,每年收入数总计不及 50 万元,[②]兹分述之。

---

①　徐绍真编:《浙江财政概要》,杭州财务人员养成所 1931 年版,第 78—79 页。
②　徐绍真编:《浙江财政概要》,杭州财务人员养成所 1931 年版,第 85—86 页。

（1）官款生息

官款生息系浙江的财政收入资金对外借款利息，沿自清朝，民国成立后循旧办理，年息 6 厘至 7 厘不等。官款生息的收数，1911 年 9 月至 1912 年 6 月为 2509 元，1912 年为 109790 元，1914 年为 85120 元，1915 年为 106428 元，1916 年为 128974 元，①1925 年为 97468 元。②

（2）司法收入

浙江的司法收入沿自清朝，民国成立后略有变更，包括各级审判和检察机关的审判、送达、罚金等费用。司法收入的实收数，1911 年 9 月—1912 年 6 月为 3181 元，1912 年为 49610 元，1914 年为 18939 元，1915 年为 504 元，1916 年为 73811 元，③1922 年为 304358 元。④

（3）教育收入

教育收入包括学校和图书馆的收入。由于学校和图书馆经费皆由省财政拨给，所以其收入各款也应解缴省库。其中学校每年的学杂费等收入，1912 年为 44184 元，1914 年为 49331 元，1915 年为 27664 元，1916 年为 43139 元，此外尚有省立图书馆收入，每年收数不多，1914 年仅 238 元，1916 年为 765 元。⑤ 但到北洋末期略有增加，学校、图书馆两项收入共计约 10 万元左右。

（4）官业收入

官业收入包括省营事业和对外投资入股收入。浙江省官营业收入向属有

---

① 财政部财政调查处编：《各省区历年财政汇览》（第一编第二册，浙江省、福建省），财政部财政调查处发行 1927 年版，第 41—73 页。

② 浙江省财政税务志编纂委员会编：《浙江省财政税务志》，中华书局 2002 年版，第 155 页。

③ 财政部财政调查处编：《各省区历年财政汇览》（第一编第二册，浙江省、福建省），财政部财政调查处发行 1927 年版，第 41—73 页。

④ 浙江省财政税务志编纂委员会编：《浙江省财政税务志》，中华书局 2002 年版，第 155 页。

⑤ 财政部财政调查处编：《各省区历年财政汇览》（第一编第二册，浙江省、福建省），财政部财政调查处发行 1927 年版，第 49—74 页。

限,在财政上无重要地位,其后因省营交通事业日益发达,收入才渐渐增加,1916 年的"各场(厂)生息"仅 5669 元,①1925 年官业收入增加到 81547 元。②

(5)罚款收入

系地丁、抵补金与租课等滞纳罚金及契税、牙税、当税、百货税等各税捐罚款,每年收数多寡不一,1911 年 9 月至 1912 年 6 月为 61816 元,1912 年为86171 元,1914 年为 342158 元,1915 年为 340465 元,1916 年为 203078 元。③

(四)北洋政府时期的浙江财政支出

浙江省的财政支出在清朝时,由于国地之界限未分,其款有解部、留省、协拨之分,每年解、协之款为数极巨,如地丁项下京饷 40 万两,厘金项下京饷 40万两,筹备饷需 28 万两,练兵经费 30 万两,新约赔款 154.4 万两,英、德、俄、法四国洋款 100 余万两,汇丰萨克磅款本息 30.5 万两,英、德金款 100 万两,直隶淮饷、安徽协饷两共 31 万两,北洋海防经费 40 万两,武卫军饷 6 万两,铁路经费 5 万两。综计协解、指拨各款约共 600 万两,④均为当时浙江对于中央之负担。民国以后,除英、德金款仍按年认拨外,所有协拨及解京各款一律取消。因民国时期的国地支出,从 1913 年冬宣布实施划分,到 1914 年 6 月 1 日由新任财长周自齐呈清取消,1923 年虽再次恢复,但因政变(曹锟下台,段祺瑞重新执政)又未能真正实行,因此,浙江省的支出若国、地强为分析,较为困难,是以国地支出合并论述,可分为军事费、行政费、司法费、公安费、财务费、教育费、实业费等项,兹分述之。

---

① 财政部财政调查处编:《各省区历年财政汇览》(第一编第二册,浙江省、福建省),财政部财政调查处发行 1927 年版,第 73 页。

② 浙江省财政税务志编纂委员会编:《浙江省财政税务志》,中华书局 2002 年版,第155 页。

③ 财政部财政调查处编:《各省区历年财政汇览》(第一编第二册,浙江省、福建省),财政部财政调查处发行 1927 年版,第 41—74 页。

④ 徐绍真编:《浙江财政概要》,杭州财务人员养成所 1931 年版,第 97 页。

1. 军事费

军事费一项在 1913 年的国地支出划分中,列为国家政费,而实际上,浙江自民国之后,成为北洋政府的主要财源地之一,经常代垫中央军事经费。辛亥革命后,浙江省新成立第一、第二两师及其他各军队,陆军经费骤增至 700 万元以上,大半为临时性质,初非额定。到了 1913 年和 1914 年之后,政局日趋正轨,军费始得逐年裁节,1914 年和 1915 年减至二三百万元,但浙江第一、二两师,尚设置如故,1915 年度即包括将军署及所属各机关经费之内,其数共为 480 余万元。1916 年国内政局变动,军费又增至 740 万元以上,支出骤增,浙江财政陷入困境。嗣后各年度军费,虽互有参差,亦均在六七百万元左右。1923 年度列支陆军经费 670 余万元,1924 年度列支陆军经费 720 余万元,加以 1924 年度内发生江浙战争,军费骤增,收支失衡,浙江财政更沦入绝境(详见表 0-5)。

表 0-5　浙江省 1911 年 9 月至 1924 年军费支出表

单位:元(银元)

年别	军费数
1911.9—1912.6	7623469
1912	6171266
1913	5009430
1914	3609513
1915	4858009
1916	7401087
1917	7149208
1918	6547587
1919	4836910
1920	6786910

续表

年别	军费数
1921	6454910
1922	6791910
1923	6784806
1924	7275381

资料来源:财政部财政调查处编:《各省区历年财政汇览》(第一编第二册,浙江省、福建省),财政部财政调查处发行 1927 年版,第 18—19 页"未表""申表"制成。

2. 行政费

行政费指行政官署之经费而言,从广义讲,凡省政府所属各机关经费均属此项目。就狭义而言,则仅限于省政府民政厅及其所属机关之经费。此项省行政费,在 1927 年以前,属于国家支出,自后划为地方支出。浙江预算所列,系依狭义编造。1911 年 9 月,浙江独立后组织军政府,下设政事部,为省行政机关,经费 31003 元。1912 年 2 月,政事部改为民政司,经费 35895 元;是年 7 月,复以都督兼民政长,其支出为 72215 元;1913 年 3 月,改组为省行政公署,岁出为 156719 元。1914 年 7 月,袁世凯将辛亥革命以来各省都督改称"将军",民政长改称"巡按使",浙江巡按使由屈映光担任,这一年的浙江巡按使公署经费,经临支出计银 195107 元,下设钱塘会稽金华瓯海四道伊公署,每年计经费 107983 元,1915 年较 1914 年的行政经费略有增加。1916 年废巡按使,而改为省长公署,年支经费 331000 元,道制仍旧,但经费则较前减少。自此至 1926 年止,浙江省制没有大的改变,每年行政经费大约在 200 万元至 300万元之间。至于各县行政经费,将由省分等拨给,每年支出大约在 60 万元至70 万元之间。[①]

---

① 徐绍真编:《浙江财政概要》,杭州财务人员养成所 1931 年版,第 105—106 页。

3. 司法费

浙江省法院的创设,可以追溯至宣统二年(1910年)12月,省城设高等厅,杭州、宁波、温州三府治各设地方厅,并在省城内的仁和、钱塘两县诸商埠,各设初级厅,民国成立后一律改组为提法司,省城设省法院、检事厅,旧府治11处各设地方法院检事厅及县法院检事厅。1912年度支出司法费总额为111万余元;1913年2月,裁撤提法司,另设司法筹备处,改县法院检事厅为初级审判检察厅,未设厅县份一律设立审检所,其经费较前增加;是年1月司法筹备处并入高厅,各初级厅并入地方厅,名为初地合并;1914年三四月间,又裁撤9处地初合厅及各县审检所,仅留下杭州、鄞县两地厅。据统计,1913年度司法经费支出额为966000余元;1914年度司法经费共为622466元;1915年度司法经费为521698元;1916年度添设永嘉、金华两地方厅,各县复一律设置审检所;1917年4月,重行裁撤审检所,仍由县知事兼理司法;是年度计支出各审检厅经费313003元,监狱经费172617元,各县司法经费101689元,合计约为587309元。此后浙江省司法机关无甚更动,每年实支司法费大约均在75万元左右,1923年度则增至80万元以上,其后因成立浙江第二、第三监狱及成立各看守所,经费又略有增加。

4. 公安费

公安费为省地方对于维持治安的支出,即警察等项经费。1912年,浙江初设省会警察局,各县设县警察局;1913年3月改省会警察局为省会警察厅,据统计,1912年省县共支经费40万余元;1913年因扩充警额,增设水上警察,故是年警费支出增加不少,共140万余元;1914年度又将水上警察分置内河、外海两厅,并增设水上警察传习所、警务研究所等机关,而支出经费较上年约增66000余元,而警备队经费年465000余元,尚不在内。1915年度设立宁波警察厅,计全省实支警费163万余元、警备队经费75万余元;1917年裁撤警务研究所等机关,警费稍减,惟警备队经费较前约增 42 万元之谱。此后各年度警费大约均在 120 万元左右,而警备队经费则时有增加。① 1925 年后,浙江警备队改为保安队,支出更巨。

5. 财务(政)费

财务费系指省地方经费之分配、财源之选择、征收,并出纳整理所需之费用。浙江财务行政费,在 1926 年以前,大部列入国家支出,其省地方财务费配额有限。因当时将省财政厅视为国家机关,而兼理地方财政。1927 年财政厅改为省地方机关,兼理浙江国家财政事宜,故其经费划为省支出,而预算上之数额为之一变。当辛亥革命之初,浙江理财之官署为财政部,隶属浙江省军政府。1912 年 2 月改为财政司,1913 年 3 月,又有国税厅筹备处之设立,专理国税征收事宜。是年 4 月间,复设立审计分处,6 月成立省金库,而是时浙江各海关经费亦归浙江支给,故 1912 年度各处署实支经费 141345 元,此外尚有征收经费、委员经费、登记经费、筹拨官款及杂支等,共计 1244695 元。1914 年度国税厅筹备处裁撤,设财政厅,负全省度支之责,是年共支出财务费 1250064 元。1915 年度以后,其他机关如审计分处等均停办,而田赋征收费又不列入预算,每年财务费国地并计,约在五六十万左右。1925 年后,略有增加。②

6. 教育文化费

教育文化费,为浙江地方教育文化事业所需之费用。浙江的教育行政,1912 年由教育司所掌管,当时设有高等学校、两级师范、法政专门学校、医学专门学校、农业学校、甲种农业学校、中等工业学校、中等商业学校等,加上图书馆经费、留学经费、各校会补助费,年支经费约 660902 元。1913 年,

---

① 徐绍真编:《浙江财政概要》,杭州财务人员养成所 1931 年版,第 118—119 页。
② 徐绍真编:《浙江财政概要》,杭州财务人员养成所 1931 年版,第 120—121 页。

两级师范停办,添设高师专修科等,是年度计增支经费 37236 元。1915 年度,高等学校及高师专修科均停办,虽添设水产学校一所,而经费则较前减少。1916 年度增设师范学校至 12 所(包括省立女子师范学校),全省教育费为 791344 元。1917 年国地支出重新划分,以教育厅经费及拨补河海工程专门学校经费为中央支出,共额 39325 元,而省地方支出包括其余各校经费,共 756366 元;另有留学经费、图书馆经费及各项补助费等项,国地并计约 1000004 元。1918 年度计支中央教育费 53297 余元,地方教育费 1095000 余元,国地并计约 1148297 元。① 1921 年以后,地方教育费均年有增加,而中央教育费则略有减少。由此可见,北洋时期浙江省的教育文化方面的投资,相对于其他省市而言是比较多,该项支出在浙江省政府财政支出中占较大比重。

7. 实业费

实业费是浙江地方政府为举办各种实业而支出的费用,主要包括农矿费、工商费、官营业费等诸方面。关于实业建设,浙江在 1916 年以前,未设专厅主管,其支出包括农事经费、工业经费、渔业经费等款,1915 年度共实支 65077 元,1916 年共计为 161534 元。1917 年以后,实业厅成立,其经费为中央支出,该年实支 24750 元,其后每年约 4 万元。至省地方支出,则改名为农商经费,内分农事经费、工业经费及各项补助费等项,每年支出约在 15 万元至 20 万元之间。但至北洋末期,此项经费大为减少,据 1924 年所列农商经费,计农事经费 55475 元、林务经费 5275 元、工业经费 38319 元、外海渔业经费 7994 元、省农会补助费 1200 元等,是年度共计实支 108263 元,② 约占当年全部省地方政

---

① 财政部财政调查处编:《各省区历年财政汇览》(第一编第二册,浙江省、福建省),财政部财政调查处发行 1927 年版,第 208、334 页。

② 财政部财政调查处编:《各省区历年财政汇览》(第一编第二册,浙江省、福建省),财政部财政调查处发行 1927 年版,第 379 页。

费(2636699 元)的 4%,由此可见当时政府,对于地方经济建设之忽视。在军阀时代,当局者惟知争权夺利,哪顾得上为人民谋福利。即使已经创办之实业,也多数敷衍了事,毫无成绩。

8. 卫生费及救恤费

卫生费及救恤费,均为内务费之一种,前者为浙江省地方举办各种卫生事业而花费的费用,它包括开设和维修医院、卫生所,防治各种流行病、瘟疫以及为促进人们身心健康而进行的各种各样的咨询和防治活动的开支;后者为救助贫民及抚恤公务人员之所需费用。民国后浙江的公益慈善经费,其性质包括卫生及救贫等事业之费用,1912 年度实支 155436 元,至 1914 年度,此项经费分为五款列支,共计 56911 元,1917 年度后,赏恤费列入国家支出,为 29692元,自 1918 年起,又列有防疫经费,其性质与卫生费相同。1924 年,国家支出内,计列支赏恤费 53661 元,防疫经费 600 元。① 至于此项经费的地方支出,1917 年计支公益慈善经费 89014 元,卫生经费 3000 元,两项共计 92014 元;1920 年度公益慈善经费实支 175495 余元,卫生经费仍为 3000 元;1921 年度公益慈善费增至 244687 元,卫生经费未变;但至 1924 年公益慈善费度减支为214282 元,而卫生费增至 16952 元。②

9. 债务费

如前所述,北洋时期的浙江地方财政收入主要有赋税收入及官营业收入、行政收入、地方财产事业及其他收入等,在上述收入不足以应付浩繁的军需、政费等支出时,省当局全恃借入金以为救济,发行了大量地方公债。民国期

---

① 财政部财政调查处编:《各省区历年财政汇览》(第一编第二册,浙江省、福建省),财政部财政调查处发行 1927 年版,第 248—249 页。
② 财政部财政调查处编:《各省区历年财政汇览》(第一编第二册,浙江省、福建省),财政部财政调查处发行 1927 年版,第 326—376 页。

间,浙江的地方债务始于 1912 年 2 月军政府发行的维持市面公债。不久,军政府又发行爱国公债 500 万元。自此以后,1921 年、1923 年、1924 年省财政厅先后发行定期债券 4 次,1925 年则有善后公债,1926 年发行整理旧欠公债,故北洋时期的浙江财政可谓无时不与借债为缘。但所借之债,到期必须偿还本息,在岁出概算内表现为债务费一项。1912 年至 1923 年,债务费一项,在浙江的财政支出中为数并不十分巨大。从 1924 年后,因军事关系,举债频繁,债务费也骤然增加,该年浙江省长短期负债约在千万元以上,所幸浙江省历届政府对于公债信用,尚能尽力维护,无论财政如何支绌,债务费支出从不短少,故负债虽多,对于金融尚无甚大影响。此所以浙江公债信用较优于其他各省。

北洋政府时期的浙江财政支出除了上述诸方面外,还有一项很大的支出不能不提,这就是上缴中央政府的款项。在民国初期,浙江省上缴国家的财政款项数额历年不一,但自 1915 年开始,上缴中央款项开始稳定,与江苏、江西成为仅有的三个持续上缴中央财政的省份(详见表 0-6)。

表 0-6　浙江省 1911 年 9 月至 1920 年解拨中央款表

单位:元(银元)

年别＼款别	报解中央旧税	报解中央验契费	划解英德金款	合计
1911.9—1912.6			576716	576716
1912			996377	996377*
1913	400000	206725		606725
1914	1480000	1005824	1530740	4016564
1915	1351667	1432600	1520862	4305129
1916	632000		1530104	2162104
1917			1526116	1526116
1918			1515662	1515662

续表

年别＼款别	报解中央旧税	报解中央验契费	划解英德金款	合计
1919			1627652	1627652
1920			511467	511467

资料来源：根据财政部财政调查处编的《各省区历年财政汇览（第一编第二册，浙江省、福建省）》（财政部财政调查处发行，1927年版）第19—20页"酉表"制成。据原表说明：本表旧税、验契费两款均系该省实解中央之款，英德金款则系指拨该省军饷（陆军部直辖陆军第四师），由财政厅报部转账，历年有案。按本部派解各省之款，该省1915年为306万元，共解拨3088316元，1916年为3721667元，共解拨3234443元，1917年上半年为1468332元，共解拨867327元，均连英德金款合计在内，年份年度不同，无从分别。按表列1913年至1917年，计四年度内共解拨中央11090522元，1917年上半年有解天津国务院10万元，自1916年政变以后，情形大致不同，中央对于该省1917年度派解2936664元，1918年度派解如上述金额，该省除英德金款仍循案照拨外，其他别无报解中央之款。

* 据浙江省财政税务志编纂委员会编的《浙江省财政税务志》（中华书局2002年版）第157页所载，1912年除上缴经常费996377元外，尚有临时费94030元。另外，1922年列有上缴中央经常费10000元，而北洋政府财政部财政调查处编的《各省区历年财政汇览》（第一编第二册，浙江省、福建省）（财政部财政调查处发行，1927年版）第19—20页"酉表"中未见载明，一并说明。

　　综观北洋政府时期的浙江财政支出，本省地方之支出额并不十分巨大，较之浙江省所负担之国家支出相去甚远，皆因当时军阀混战、武人专横，浙江人民输于政府之血汗钱，大半耗于军费，时人谓"浙江财政之亏累，多由于国家支出之负担"[1]，诚非虚语。

二、国民政府前期的浙江省财政概述

　　浙江省是国民党统治初期能够有效实施控制的为数不多的省份之一。国民革命军进入浙江后，国民党即开始了在浙江的省级行政机构的筹建，经过临时政务委员会、政务委员会两个阶段的过渡，最后形成了委员制的浙江省政府

---

　　① 徐绍真编：《浙江财政概要》，杭州财务人员养成所1931年版，第102页。

组织形式。在国民政府统治的最初 10 年里,虽然在全国范围内有新旧军阀的混战、新军阀之间的混战,还有国民党对中共武装力量的军事"围剿",不过就浙江而言,基本上告别了北洋军阀统治时期的战乱局面。加上这一时期南京国民政府采取了一些有利于经济发展的政策措施,如裁厘改统、关税自主、废两改元、实行法币政策等,使浙江的工商业、运输业等均有了一定程度的发展,近代化的进程有所加快。在上述政治经济的大背景下,这一时期的浙江省财政呈现出一些新的变化。

(一)1928 年国地收支划分案的实施

1912 年中华民国成立以后,资本主义现代化财政金融制度已开始建立。但因北京政府时期,袁世凯复辟帝制,接着是军阀混战,分裂割据,各自为政,列强又从中干扰,故统一全国财政,建立现代财政管理制度遂告幻灭。

南京国民政府成立后,先是任命古应芬为财政部部长(实际上是钱新之代),后由孙科继任。蒋介石于 1928 年 1 月由上海回南京主持"政府大计",又任命宋子文为财政部部长,同年 1 月 7 日就职。1931 年 12 月下旬,蒋介石第一次宣布下野,宋子文为与蒋介石共进退,也辞去财政部部长职务。在这期间是孙科出任行政院长,任命黄汉梁为财政部部长,时间不满一个月。1932 年 1 月蒋介石复职,宋子文也随之复任。1933 年 10 月 29 日宋子文辞去财政部部长职务,蒋介石又任命孔祥熙为财长,1933 年 11 月 1 日就职,直到 1944 年 11 月 20 日辞职。整个 20 世纪 30 年代,国民政府的财政金融大权掌握在宋子文、孔祥熙两人的手中。

宋子文出任财政部部长之后,正值蒋介石联合冯、阎、桂各派,准备继续北伐打倒控制北京政府的奉系军阀之时,国库空虚,入不敷出。宋子文在筹款过程中遇到不少难题。使他深深认识到,全国财政不统一,现代财政管理制度不健全,是造成财政困难和经济不发展的一大原因,而统一财政的基础就是首先要"划分国家地方两税",因此在 1928 年 7 月召开的第一次全国财政会议上提出了《划分国家收入地方收入标准案》和《划分国家支出地方支出标准案》。这两个文件经国民党二届五中全会决议通过,并于同年 11 月正式公布施行,具体规定了国家和地方两级财政收支体制的详细内容。

国家财政收入包括:海关税、盐税、内地税、厘金(1931 年裁撤,裁撤前实际上为地方截留)、烟酒税、印花税、邮包税、所得税、遗产税、矿税等税收。国家财产、国有事业、国家行政等收入和国有事业利润,债务收入等。

国家财政支出包括:党务费、行政费(包括内政费、外交费、财政费、教育文化费、司法费、实业费、交通费、蒙藏费、建设费、国家银行资本、国家其他企业资本、补助费、赔偿与奖励、赈灾、杂项)、军务费、债务费等。

地方财政收入包括:田赋、契税、牙税、当税、屠宰税、内地渔业税、船捐、房捐等税收,地方财政收入、地方营业收入、地方行政收入、其他属于地方性质之现有收入,以及拟将开征的营业税、市地税、所得税附加、使用人税、使用物税,后又包括中央补助费。

地方财政支出包括:地方党务费、地方立法费、地方行政费、公安费、地方司法费、地方教育费、地方财务费、地方农矿工商费、公有事业费、地方工程费、地方卫生费、地方救恤费、地方债款偿还费等。其中地方司法费待将来承审制度取消后改归国家经费内开支。另外,以上各款原无军费开支,但实际上少数省份尚有一项军费负担,或直接拨充当地军队粮饷、或分任协款以济军费。这种现象说明,地方军阀割据势力仍然存在。①

这次国地收入划分的突出特点:首先,加强中央财力和财权,有利于全国财政统一。这在收入和支出方面都明显表现出来,划归国家收入的都是税源较大的税项,如关、盐、厘金(1931 年后改为统税)等税。原为地方据有的厘金和类似厘金的过境税上划为中央税,既有利于税制统一,又有助于改变地方滥征的局面;同时又为后来裁撤厘金,实行关税自主开办统税创造有利条件,致

---

① 周天度、郑则民:《从淞沪抗战到卢沟桥事变》下册,李新总编:《中华民国史》第 3 编第 2 卷,中华书局 2002 年版,第 811—812 页。

使关、盐、统三税成了国民政府三大税源。其次,地方财政来源也有一定保障,如田赋、契税、营业税及杂项收入等均划归地方收入。田赋自古以来就是中央政府的主要财政收入,而这次破天荒划归地方收入,这既使地方财政来源有了一定的保障,又说明中国资本主义工商业发展起来了,中央政府的财政来源由依靠田赋而改变为依靠关、盐、统三税,标志着中国已跨入先进的资本主义时代,是一种历史的进步。再次,从支出项目看,重要的支出项目集中于国家,特别是军费支出由中央控制,有利于控制各地军阀的权力。

这次地方财政划分主要是确定省财政收支范围,县级财政是附属于省的,无独立可言。至于省、县收入和支出如何划分和分配,都由各省自行决定。在实际执行中,大多数省份未给县级财政划定收支范围,少数省份即使划给县级一部分收入,也是微乎其微。县当时作为一级行政机构,但没有明确的财政来源,就使县级财政极不稳定。为了筹措县级行政经费和应付上级各项任务,县级财政往往越权征税,如开征各种附加税、杂捐,甚至乱摊派,结果使得县级财政特别混乱,苛捐杂税越增越多,人民负担日益加重。

孔祥熙出任财政部部长后,着手整顿田赋,废除苛杂,并于1934年召开第二次全国财政会议,确定县为自治单位,将土地税(田赋附加)、土地呈报后正附溢额田赋的全部、印花税三成、营业税三成、房捐(土地改良物税)、屠宰税及其他依法许可的税捐,作为县级财政收入,于是县级财政有了一定保障。虽然县级财政的收支范围有渐趋明确的可能,但由于财政来源中有"依法许可的税捐"一项[1],这就为县级财政滥征税捐大开方便之门,对堵塞县级财政滥征滥摊派的措施仍然不利。

(二)1927—1936年的浙江财政概况

按照上述国家收支和地方收支的划分标准,浙江省从军阀时代扣留作省

---

① 孙文学主编:《中国近代财政史》,东北财经大学出版社1990年版,第327页。

用的税款,多归国民政府财政部直接管辖,如烟酒税、卷烟税、印花税、煤油税等向为浙江所赖以周转的税收,至此乃不得不悉数交还中央,而逐月代垫中央各款,则仍须继续担负。加上浙江省当兵燹之后,政局初定,善后建设,在在需款,以致每月收支,不敷数额巨大。以浙江省财政委员会存在的 3 个多月(1927 年 2 月 25 日至 5 月 31 日)为例,收入项下地丁税、漕南抵补金、百货捐等税收仅为 3477224 元,而以军费为主的财政支出高达 12260110 元(各军队向各县局直接提款无案可稽者尚未计算在内),不敷银 8782000 余元,为此向杭州总商会、宁波总商会、杭州中国银行等处借垫各款达 8965160 元,①占全部支出的 73%强。此后各月,浙江省虽在田赋项下,带征军事特捐,并追催各县历任欠款,及各项赋税,终因杯水车薪,无济于事,统计 1927 年度省库亏欠,几达 200 万元,而其他各县垫款,尚属累累,加上债务费(借款本利)几达 100万元之巨,已至挪无可挪、垫无可垫之地步,只得发行偿还旧欠公债 600 万元,又另定基金,皆为各年旧欠之清偿。但借债还债,只能舒窘迫于一时,而浙江老百姓之负担无形中增加不少。而自张静江任省政府主席后,浙江开展了不少经济建设工作,创办了杭州电厂,开设了全省电话网,举办了西湖博览会,新建了通达南京、歙县及沿海公路线,建筑了杭江(杭州至江山)铁路的部分路段。这些项目虽对浙江省的经济起了积极的作用,由于财政支出过多,政费膨胀一发不可收拾,只得发行公路、建设等公债。查浙江省 1928 年度地方预算,不敷达 143 万余元,1929 年度浙江省地方预算所列,表面上虽可盈余 8670 余元,但细察其收入门中,计列公路公债 120 万元、建设公债 945 万元及息借商款 120 万元,如除去这三项借入金,其不敷之数约为 1200 余万元,连同旧有欠款,共须负债 1380 万元。不幸当年浙江省风水为灾,田禾歉收,各项赋税征额大减,公路、建设二债募起不及三成,而支出方面,则因机关经费屡有追加,照原有预算超出 242 万元,况且所谓公路公债、建设公债,均属专款保管,不但无

---

① 《浙江省政府公报》第三十期(1927 年 6 月 16 日)、第三十一期(1927 年 6 月 17 日)。

补于普通岁出金,反因其募不足额,不能应建设道路之需,必须大批垫款,是以省府决定发行赈灾公债 100 万元以资弥补,即便如此,该年度亏欠仍达 900 余万元。浙江省 1930 年度预算,表面上似乎适合,但岁入门所列借款 700 万元、增加收入 400 万元,皆属无着落之款,故实际上收支相抵,计短 1100 万元。加上当年下半年度统捐裁撤以后,收入更少,原来统捐项下的附加税、指充偿还旧欠公债基金之绸捐以及中央补助浙省建设专款等项,均归无着,约差 150 万元。核计是年浙江省亏短总数,当在 1500 万元以上。1930 年下半年,国民政府行政院对浙江省政府做了改组,由张难先出任浙江省政府主席兼民政厅厅长,财政厅厅长由王澂莹担任。王澂莹是蒋介石的表兄弟,清朝秀才,与蒋的关系密切,省主席张难先见他也忌惮三分。从此以后,浙江省财政厅厅长一职,均由蒋介石直接派任,与历任省主席无关,如周骏彦、徐青甫、程远帆,都是蒋介石所亲派。在王澂莹、周骏彦任厅长时期,省财政重大事件,向例直接对蒋介石汇报请示,蒋介石亦时向财政厅调款,以后再向财政部补办手续。如地方预算,即先送南昌行营审核批示后,再编送财政部作形式上的核定。[①] 改组后的浙江省政府认为,上述不确实之预算事实上万难实行,非变更度支方针,重编预算,不足以挽救财政困境,当经重行提议,决定救济财政办法五项:(一)省政府所属各机关,除中央法令所规定,应行设置者外,其余的拟分别酌量归并,或迳予裁撤;(二)建设事业,须体察本省财力,权衡轻重,以最经济的方法次第进行,同时并举,势所难能,所有本省从前已经举办,尚未完成之各种事业,何者应继续办理,何者可暂从缓办,应请通盘计划,以免旷日持久,多所损耗;(三)原有各机关经费,近年来增加不少,冗员既多,靡费不赀,如能切实搏节,尚可大加削减,应由各主管机关长官,重行审核,就最低限度,另为预算;(四)浙江省 1930 年度预算,虽经前省政府议决,于 11 月 1 日起实行,但尚未呈奉中央核准,依法不能认为有效,俟前列三项办法决定后,另行编造,

---

① 张履政:《国民党统治时期浙江省财政厅见闻》,《浙江文史资料选辑》第 4 辑(1962 年 12 月),第 133 页。

在未奉核定以前,所有各机关预算,如有超过 1929 年度预算者,应遵照中央命令,暂照 1929 年度预算开支;(五)一省财政必须统一,凡省政府所属各机关收入款项,无论数目之多寡,应一律解交省库列收,如有划抵经费者,亦应按月册报财政厅,核明转账,不得自收自用,致涉纷歧。[①] 上述办法,经由财政主管机关另编预算,尽力紧缩。但对于已经设立之机关、已经举办之事业,一时收束尚难,几经设法裁节,结果亦仅核减 100 多万元,收支相抵,仍属不敷。1931 年国民政府实行了裁撤厘金的财政改革,又断了浙江的一条地方财政来源,浙江省的财政每年少收数百万元,而新创立的营业税又由于制度不健全,一时无法抵补裁撤厘金的损失,故度支之困难更甚,财政厅处此难关,提议省政府,请暂取量入为出主义,即就现有收入,除去还债以外,尽数支配于各项经费,以维现状,而期适合。但此项原则未能完全实行,汇核各主管机关所需经费总数,比较岁入数,仍超过 1000 万元以上,相差太大。主管机关只得将浙江省财政困难情形先后沥陈中央,恳请补助,当经中央核准,每月由国库拨补银 15 万元,年计 180 万元(除补助浙江大学经费 42 万元外,实计 138 万元)。对于支出方面,分别会商各主管机关,切实核减,酌量剔除,最后决定预算数字,计岁出共需 25195394 元,以岁入总数 21195394 元全部抵充,尚不敷银 400 万元,而审查各机关状况,支出方面已无可再减,是以量入为出之原则,事实上仍未能完全办到。为平衡预算、偿还旧欠,浙江省于当年 7 月发行清理旧欠公债 800 万元,每年于契税及营业税项下提拨银 120 万元,作为还本付息基金,以谋财政之复苏。1932 年是浙江财政收支勉强平衡的年份,这一年浙江的财政支出是 31728950 元,收入为 42870000 元,但其中公债收入约占总收入的 5%,为 2043035 元。收入中最大的项目是田赋,为 6021685 元,占总收入的 14%。支出中行政经费(包括党务、公安等费)为 8105795 元,占总支出的 26%,排在第一位,偿还债务达 7278363 元,占总支出的 23%。

---

① 徐绍真编:《浙江财政概要》,杭州财务人员养成所 1931 年版,第 7—8 页。

1934 年 10 月,蒋介石在庐山召见黄绍竑,决定让他出任浙江省政府主席。黄绍竑于 12 月 21 日到杭州正式就职,任命徐青甫为财政厅厅长,后来徐青甫调任民政厅厅长,程远帆继任财政厅厅长。程远帆系留美学生,与北方金融界较有渊源。程远帆接任时,省财政已达山穷水尽之境,省地方负债在 7850 余万元(约等于全部省税收入 5 年半的数目),而各种捐税几已完全指充公债或借款押品,每年省地方收入可以支配充作普通政费的,只 200 万元左右,省库库存只有 80 余元。① 旧税整理,缓不济急,创办新税,亦少来源,因此决定从统一整理省债入手,一面整顿旧税,催追欠赋。整理办法是将所有公债借款,分别归类,延长偿还期限,减轻利率,还债基金,统一拨付,使省收入得腾出大部分,以供普通政费之用。惟浙江历年公债票,大都集中于沪杭金融界手中,各项借款的债权人,亦为沪杭行庄。进行整理,自然和江浙财阀利益抵触。程远帆有所忌惮,不敢将计划提出,适此时国民政府财政部在江浙财阀的支持下,对中央公债有统一整理之举,与浙江所拟办法不约而同,程远帆以有例可援,建议省府向财政部请求核准。财政部部长孔祥熙,为顾全江浙财阀利益,坚决拒绝批准,程远帆以他的厅长能否当下去,完全在此一举,所以竭力缠住孔祥熙不放,一面向国民党中央浙江籍要人展开活动,请求协助,并分头向金融界巨头多方疏通,表示此次公债万一整理不成,势将造成停付本息。各行庄权衡利害,也就勉强同意,遂于商得债权人同意的条件下,获得财政部的允许,浙江财政才得免于破产。而 1936 年整理原有赋税的结果,亦获得成效,田赋收入超过 1000 万元,营业税收数超过 500 万元,均为历年所无,省财政始渐转危为安,省债市价也逐渐回涨,反较未整理前为高。② 1937 年全面抗战爆发后,杭嘉湖地区大部分被日寇占领,浙江财政重陷困境,进入战时财政阶段。

---

① 张履政:《国民党统治时期浙江省财政厅见闻》,《浙江文史资料选辑》第 4 辑,浙江人民出版社 1962 年版,第 134 页。

② 张履政:《国民党统治时期浙江省财政厅见闻》,《浙江文史资料选辑》第 4 辑,浙江人民出版社 1962 年版,第 135 页。

1927 年至 1936 年的浙江财政收支情况如表 0-7 所示。

表 0-7　1927—1936 年浙江财政收支数比较表

单位:元※

年　度	收　入	支　出	余(＋)或亏(－)
1927	17353388	17535056	－181668
1928	14825423	22127730	－7302307
1929	17080292	26970838	－9890546
1930	29967145	30218391	－251246
1931	25195398	25195398	
1932	42870000	31728950	＋11141050
1933	31290000	31240000	＋50000
1934	48000000	44990000	＋3010000
1935	33130000	32980000	＋150000
1936	40120000	49530000	－9410000

资料来源:浙江省财政税务志编纂委员会编:《浙江省财政税务志》,中华书局 2002 年版,第 163 页。
注:1931 年系预算数,根据财政部财政年鉴编纂处编《财政年鉴》第十三篇(商务印书馆 1935 年版)第
　　1973 页数字制列。※货币单位元,1927—1935 年为银元,1936 年为法币。

第一章　省会迁永康——浙江全面抗战局面的形成

日军发动全面侵华战争后,民族危机日益加深,为了共同抵御外敌,国共两党自 1937 年始先后进行了六次谈判,国共两党浙江当局也先后进行了两次地区性谈判,最终达成了一系列协议,促成了国共第二次合作在浙江的初步实现,形成了一致对外的有利局势。1937 年 8 月,淞沪会战爆发,为策应上海作战,日军于 11 月 5 日集结约 3 万余人试图从杭州湾登陆,国军虽进行了顽强抵抗,但最终未能阻止日军登陆,浙西①失去海防门户,导致杭嘉湖地区 17 县先后沦陷,人民惨遭日军蹂躏。省会杭州沦陷后,浙江省政府首先迁移至金华,因目标太大屡遭日军轰炸。1937 年 12 月,黄绍竑再次主政浙江,决定将省政府由金华迁往永康方岩。黄绍竑在永康主政后,在政治和经济等方面采取了一系列战时措施,有力推动了浙江抗战形势的进一步发展。

一、七七事变与浙江全面抗战的开始

七七事变爆发后,迫于形势的压力,国民党接受了共产党和爱国人士提出

---

① 历史上,人们习惯于以钱塘江以东以南的地区叫浙东,钱塘江以西以北的地区叫浙西,解放以前均沿用旧称。现在对浙江的地理划分是杭嘉湖平原地区属于浙北,而浙西则是指今衢州、丽水等地区。

的"实现团结抗日"的建议,促成了第二次国共合作在浙江的实现,浙江由此进入全面抗战的新阶段。1937 年 11 月,杭嘉湖各县大部分地区先后沦陷。同年 12 月,浙江省政府被迫迁驻永康方岩,各级机关单位也随之迁驻永康,永康一时成为浙江政治、经济和文化中心,也是省政府主席黄绍竑领导浙江全面抗战的大本营。

(一)国共合作在浙江的实现

1931 年 9 月 18 日,日本驻中国东北地区的关东军突然袭击沈阳,发动震惊中外的九一八事变。因国民政府采取"不抵抗政策",在不到半年的时间内,整个东北三省 100 多万平方公里的土地被日军占领,民族危机空前严重。

九一八事变消息传到浙江后,全省人民义愤填膺,立即掀起了抗日救亡运动浪潮。9 月 19 日,杭州青年学生首先举行规模巨大的抗日救国运动。9 月 23 日,杭州市 15 万人召开各界抗日救国市民大会,当场通过要求国民党中央"准备实力对日"等四个通电。9 月 26 日,宁波各界 10 万余人举行反日大会,宣誓一致抗日,要求国民政府立即出兵对日宣战。9 月 30 日,嘉兴举行各界民众抗日救国大会,并推派各界代表 7 人,赴京请愿。全省各地相继成立了抗日救国会、抗日义勇队、日货检查队等团体,纷纷开展抗日宣传和查禁日货活动。

1932 年 1 月 28 日,日军发动了淞沪战争,浙江省军民积极支援抗日前线。驻浙江的第 5 军第 88 师(师长俞济时)火速增援上海抗日前线,在与日军激烈战斗中,阵亡将士 1091 名,伤 1698 人。两路(沪宁、沪杭甬)铁路工人昼夜不停地抢运军用物资,抢修线路桥梁。全省各地广泛地开展募捐慰问前线抗日将士的爱国活动,如杭州市各界民众曾捐资购买麻袋 7000 只、裤袜 80 大箱(计数千套),援助上海抗日部队第 19 路军。淞沪抗战爆发后,在上海的一部分民主人士和文化界人士来到杭州,团结杭州的爱国人士,组织成立浙江各界救国会、杭州左翼作家联盟、杭州教育工作者联盟、杭州社会科学工作者联盟、杭州艺术工作者联盟、杭州剧作家联盟、五月花剧社等抗日团体,出版《午报》《硕大》《三三》等报纸刊物,有计划地展开反帝抗日文化宣传活动,鼓励广大民众投入抗日救国运动。

民族危机日益加深,人民抗日呼声不断高涨,加之西安事变的和平解决,使得国民党开始改变对共产党的"剿灭"政策,推动了国共两党进行第二次合作的进程。从 1937 年 2 月开始,国共两党就如何实现国共合作共同抗日的问题,先后在西安、杭州、庐山和南京四地进行了六次谈判,过程复杂且艰辛。1937 年 2 月中旬至 3 月中旬,中共中央代表周恩来、秦邦宪(博古)、叶剑英与国民党代表顾祝同、贺衷寒、张冲在西安进行第一次谈判。谈判的焦点集中在红军改编上,周恩来提出红军改编后人数至少六七万,共 6 个师,每师 3 个团。张冲坚持红军最多只能编 4 个师共 4 万人。经协商双方都做出一些让步,意见逐渐接近。不料贺衷寒突然提出一个修改方案,要求红军改编后只能有 3 个师,每个师只能有 1 万人,要服从南京中央一切命令,政训人员、辅佐由南京派遣等。这就导致双方在民主政治与红军独立领导的问题上存在严重分歧。这些问题不是西安的国民党谈判人员所能解决的,需要同蒋介石直接谈判。中共中央书记处同意周恩来向国民党方面"申明西安无可再谈,要求见蒋解决"①。

1937 年 3 月下旬,国共两党主要负责人蒋介石、周恩来在杭州烟霞洞及其附近的莫干山进行了第一次正式谈判。周恩来首先向蒋介石说明了中国共产党是为国家和民族利益大计才与国民党合作的,重申了中共方面关于国共合作的原则立场,表示了中共愿意与国民党合作抗日的诚意,但决不能忍受"投降""收编"的诬蔑。同时,周恩来根据中共中央给国民党五届三中全会的电文精神及西安谈判中双方争论的问题,提出六项口头声明:(1)陕甘宁边区须成为整个行政区,不能分割;(2)红军改编后的人数须达 4 万余人;(3)3 个

① 中央档案馆编:《中共中央抗日民族统一战线文件选编》(中),档案出版社 1985 年版,第 428 页。

师以上必须设总部;(4)副佐及政训人员不能派遣;(5)红军学校必须办完本期;(6)红军防地须增加。蒋介石表示同意国共重新合作,承认"由于国共分家致使十年来革命失败造成军阀割据和帝国主义者占领中国的局面"。但又说"不必说与国民党合作,只是与他合作",要"商量一个永久合作的办法"。他认为这个问题解决好了,其他问题都好办。周恩来意识到了蒋介石谈话的真实意图,认为"蒋的谈话意图,中心在领袖问题"①。针对这一情况,周恩来反复强调,为了实现国共两党合作抗日,国民党应承认共产党的合法地位和独立性,并提出国共合作到底的最好办法是国共两党要有一个共同纲领。最后蒋介石表示同意,由周恩来负责起草共同纲领。这次谈判,双方在一些有争议的问题上渐趋一致,但仍然是议而未决。4月初,周恩来回到延安,向中共中央汇报了同蒋介石谈判的情况,随即起草了《中共中央关于与蒋介石谈判经过和我党对各方面策略方针向共产国际的报告》,阐述了党在建立抗日民族统一战线中的原则和策略方针。杭州谈判,虽然没有达成实质性协议,但蒋介石毕竟作出了同意国共合作的表示,这是有利于实现全国抗战的,因而为实现国共合作抗日迈出了重要的一步。

与此同时,国共两党浙江当局也在积极进行地区性谈判。中共闽浙边临时省委在 1937 年 4 月、5 月和 8 月、9 月,先后两次与浙江地方当局在浙南进行合作抗日的和平谈判,最后达成协议,促成了国共第二次合作在浙江的初步实现。

1937 年 3 月,受中共中央驻上海办事处特别委托,浙南中共地下党员吴毓带着党中央 2 月致国民党五届三中全会的"五项要求,四项保证"电文等文件,从上海来到温州,向闽浙边临时省委书记刘英传达中共中央关于国共合作的策略方针。由于国民政府在西安事变以后,采取"北和南剿"的方针,在浙南平阳北港坚持游击斗争的刘英被国军第十九师包围,封锁严密。吴毓进入

---

① 中央档案馆编:《中共中央抗日民族统一战线文件选编》(中),档案出版社 1985 年版,第 449 页。

平阳无法和刘英取得联系,于是折回温州,与临时省委派驻温州的黄先河、黄耕夫等人商定,决定以中共闽浙边临时省委和中国工农红军闽浙军区司令部的名义,于 3 月 25 日发布了致国民党闽浙赣皖边区主任公署和闽浙两省当局《停止内战,一致抗日》的"快邮代电",呼吁国民党当局停止内战,一致对外,提议双方迅速派出代表举行和平谈判。4 月底,国民政府在温州《浙瓯日报》上刊登"启事",表示愿意与闽浙边临时省委代表"面洽"。吴毓等人利用对方同意"停战一周"的机会,设法进入游击区找到刘英,汇报以上情况。刘英当即召开会议商讨谈判事宜,确定吴毓、陈铁军、董启文为谈判代表,决定与地方当局进行谈判。5 月 7 日,在平阳山门畴溪小学,闽浙边临时省委代表与国民党闽浙赣皖边区主任公署派出的代表邓䜣举行第一次和平谈判,此次谈判也被称为"平阳谈判"。

在谈判中,闽浙边临时省委代表提出五项保证:(1)闽浙抗日红军愿意改编为国民革命军,根据国军的编制,直接受南京军委会的指导;(2)闽浙苏区改为特区,在特区内实行彻底的民主普选制,在行政上一切行政制度与系统,均按照国民政府实施,同时国民政府可以派代表或顾问参加;(3)停止推翻南京国民政府的武装暴动方针;(4)停止没收地主阶级的财产;(5)闽浙抗日红军经改编后,即集中特区内,准备对日作战训练。同时提出以下五项要求:(1)双方停止军事行动,一致抗日;(2)召集各党派各武装部队代表商讨救亡大计;(3)开放言论、集会、出版、结社自由;(4)释放政治犯;(5)改善人民生活。① 闽浙边临时省委代表谈判非常有诚意,而国民党当局却试图在谈判桌上实现控制或消灭红军及其根据地的目的,竟提出"闽浙边红军接受改编后,由国民政府指挥和调遣""红军所有政工干部要全部集中在南京受训,后另行分配工作"等极其苛刻的条件。国民党当局的无理要求被闽浙边临时省委代表严词拒绝,谈判完全破裂。随后,国民党当局宣布"停抚痛剿""绝灭根诛",

---

① 中共浙江省委党史研究室等编:《浙南——南方革命的一个战略支点》,中共党史出版社 1991 年版,第 38 页。

继续发动对浙南游击根据地的"围剿"。

1937年7月7日,卢沟桥事变爆发,日本发动了全面侵华战争,民族危机空前加深,国共两党浙江当局进行合作抗日的谈判也进入了一个新阶段。

"七七事变"爆发后,全国抗日救亡运动持续高涨,国民党迫于形势的压力,不得不接受共产党和爱国人士提出的"实现团结抗日"建议。1937年7月8日,中共闽浙边临时省委发出通电和宣言,再次敦促国民政府、国民党闽浙赣皖边区主任公署主任刘建绪,在"国难已到生死存亡最后关头,应无条件地首先停止最后内战",一致抗日,并建议与国民党当局再次举行和平谈判。贺龙也以早年同学名义写信给刘建绪,呼吁他和红军携手共同抗日。在此情况下,刘建绪提出了再次和谈的要求。8月24日,闽浙边临时省委谈判代表吴毓、陈铁军、黄耕夫与刘建绪的代表邓㓥在温州申江旅馆进行第二次谈判。

此时,建立抗日民族统一战线已成为社会各界广泛共识,加之此前国共两党已进行多次谈判,具备一定基础,因此谈判进展较为顺利。在谈判中,闽浙边临时省委代表在坚持"党的独立、批评自由和保持红军武装的独立性"等原则下,作了适当让步,经双方多次协商,初步达成五项协议:(1)闽浙红军改编为国民革命军,并根据国军编制,待遇与国军相同;(2)闽浙红军在瑞安、平阳、泰顺三县边界,以峰门为中心集中,集中时间限半个月;(3)红军集中时如遇到国民党军与地方军队攻击,由四省边区主任刘建绪负责,如红军发生暴动,则由中共闽浙边临时省委负责;(4)无条件释放政治犯;(5)一切政治问题,由双方中央解决。① 8月27日,闽浙边临时省军区发布《中国人民抗日红军闽浙军区司令部通告》,要求所属部队迅速向军区所在地集中,以期早日实现对日作战;同时,国民党地方当局根据协议,将关押在永嘉、衢州、瑞安、平阳等监狱的中共党员释放。但是,由于国民党方面未能及时将和谈结果通令浙闽边各县地方当局,致使红军集中发生困难。为此,9月16日,刘建绪派政训

---

① 中共浙江省委党史研究室等编:《浙南——南方革命的一个战略支点》,中共党史出版社1991年版,第39页。

处上校王裕先、中校詹行烈为代表到平阳县山门接洽,刘英亲自参加会谈。9月17日,双方达成七项协议:(1)闽浙红军改为国民革命军,并根据任务编制;(2)红军集中地点在平阳县的北港区;(3)红军军需与给养根据任务发给补充;(4)集中时间自17日起至10月1日止;(5)无条件释放政治犯;(6)一切政治问题,由双方中央解决;(7)目前的宣传工作根据和平统一团结御侮的原则进行宣传。闽浙边临时省委与国民党闽浙赣皖边区主任公署和谈成功,结束了红军挺进师在浙南的三年游击战争,保存了红军的有生力量,完成了党中央所赋予的任务,这也标志着第二次国共合作在浙江正式形成。

(二)杭嘉湖地区的沦陷

1937年8月13日,日军制造了"八一三"事变,开始进攻上海,淞沪会战爆发。为了把日军由北向南的入侵方向改变为由东向西,以利于长期作战,国民党军队主动出击,川、滇、桂等后方省份的兵团也一批又一批地奔赴战场支援前线。由于国军英勇抵抗,虽日军兵力增至20万人,但至10月中旬,仍未取得决定性胜利。为了迅速实现对上海的占领,10月20日,日本参谋本部决定从华北抽调第6师团、第114师团和即将派往中国东北的第18师团,编成第10军,由柳川平助担任司令官,企图从杭州湾北岸金山卫登陆,以策应日军上海派遣军的作战。

淞沪会战爆发后,国民政府军委会就决定设立杭州湾北岸守备区,由第8集团军总司令张发奎担任指挥官,并明确杭州湾北岸守备区作战任务:以积极行动、彻底歼灭敌登陆部队为其主要任务,主力位于嘉兴、乍浦附近,以一部在沿海要点警戒。并派步兵、炮兵各一部在浦东沿江向敌侧背射击,以策应淞沪区之作战。[①] 可见,杭州湾北岸守备区设立的主要目的就是防止日军增援部队在沿海登陆。同时,淞沪会战爆发后上海方面虽进行了顽强抵抗,但在日军强烈的攻势下,11月初国军已经退到苏州河南岸,战线濒临瓦解。随着淞沪

---

① 王辅:《日军侵华战争(1931—1945)》(一),辽宁人民出版社1990年版,第600页。

战场的吃紧,驻守在杭州湾北岸的军队被迫纷纷北调,第 8 集团大部兵力(第 55、57、62 师及独立第 45 旅)先后调往浦东一带参加作战,只有少数兵力(2 个连)和地方武装担任守卫,而奉令接防此处的刘建绪第 10 集团军尚未赶到,杭州湾北岸守备力量极为薄弱。正在这时候,日军乘虚而入。1937 年 11 月 5 日凌晨,日军集结 80 余艘舰艇炮轰击金山卫附近的国军阵地,随后日军第 10 军部队在航空兵的火力掩护下,突破国军阵地,在杭州湾北岸全公亭、金山卫、曹泾镇等处同时登陆。尽管少量的驻军和地方武装进行了英勇抵抗直至大部牺牲,但面对敌人 3 个师团约 3 万余人,完全无法阻止日军在飞机和大炮掩护下源源不断地登陆,战火蔓延到了浙江省内。

日军在杭州湾登陆后,一部向东北方向直驱上海,其主力向沪杭铁路推进,妄图占领铁路线的重要城市松江、嘉兴。随后,从松江向青浦、昆山地区推进,从南面对上海进行迂回,占领嘉兴,以图控制住杭州湾至太湖南岸的战略要地,切断中国守军的退路。当日军妄图分兵侵犯平湖时,5 日晚,第 79 师连夜赶到平湖独山、虎啸桥、广陈镇一线布防,在师长陈安宝率领下打退了日军一次次进攻,将士们越战越勇,坚守该线阵地达 10 天之久。6 日,日军开始大批登陆,朝松江方向纵深发展。7 日,日军参谋本部决定将上海派遣军与第 10 军编组成华中方面军,司令部设在上海,松井石根大将为司令官,其任务是:"应与海军协力,以挫伤'敌'之战争意志,获取结束战争之局势为目的,扫除上海附近之'敌'"。它的目的是要尽快地占领上海,为进一步扩大侵华战争做好准备。8 日,松江失守,沪杭铁路被切断,淞沪地区的中国军队陷于腹背受敌。9 日,中国军队下达退却命令。同日,右翼作战军向乍平嘉国防线撤退。各部队虽遵令移动,但因退却命令下达太迟,部队已陷于极度混乱状态,各级司令部也已很困难掌握其部队了,因而演变成了一幕本可避免而最终未能避免的大悲剧![1] 12 日,上海沦陷,淞沪会战以失败告终。

---

① 张发奎:《八一三淞沪战役回忆》,《传记文学》1977 年第 31 卷第 3 期。

日军在杭州湾北岸潜行登陆,不仅影响到上海战局乃至整个抗战形势的变化,而且使浙西失去了海防门户,嘉兴、湖州等地也先后沦陷。

11月8日,日军占领松江后,其主力部队沿着沪杭铁路开始进攻嘉善县。第10集团军总司令部命令当时驻守宁波的第128师(师长顾家齐)奔赴嘉善阻击进犯之敌,以确保后方转移和前线部队的撤退。11月8日,第128师先头部队首先在嘉善县枫泾(今属上海市金山区)与日军展开激战,击伤日陆军少将于冢正三。9日,日军集结了大队人马,向我军阵地疯狂反扑,士兵们因三面受敌,弹尽援绝而壮烈牺牲,枫泾陷于敌手。至15日嘉善县失守为止,第128师官兵坚守阵地七天七夜,在激战中敌我双方伤亡惨重,这支抗日部队都是苗族青壮年,精悍善战,为国家和民族的利益作出了重大的牺牲,总计伤亡官兵2980余人,占全师人数的3/4。① 嘉善一役,胜利地完成了上级交付的嘉善阻击战的作战任务。

当时,担任右翼军兼第8集团军总司令的张发奎前往浙江嘉善,与负责防守浙江嘉兴地区的刘建绪会面,亲自指挥作战。他在回忆中说道:"我于13日到了嘉善;当我在弹雨之下视察阵地时,得知保存工事图表之人员,与掌管掩体钥匙的乡保甲长均已逃避了,部队无法进入既设工事。"这些耗资巨大而修筑的国防工程,竟在紧急关头时刻未能发挥其作用。虽然构筑了临时工事,也无法与装备优势之敌抗衡。因此,嘉善沦陷之后,不久平湖城关、乍浦也相继失守。从此,乍平嘉国防线完全被突破。日军由苏嘉路、杭善路、平嘉路等三路窜犯嘉兴,自称苏、嘉、湖维持总会会长的汉奸郭剑石在苏嘉路上迎接敌军。19日,嘉兴被日军占领。中国守军被迫退向南浔、青镇、长安、海宁一线。20日,日军由嘉兴沿杭善路进占桐乡;同日,平湖和嘉兴的日军沿太湖地区攻占南浔。

由于国军的节节败退,给日军加紧扩大侵略造成有利的态势。日军占领

---

① 政协嘉善县委员会文史资料研究委员会编:《嘉善文史资料》(第1辑),浙江嘉善文教印刷厂印1986年版,第31页。

苏州——嘉兴一线以东的地区后,11 月 20 日,日本参谋本部批准华中方面军关于决定向南京追击的报告。11 月下旬,日军主力沿京杭国道、京沪铁路以钳形的战略攻势向南京前进。因此,湖州成为日军攻取的重要目标,其战略地位,在蒋介石的"命令"中说得很清楚,他说:"吴兴为今日抗战全局之重心,即为第 3 战区之枢纽"。他命令桂军第 21 集团军第 7 军军长周祖晃负此防守重任,要"不惜任何牺牲,死守阵地,杀敌致果,完成抗战之使命,奠定复兴之基础"①。当时,蒋介石兼任第 3 战区司令长官,命令第 21 集团军(司令官廖磊)先头部队首先占领吴兴以东的升山市至大钱镇之间的阵地,第 23 集团军(司令官刘湘)的 5 个师兵力集积于广德、泗安、安吉之间,以为策应。第 7 军军长周祖晃率第 170 师、172 师从徐州火速南下,按时抵达吴兴,先在南浔镇附近与日军遭遇,即展开激烈战斗,后退守升山市。21 日,敌集结重兵猛攻升山市。第 170 师少将(后追赠为中将)副师长夏国璋亲自督师与敌争夺西山,壮烈牺牲。升山市当日失守,桂军退守吴兴城。24 日,受敌压迫又被迫撤退,团长韦健森殿后掩护,中弹殉国。吴兴沦陷后,桂军退到朱家巷一线阻击敌人,以保证大军退于泗安安全通过。25 日,桂军与敌激烈战斗至晚上,才向泗安撤退。桂军两个师在这次吴兴阻击战中伤亡过半,第 170 师 4 个团只剩下 1 团半,第 172 师也只余 1 团 2 营。②

日军占领吴兴后,即以一部向泗安、广德、宣城、芜湖西犯,主力由郎溪北上会攻南京;另一部向长兴城东李家巷窜扰,与太湖登陆的敌军合攻长兴。在广德、泗安战役中,川军第 145 师中将师长(后追赠为上将)饶国华在泗安亲自指挥官兵与敌激战,奋勇抵抗,使敌死伤惨重。他在阻击日军进犯广德时,壮烈殉国。③ 25 日,苏浙皖三省边区的战略要地长兴县被日军占领。敌华中

---

① 《中华民国重要史料初编——抗日战争时期第二编·作战经过(二)》,(台北)中国国民党党史委员会编印 1981 年版,第 214 页。

② 袁竞雄、蒋文华主编:《桂林文史资料》(第 21 辑),漓江出版社 1992 年版,第 121 页。

③ 党德信、杨玉文主编:《抗日战争国民党阵亡将领录》,解放军出版社 1987 年版,第 96—97 页。

方面军司令官松井石根即移驻司令部于长兴。12月1日,日本大本营最后决定:以华中方面军现有的兵力与海军协同攻占南京。松井石根根据其大本营的命令,立即率军北犯南京。12月13日,首都南京沦陷,城破之后惨遭日军杀戮制造了震惊中外的南京大屠杀,被害军民达30万以上。

南京沦陷后,日军进攻目标立即转向杭州。敌华中方面军命令第10军攻占杭州及其附近地区,并将担任上海警备的第101师团一部调归第10军指挥,在空军第3飞行团的配合下,迅速向杭州进犯。

敌第10军司令官柳川平助指挥日军分三路向杭州进攻。中路由第101师团从正北的吴兴出发,沿京杭国道南下直扑杭州。12月18日,敌先头部队在菁山与中国军队激战后,21日陷菁山市,22日陷武康,一部东陷德清。23日与第18师团会合,占领了余杭、瓶窑、德清地区。右翼由第18师团从广德、泗安出发,21日主力分两个纵队,一路于同日陷安吉后,进占彭公,与中路之敌会合,再续犯余杭、富阳,23日余杭陷落,24日富阳失守;另一路于21日陷孝丰后,向南窜犯于潜。22日晚,在西天目山告岭东关村第21集团军第176师(师长区寿年)与日军展开英勇的阻击战,于25日击退日军进攻。左翼由第一后备兵团于22日从嘉兴出发,分两个纵队,一路沿沪杭铁路两侧的公路向杭州推进;另一路经濮院、桐乡,当日陷崇德,23日占领长安镇。敌第3飞行团在长兴设立指挥所,主要是攻击钱塘江中的船只和浙赣铁路的军事运输,随之一部进驻杭州笕桥机场。

当时,守备杭州地区的张发奎、刘建绪原右翼作战军约5个师,一部已退驻桐庐、建德山区,一部撤至钱塘江以南构筑工事。另外,第21集团军于天目山阻敌告岭之后也奉令撤至分水。因此,日军在几乎没有遭到抵抗的情况下,很快地进占杭州附近各县,进而占领杭州。

24日上午,各路日军在汉奸的引路下,几乎同时窜入杭城。北路日军从京杭国道到小河进至武林门,驻杭州日本领事馆的翻译董锡林,带着大小汉奸在武林门外混塘桥边打躬作揖地欢迎日军,口喊:"欢迎皇军!"丑态百出,他是"杭州通敌的第一人"①。东路日军从清泰门、望江门入城,汉奸王五权带领救火会会员至清泰门引入。西路日军则由凤山门入城。日军占领杭州以后,敌第10军司令部及第18师团驻在杭州。

至此,由于国民党军队的节节败退,在一个半月的时间里,浙西地区的嘉善、嘉兴、海盐、平湖、桐乡、吴兴、长兴、武康、德清、海宁、余杭、崇德、杭县、富阳及杭州等1市14县被日寇侵占,临安、孝丰、安吉等县也一度或几度失陷。

为了清晰展现1937年底杭嘉湖地区沦陷时的悲惨情景,根据各县(市)志及其他相关史料,梳理出了一张沦陷时间及情形表:②

嘉善　11月14日晚

11月5日下午,县长于树峦率部撤离县城,9日县府撤出县境。11月8日,日机连续轰炸火车站等交通线及东门、西门、邮局、电报局被炸毁,城中热闹街市被炸毁、焚毁达十之五六。11月初,县民纷纷逃离,先后有三四千人逃往上海租界避难。14日15时至17时,守军在激战后相继撤出阵地。

平湖　11月18日下午

11月14日,守军撤退。15日下午2时,日机将燃烧弹投掷在县城东大街,火光冲天,至晚10时城内大火仍未熄灭。是夜,党政机关相继撤离赴杭州。18日下午,敌200余人由东门入城。

嘉兴　11月18日晚

11月15日,二区专员杜伟、县长翁桎撤往桐乡濮院镇,后随部队撤向富春江。18日上午,各路日军迫近城郊,我守军一团顽强防御,与敌激战。下午3时,敌军一部攻入城内,我军撤出阵地。19日午前,全城陷落。

海盐　11月20日

11月5日,日舰炮轰县城,死伤多人,日机轰炸致使监狱被毁,因犯130余人逃逸。县长曲万森擅离职守,官员星散,县处于无政府状态。14日,日机

---

① 娄子匡、黄海:《杭州的动乱》,中国民俗学会印1939年版,第6页。
② 阮发俊:《凄伤的天堂——抗战时期杭嘉湖地区的沦陷》,《浙江档案》2007年第7期。

又来轰炸。20 日,日军窜犯。

桐乡　11 月 23 日

11 月 17 日,县长张周汶率部撤离县境。21 日,守军撤出濮院镇,县域防务空虚。23 日,日军一路由杭善公路侵入县城。

吴兴(今湖州市区)　11 月 24 日

11 月 18 日至 23 日,日机连续轰炸吴兴。21 日,第 170 师副师长夏国璋在城东升山市壮烈殉国,守军退入城中,24 日,迫于日军压力退出。

长兴　11 月 25 日凌晨

11 月 24 日,日军出没于太湖,为水警部队侦悉,通知守军和县府。前方将领白崇禧、张发奎在县政府召开党政军人员应变会议,处决狱中的 40 名汉奸,将重要文件、图书分装数十船运往合溪山区。县长王文贵率部分政府人员撤离县城。

武康(今德清县武康镇)　12 月 21 日

县政府迁往外瑶坞、莫干山等地。12 月 21 日,日军沿京杭国道进占。

德清(今乾元镇)　12 月 22 日

县政府迁驻梅林、士林一带。12 月 22 日,日军进占。

余杭(今杭州市余杭区余杭镇)　12 月 23 日

县政府迁驻径山脚下太公堂。12 月 23 日,日军进占。

崇德(今桐乡市崇福镇)　12 月 23 日

11 月 15 日,县长刘平江率工作人员撤离至浙东。12 月 23 日,日军出动两架飞机作掩护,兵分三路进攻县城。其实守军已于 3 日前撤离。居民大多避居乡间。

海宁(今盐官镇)　12 月 23 日

12 月,日本侵略军在黄湾冷冰坞登陆。22 日下午 4 时,县长王翦波率党政人员百余人沿沪杭公路向杭州撤退。次日,县城沦陷。

53

杭州市、杭县　12月24日晨

11月9日始,省政府陆续迁往金华。当月,浙江大学开始西迁。12月22日,军方烧毁筧桥中央航空学校、三廊庙浙江第一码头、城站火车站;市政府、杭县县政府迁移到余杭太公堂,市长周象贤去香港,后至重庆;杭城水电供应断绝,店铺关门,行人绝踪,一片沉寂。23日,中国军队悄然退出杭州,晨6时炸毁了闸口电厂的大部分发电设备,省主席黄绍竑、第10集团军总司令刘建绪相继离开,下午5时钱塘江大桥被引爆,入夜自来水厂的两机房设备被指令毁坏。24日晨,日寇分三路冒雨侵入杭州,汉奸谢虎臣、王五权、陆佑之等前往武林门迎接,当日进入市区的日军约有1个师团。

杭嘉湖地区是长江三角洲的平原地带,这里河流密布,素有"鱼米之乡"之称,是浙江省的一个富饶地区。但自日军入侵之后,浙西人民惨遭日军蹂躏,使得"千百年来素称为繁华富庶、文雅风流的江南佳丽之地,充满了硫磺气,炸药气,厉气和杀气"①。日军入侵浙江后实施残酷的"三光"政策,到处杀人放火,奸淫掳掠,无恶不作。11月5日,日军在杭州湾北岸登陆后,平湖的金丝娘桥、白沙湾、全公亭、大小营头一带首先遭到日军的烧杀,计焚毁房屋3000余幢,无数村民被集体枪杀,仅白沙湾、全公亭沿海带被屠杀的百姓就有500余人,遭受蹂躏的妇女,衣服剥尽,而露尸于村头路旁。向嘉兴窜犯的敌人,在途经新丰镇时惨遭杀害的平民达147人。在海宁斜桥民生丝厂,日军喝令挑茧的农民集中,以机枪扫射,惨死者43人。日军在湖州俘获军民650人,大部被其枪杀。长兴城内被敌人连烧七天七夜,90%以上的民房被烧毁,而且将沿途拉来的数百个民夫,关押在小东门广生当铺里活活烧死。长兴泗安也几乎被烧得片瓦无存。日军进扰杭州郊区留泗公路时,正是夜幕降临的晚上,凶残的敌人点着二三百个灯火,焚烧公路两旁的村庄,枪杀村民,人们见到的是一片"漫山遍野的烧杀的火焰"②。杭州至富阳、杭州至余杭这两条公路两

---

① 丰子恺:《缘缘堂随笔集》,浙江文艺出版社1983年版,第236页。
② 娄子匡、黄海:《杭州的动乱》,中国民俗学会印1939年版,第7页。

侧的村庄及富阳、余杭、留下、临平、笕桥、七堡等城镇皆被毁成焦土。杭州市区遭敌人空前的洗劫,被敌人枪杀的人数,从当时棺木的数字看有"一千零几","其中以老人、妇女和孩子为最多",杭州市人口原有 59 万余人,沦陷时仅 10 万人。从杭州沦陷这天起,它"已不是什么天堂了,是人间地狱,是日本军阀的大屠场"①。

(三)浙江省政府的迁移

"八一三"淞沪会战爆发后,随着驻上海国军部队的节节败退,浙江省会杭州的形势日趋紧张,国民党浙江当局不得不考虑战火蔓延至杭州后的撤退问题。1937 年 10 月上旬,时任浙江省国民政府主席朱家骅在杭州召集军政首长会议,商讨杭州万一失守,省政府宜撤往何处等问题。当时军方部分人士持反对意见,认为"如外界闻知省府将有后撤之说,则民心士气,将受影响,以不谈为宜"。但战事紧张,省会迁移问题无法搁置,散会后朱家骅征求时任省第四区行政督察专员兼保安司令阮毅成等人意见。阮毅成认为:"既曰全面抗战,浙省境内,恐难有安全地区。绍兴离杭州太近,宁波、临海、温州均沿海,敌人极易登陆。金华、衢州,有浙赣路可通,丽水僻处浙南,只能在此三地中择之。而金华地点适中,似可优先考虑。"②朱家骅反复比较浙江各大城市,认为金华有浙赣铁路相通,地点适中,交通便利,应为省会迁驻的首选地点,而丽水可作为第二临时省会,于是决定"密向南京请示"。

11 月 5 日,日军在浙江省平湖县金丝娘桥至金山卫一带登陆,随后嘉善、平湖、嘉兴、桐乡等县城相继被日军占领,浙江省形势紧张,省会杭州情况危急。浙江省政府旋即着手疏散杭州人口,并准备迁徙省政府。其时,杭州市街道上逃难人员扶老携幼,提箱挑担背包者,络绎于途,气氛十分紧张,省政府各

---

① 宋子六:《沦陷前后的杭州》,青抗社 1938 年版,第 31、33 页。
② 永康市政协教文卫体与文史委员会编:《浙江临时省会永康》,中国文史出版社 2016 年版,第 34 页。

厅处公务员家属亦多遣送回乡。省政府机关在迁徙前,所属各单位都组织大批疏散职员。各厅处科室除留必要的工作人员外,其余均安排暂时遣散或留职停薪。被遣散者各发 3 个月薪金。同去者,荐任官每月给薪 100 元,高级委任职月薪 70 元,低级委任职每月 50 元。如民政厅规定各科室每单位至多留 5 人,5 个科室共留 25 人,其余全部暂时遣散。① 部署定后,各单位马上开赴金华,省政府各厅暂以金华八婺中学为驻地(该校因防空袭,已移迁往乡间),并有民房数处,可为职员宿舍。省政府迁到金华后,公务人员每天必须到办公室晤面,但一有警报拉响,所有职员即分头疏散,以至于省政府一个月都未能正常办公。

11 月 25 日,浙江省国民政府主席朱家骅呈请辞职,省政府奉令改组,由黄绍竑任浙江省政府主席,第二次主政浙江。12 月 3 日,黄绍竑抵达金华,他认为金华虽交通便利,足以为政治经济中心,但作为一个老城市,目标很大,必将成为日军空袭的目标,宜另行觅地再迁。衢州虽也满足作为临时省会的条件,但如果日军沿浙赣铁路西进,马上会受到威胁。丽水比较安全,但地理位置太偏南,距离铁路线太远,无法配合军事需要。黄绍竑拿来地图仔细研究,发现永康无论从地理位置、交通运输、军事配合、办公条件等方面都较为符合要求。12 月 8 日,黄绍竑在杭州与朱家骅办理交接,派省政府委员周象贤、朱孔阳两人,前往永康方岩进行实地考察。周象贤、朱孔阳两人认为方岩有天然山洞,可防空袭,且有大小旅馆数十家,足敷省府之用。黄绍竑经反复比较,权衡利弊,最终选择永康作为浙江省第一临时省会。其有三方面优势:(1)永康地处浙东中心,是浙江公路交通的枢纽,还有水路可通,离金华的铁路线也较近,出入交通方便,如果日军向浙赣路进犯,从这里可以向丽水及浙南山区转移;(2)在离永康县城东南面的不远处,有一个叫方岩的地方,此处有很多的庙宇、岩洞,且有大小旅馆数十家,附近还有几处大村庄,可防避空袭,足可容

---

① 永康市地方志纂委员会编:《永康市志》,上海人民出版社 2017 年版,第 2841 页。

纳省政府机关的办公和工作人员的居住;(3)永康二字,意为"永享康宁、永保安康",蕴含吉利的兆头。于是黄绍竑就向省政府委员会提出省府搬迁永康的意见,大家都很赞成。随后遂将浙江省政府自金华迁至永康方岩。

1938 年 1 月,浙江省政府在永康方岩开始办公。永康虽有如上所述的有利条件,但庞大的浙江省党政机关毕竟机构、人员太多,有部分单位必须分散安置。省政府决定:军事部门暂留金华;省级党部机关、与省政府平行机关、省政府所属各厅处分别设在方岩寿山坑、五峰书院、岩下街、橙麓及附近派溪等地;省属专业公司、省级金融、医疗管理机构以及省级各经济团体等,安排永康县城区或城郊;教育、建设等厅处,部分迁驻丽水办公,凡迁外县的省级单位,在永康方岩均设办事处。在外敌入侵、国难当头面前,永康人民全力组织车辆到金华帮助省政府和各机关团体搬运行李、办公用具。全县城乡纷纷行动,腾出公房、宗祠、民房,安排住房。紧急组织调运供应生活资料和各类副食品,以供应人员急增的生活需要。特别是方岩一带的人民群众,对当时大量涌入的"下路人"热情相待,主动挤出住房、家具供迁徙员工及其家属使用。永康县国民政府还组织劳力修宽方岩至世雅公路,使之与永康、东阳的公路相通,全力支援抗战工作。

浙江省政府搬迁永康方岩,使得浙江的整个政治、经济和文化中心随之南移永康。1937 年 12 月至 1942 年 5 月,先后随同省政府搬迁永康的省属行政机关有 37 个,省级机构团体 35 个,省属事业单位 32 个,各级各地机关单位 39 个。进驻永康各级机关单位共计 143 个,永康本级机关团体 17 个。

浙江省属行政机关

1. 省政府:设方岩五峰书院,1938 年元旦迁入。

2. 省政府秘书处:设方岩寿山坑重楼,1938 年元旦迁入。

3. 省政府社会处:初设方岩派溪,后迁岩下街和大昌旅馆,并在屋后新建棚屋。

4. 省政府会计处:设岩下街新仁昌旅馆。

5. 省民政厅：设岩下街隆兴旅馆。

6. 省财政厅：设寿山坑岩洞中，大部分则在老仁昌旅馆。

7. 省教育厅：设岩下街程振兴旅馆。

8. 省建设厅办事处：设五峰书院。厅办事机构初设金华，后迁丽水。

9. 省粮食管理局：设永康城外，1941 年 3 月迁入。

10. 省地政局：设新隆兴旅馆。

11. 省田赋粮食管理处：设岩下街（原标常祠堂）。

12. 浙江保安司令部：初留守金华，后迁岩下街。

13. 浙江国民抗战自卫团总司令部：初设金华，后迁岩下街。

14. 国军 21 师师部：设方岩金江龙维一公祠。

15. 中国国民党浙江省执行委员会：设五峰之旁（胡库人新造的二层楼房）。

16. 省电报局：设五峰路民房。

17. 省邮政局：设五峰路民房。

18. 省电话局：设寿山坑。

19. 浙江军管区司令部：设方岩。

20. 社会部合作事业管理局浙江省金华合作实验区：初设金华，后迁方岩。

21. 省合作事业管理处：初设金华，后迁方岩。

22. 省建设厅水利处：设方岩。

23. 省审计处：设方岩。

24. 省民政厅卫生处：设方岩五峰路及世雅。

25. 省医疗防疫大队：设方岩五峰路及世雅。

26. 省会卫生事务所及卫生试验所：设方岩五峰路及世雅。

27. 省警察大队：设岩下街。

28. 省战时警官讲习所：设金江龙。

29. 省盐务管理局：设方岩。

30. 省食盐运销处：设县城。

31. 两浙盐务管理局：设方岩。

32. 浙闽监察使署：设方岩。

33. 省政府印刷厂：设金江龙梁十公祠。

34. 省营贸易局：设方岩老仁昌旅馆。

35. 省棉茶油丝管理处：设永康城内。

36. 省战时物产调整处：设方岩。

37. 省战时卷烟公卖处：设方岩。

浙江省级机构团体

1. 省动员委员会：设寿山坑五峰路。

2. 省赈济会：设永康城内。

3. 国民党省党部：设五峰书院。

4. 省抗日自卫委员会：设五峰书院。

5. 三青团浙江省团部：设橙麓。

6. 省高等法院：设岩下街，租用周姓民房。

7. 省临时监狱：设岩下街周氏宗祠。

8. 省高等法院检察处：设岩下街，租用周姓民房。

9. 省临时参议会：设下园朱，以朱氏宗祠敦伦堂为议场，1939 年 5 月
迁入。

10. 省青年团：设胡库胡大宗祠。

11. 浙江区直接税局：设方岩。

12. 浙江区货物税局：设方岩。

13. 省史料征集委员会：设五峰万成庙。

14. 省医务处：设方岩，1937 年 12 月迁入。

15. 省民政厅卫生处：设方岩五峰路，1940 年 9 月迁入。

16. 省佛教会:设方岩广慈寺,1940 年冬迁入。

17. 省农会:设方岩。

18. 省妇女会:设方岩。

19. 省商会联合会:设方岩。

20. 中国童子军浙江省理事会:设方岩。

21. 省新生活运动促进会:设方岩。

22. 省农业改进所:设方岩。

23. 省手工业指导所:设方岩。

24. 省民政厅公余进修会:设岩下街。

25. 省行政学会:设柿后。

26. 省地方行政图书馆:设柿后。

27. 省高等法院档案馆:设石鼓寮德清寺,1938 年迁入。

28. 省立图书馆永康办事处:设城区由义巷 44 号。

29. 浙江日报社:设城郊岭张村,1941 年 3 月迁入。

30. 省记者公会:设方岩。

31. 省蚕丝管理委员会:设永康城外。

32. 省驿运管理处:设东库,1942 年 1 月 9 日迁入。

33. 省水陆联运管理处:设东库,1942 年 1 月 9 日迁入。

34. 省水陆联运管理处第三战区司令长官司令部丽新段办事处:设东库,1942 年 1 月 9 日迁入。

35. 省律师事务所:设方岩。

浙江省级事业单位

1. 省土地测量总队:设方岩新隆兴旅馆。

2. 省战时警察训练所:设象瑚里占鳌公祠内。

3. 省防空情报所监测站:设方岩山顶后山。

4. 省地方行政干部人员讲习所:设柿后金品公祠。

5. 省战时医护人员训练班:设柿后。

6. 浙江中医学校:设溪口宝严寺。

7. 陆军 66 医院:设方岩附近。

8. 陆军 30 师野战医院:设下宅方柱国特祠。

9. 省立宁波仁济医院:设溪口。

10. 省立卫生医院:设城区飞凤山。

11. 省陆军第一辅助医院:设下里溪。

12. 省新群高级中学:设柿后,1940 年 6 月 1 日建立,校长阮毅成。

13. 省立五峰小学:1938 年初设立,校址方岩,高小班 4 个,幼稚班 1 个,同年 11 月迁往丽水县碧湖镇。

14. 省立建国小学:设方岩。

15. 省战时临时中学:设方岩。

16. 中央赈济委员会浙江办事处:设方岩。

17. 中央赈济委员会第三救济区永康办事处:设永康县城。

18. 省民族夜校:设橙麓。

19. 省难民教养园:设周塘,1938 年 4 月建立,内分托儿所、幼稚园、小学部,主要养教难民工厂 13 岁以下儿童。

20. 省战时芝英战区儿童教养团:设芝英,1939 年建立。

21. 省难民工厂总部:设芝英。

22. 省难民(赈济会)染织工厂:设芝英,1938 年 4 月 11 日,在县城、后曹桥、长城、郭山、溪岸、柿后、桥下、太平分设工场。1941 年夏增设 7 个分厂。

23. 省难民染织工厂第一分厂:设应宅,1941 年夏建立。

24. 省难民染织工厂第二分厂:设傅店,1941 年夏建立。

25. 省难民染织工厂第三分厂:设派溪,1941 年夏建立。

26. 省难民染织工厂第四分厂:设卉川,1941 年夏建立。

27. 省难民染织工厂第五分厂:设横桥,1941 年夏建立。

28. 省难民染织工厂第六分厂:设东山边,1941 年夏建立。

29. 省难民染织工厂第七分厂:设唐先,1941 年夏建立。

30. 浙江地方银行:设永康县城内。

31. 省县合作金库:设永康县城内。

32. 省各县农民银行委员会:设城内。

浙江省各级各地机关

1. 杭州海关:设方岩。

2. 中国救济总署浙闽分处:设方岩。

3. 杭州树范中学:设麻车头。

4. 杭州灵隐寺:迁洪福寺,携经学及其他图书千卷至洪福寺并设图书馆,
供人阅读,1939 年迁入。

5. 财政部贸易委员会浙江办事处:设永康县城内。

6. 财政部贸易委员会复兴商业公司浙江分公司:设永康县城内,主管日
用必需品及其物价。

7. 中国茶叶公司运输部东南运输总站永康第一分站:设下园朱 2 号,
1942 年 1 月 1 日迁入。

8. 中国茶叶公司浙江办事处:设城内。1939 年春成立,1941 年 8 月改称
浙江分公司。

9. 复兴商业公司浙江分公司:设永康县城区北门外茅草山庄(主营桐油)。

10. 中央银行浙江分行:设永康县城内梁枫桥巷 24 号大厦,1938 年 1 月
迁入。

11. 中国银行浙江分行:设永康县城内梁枫桥巷 24 号大厦,1938 年 1 月
迁入。

12. 中国交通银行浙江分行驻永康办事处:设城内。

13. 中国农民银行总管理处:设永康县城内。

14. 中国农民银行浙江分行:设永康县城内。

15. 中国农民银行杭州分行：1938年1月迁入，设永康县城内应家。

16. 中国交通银行杭州分行总部：设永康县城内。

17. 中国银行杭州分行：1937年底迁入，设永康县城。

18. 中央银行杭州分行：1937年底迁入，设永康县城。

19. 浙江地方银行永康分行：1938年1月4日迁入，设方岩。

20. 浙江地方银行诸暨办事处：设永康县城内学前街，1940年12月迁入。

21. 中国银行绍兴支行：设永康县城内，1941年迁入。

22. 全国节约建国储蓄劝储委员会浙江分会：设东库街新1号。

23. 中央银行浙江省分行：设溪口宝严寺平山坡。

24. 省邮政储金汇业局：设永康县城内，1938年1月迁入。

25. 金武永农民银行：设许码头街1号，1938年12月9日设立。

26. 海宁县农民银行：设许码头街1号对面，1938年12月9日迁入。

27. 国家银行"中央、中国、交通、农民"四联总处浙江分处：设城内梁枫桥巷，1940年1月国家银行"中中交农"联合办事处杭州分处设城内。

28. 东阳县政府：设方岩独松村。

29. 义乌县政府：设桥下太平村，1942年5月7日迁入，后日军犯永，曾迁往柏岩、独松村。

30. 义乌中学：设柏岩乡寨口村，1942年迁入。

31. 杭州市政府：设方岩。

32. 杭县政府：设方岩。

33. 中国国民党杭州市党部：设方岩。

34. 杭州市妇女会：设方岩。

35. 杭州市中医师公会：设方岩。

36. 杭州市记者协会：设方岩。

37. 杭州市商会整理会：设方岩。

38. 杭县律师公会：设方岩。

39. 国民通讯社:设方岩,1938 年迁入。

永康县本级机关团体

1. 永康县政府:设永康县城内。

2. 永康县参议会:设永康县城内。

3. 永康县法院:设永康县城内。

4. 永康县警察局:设永康县城内。

5. 永康县田赋管理处:设永康县城内。

6. 永康县税务局:设永康县城内。

7. 永康县党部:设永康县城内。

8. 永康县农会:设永康县城内。

9. 永康县商会:设永康县城内。

10. 永康县教育会:设永康县城内。

11. 永康县工会:设永康县城内。

12. 永康县妇女会:设永康县城内。

13. 永康县佛教会:设永康县城内。

14. 永康县救济会:设永康县城内。

15. 永康县邮政局:设永康县城内。

16. 永康县电报局:设永康县城内。

17. 永康县民众教育馆:设永康县城内。

二、黄绍竑在永康的施政

——1937—1941 年的浙江政治

黄绍竑在永康方岩主政期间,政治思想比较进步,实行了一系列的开明政策。他认为,全面抗战初期的挫折,实是政治上的失败,他曾公开提出一系列"刷新政治"的口号,试图增强人们对于抗日战争的信心和决心。他积极改革各级行政机构,大胆起用新人,提拔进步人士、爱国人士,坚持抗日民族统一战线,制定与颁布《浙江省战时政治纲领》,组建战时政治工作队,积极发动和组织全省民众参加抗战,使得当时的浙江政治呈现出了团结抗日的新气象。

(一)临时省会的确立与健全各级行政机构

1937 年 12 月 5 日,黄绍竑奉命抵达杭州,第二次主政浙江。蒋介石要黄绍竑再次来浙主政,一方面是黄绍竑曾于 1934 年 12 月到 1936 年 11 月出任过浙江省政府主席,浙江的国防工事有不少是他首次主浙任内着手规划并实施的,工作起来熟悉、方便。另一方面是为了能更好地配合军事需要,当时不仅浙江,还有江苏、安徽的省政府主席也换成军人来担任,如江苏的陈果夫换成了顾祝同,安徽的蒋雨岩换成了李宗仁。因这几省都处于长江下游军事要冲,为了便利军事起见,所以蒋介石把这几省的省政府主席都换成军人来担任。黄绍竑回到浙江时,只有省政府主席朱家骅和少数行政人员留在杭州,主持前方工作并等待黄绍竑来交接,省政府各机关多数已撤至金华,由许绍棣厅长主持。6 日,黄绍竑到省政府正式接任,各厅处长也同时就职。黄绍竑正式接任后即在杭州保俶塔底下的防空洞里召开省政府委员会议,紧急组织人员,调动一切可以调动的汽车、帆船,通过浙赣铁路、公路、水路,做好人员和物资的疏散工作。同时下令各工厂拆迁重要机器,或派兵炸毁。由于交通困难,迁出很少,中国银行运出铜板 10 万多元。23 日深夜,黄绍竑撤离杭州,经过桐庐到金华时,金华已处在敌机不断轰炸中,各厅处人员无法办公,于是决定将省政府迁移至永康方岩。浙江省政府设在岩下街西面约两里的五峰书院内。五峰书院地理位置较好,不但能够躲避敌人的进攻,而且适宜办公居住。那里有五座山峰(鸡鸣、覆斧、桃花、瀑布和固厚)尽是悬崖绝壁,在固厚峰下几个大山洞里,上、下岩石相距两三丈,上面大半截岩石临空,下面平坦,四边筑墙,装上门窗,风雨吹不进,而且冬暖夏凉。敌机轰炸时,只听到声音,房屋也不会震动,当然不会被炸塌伤人,是一个十分安全的天然防空洞。①

黄绍竑在永康方岩主政时期,政治上比较开明,曾公开提出"刷新政治,动员全省人民抗战""建设浙东,收复浙西"等政治口号,并在很大程度上接受了中国共产党关于抗日民族统一战线政策。黄绍竑实行开明政策的原因,一方面是他有强烈的爱国主义思想,主张抗日救国,且有眼光魅力,想干一番事业。另一方面是他看到中国只有团结抗战才有前途,他在娘子关战役中,亲身感受了中国共产党对国共合作团结抗日的诚意。黄绍竑在来永康之前,曾会见过当时担任国民政府军事委员会政治部副部长的周恩来。黄绍竑找周恩来的目的"主要是想请教他关于发动民众,组织民众,团结民众的方法。并且请他以后派一些人去帮忙"②。会面使黄绍竑得到了启发和鼓励,进一步明白了共产党主张的依靠人民群众,充分发动群众的道理,对抗日民族统一战线有了新认识。他认为:"如果能在浙江将民众武力建立起来,与国军配合一致,则于国家民族神圣的抗战,一定有很大的贡献。"③因此,黄绍竑主浙期间,坚持抗日民族统一战线,并且在政治、军事、经济、文化等方面采取了一系列措施,增强全省人民战胜日本侵略者的信心。他在永康方岩任职期间极力延揽进步人士作为助手,并同意在各级政府机关安排中共党员或进步文化人士、爱国青年,有力推动了浙江团结抗日局面的形成,使得永康方岩成为浙江抗日的重要阵地。

浙江省是国民党 CC、复兴社控制的主要地区之一。黄绍竑此次在永康方岩主政后,吸取了 1935 年第一次主浙时被 CC 派、复兴社暗中联合攻击的教训,决定大胆起用新人,以便摆脱 CC 系的控制。他首先在省政府人事安排上"突破"。黄在奉命后的第二天,就拟定了省政府委员及各厅处长名单,呈报

---

① 永康县政协编:《永康文史》(第三辑),永康印刷厂印 1986 年版,第 3 页。

② 政协全国委员会文史资料研究委员会编:《文史资料选辑》(第 7 辑),中华书局 1960 年版,第 97 页。

③ 黄绍竑:《黄绍竑回忆录》,广西人民出版社 1991 年版,第 358 页。

国民党中央批准。新的浙江省政府委员共9人:黄绍竑、王先强、程远帆、许绍棣、伍廷飏、朱孔阳、周象贤、许蟠云、贺扬灵。各厅处长:李立民任省府秘书长、王先强任民政厅厅长、程远帆任财政厅厅长(后为黄祖培接任)、许绍棣任教育厅厅长、伍廷飏任建设厅厅长、宣铁吾任保安处长。这些厅处长大多数人都是黄绍竑第一次在浙江任职时的同事,只有伍廷飏是黄绍竑的同乡、朋友,黄绍竑把他作为自己的主要助手。不久,财政厅厅长换成黄祖培。王先强、黄祖培两人,都是黄绍竑任内政部长时的司长。黄绍竑后来回忆,"这样就使素来在蒋介石掌握之下,并为CC、黄埔、士绅所把持的浙江,总算被我打开了一个缺口"。① 黄绍竑依靠他们在浙江推行一系列有利于抗战的措施。

自省会沦陷后,浙江政局已进入一个新的阶段,旧有的政治机构和力量已不能应对新的形势需要。为了使各级行政机构和组织适应战时的需要,省政府在永康方岩拟订方案,对各级行政机构进行了大幅度调整和完善。

一是对部分县长进行调整,重新任命或提拔部分先进青年为新县长。调整工作从1938年3月开始,先后对浦江、龙泉、安吉、于潜、昌化、常山、遂昌、遂安、瑞安、永嘉、温岭、平湖、镇海、诸暨县的县长作了调动,任命了一批新县长,如26岁的董中生被破格任命为昌化县县长。后来,黄绍竑到昌化巡视县政,鼓励董中生说:"一个小县,给初任县长的人,很好发挥才能的机会","只要对国家、民族有益的事,省政府一定支持你去做"。② 同时,省政府还把一些有突出表现的县长调到省里,担任某些部门的要职。如第二区行政督察专员兼嘉兴县县长王先强就被调任为省民政厅厅长。

二是逐步实行以自治为核心的新县制。1938年10月,为了稳固基层抗日基础,浙江省政府实行了实验县制。把处属几个县从省民政厅的管辖下划出来,由省建设厅将大部分工作人员调到这些县里去充实领导,以便把这些县

---

① 政协全国委员会文史资料研究委员会编:《文史资料选辑》(第7辑),中华书局1960年版,第99页。

② 董中生:《两任浙江省主席的黄绍竑(二)》,《浙江月刊》1987年第19卷第10期。

建成抗日救亡的战略基地。首先以云和、龙泉、遂昌 3 个县为试验，成立经济实验县，改组后的县政府由一批政治上比较开明的进步人士担任县长：云和县县长为潘一尘，龙泉县县长为唐巽泽，遂昌县县长为陆希澄，此外还任用了一大批共产党员和进步青年分别担任县政府要职。1939 年秋，省政府又将丽水县太平区、青田县海口区、松阳县古市区划为建设厅特约经济建设实验区，以后处属各县纷纷效仿，相继建立了经济建设实验区。另外，地处浙东前哨的诸暨、义乌、余姚等县作为非正式的实验县，也按照实验县的要求进行建设。这些实验县、区的建设主要表现在以下几个方面：政治上，深入基层，发动群众，出版刊物和建立组织，如龙泉出版了《龙泉快报》《大家看》期刊，组织了民校、识字班；诸暨、青田海口区成立了农会、妇女会和歌咏队，进行广泛的全民抗战宣传教育。这些实验县、区还根据省保民代表会议制度的规定，发动群众民主选举，调整了不称职和贪污的乡保长，打击了土豪劣绅的嚣张气焰。军事上，组织了抗日自卫队、土枪队等群众武装，改善兵役制度，采取按丁公平抽签、政治动员、自动报名等方法，调动广大青年农民参军抗日的积极性，反对兵役中的舞弊，严惩借抽征壮丁而枉法舞弊的各级官员；经济上，推行二五减租，减轻农民负担，设置了繁殖场、乡保示范场，提倡集体垦荒。各区还根据现有原料和原有技术提倡和组织手工业生产，如太平区出麻，故提倡妇女麻织手工业；古市多竹，故提倡改良造纸等。

1939 年 9 月，为了发动民力，加强地方组织，促进地方自治事业，国民政府颁布了《县各级组织纲要》，确定了后方实行新县制的原则。新县制的中心内容是实行县自治制度，县作为自治单位，有独立的法人地位，享受法定的权利，承担法定的义务。《浙江省三年施政计划纲领》明确规定："县为实施计划之基本单位，应集中全力，灵活运用。"指定新昌、永康、龙游 3 县先行试办，实行新县制，然后普遍施行，3 年之内完成。在新县制下，县一级政府有独立的财政，《县各级组织纲要》对于县财政规定了 8 项收入，其中最重要的一项是田赋附加金额，它占到全部赋额的 68%，是县预算中的大宗收入，可以用来兴办各县的自治事务。新县制还强调了机构设置统一集中,根据需要可增删裁并。过去与县政府并行的机关有国民兵团、田赋粮食管理处、地方行政干部训练所、优待出征抗敌军人家属委员会等,虽然这些机关的负责人大多数是县长兼任,但难免有时会发生意见冲突。新县制实行后,这些机关的业务统归到政府有关各科,这样把县政纳于县政府的一个系统之下,达到了组织统一和事权的集中。

三是完善督察专员公署。浙江早在 1935 年 6 月就建立了行政督察专员制,全省设置 9 个区,1936 年 5 月,各区依序改为第 1 区至第 9 区。全面抗战开始后,为了适应抗战的需要,浙江省加强了行政督察专员的职能,以补救省政府监督指挥不周,加强行政效率。1938 年上半年,省政府在永康方岩制定了《浙江省战时各行政督察专员公署暨保安司令部合并组织暂行办法》,规定专员公署和区保安司令部统一组织、合并办公,称"区行政督察专员公署保安司令部",合并的目的是统一调遣区内的自卫武装力量,确保地方治安,使专员对区辖各县的施政情形能严加督察,保证区内各县的县治能遵循国家法令。

四是设立浙西行署。在"建设浙东,收复浙西"的目标下,省政府特别加强了浙西游击区的行政工作。1938 年 11 月,省政府在永康方岩制定了《浙江失陷地区行政纲要》,规定要建立失陷地区政治机构,以增进行政效能。1939 年 1 月,省政府即在西天目山的禅源寺设立了浙西行署,辖旧杭嘉湖 3 府和严州府的桐庐、分水共 22 个县。它是浙江省政府主席及国民抗敌自卫团总司令部留驻前方的合并办公机关,负有政治、军事、经济、文化等多方面的使命。在军事上,它是前敌指挥机关,在政治上它强调加强地方行政组织,收揽各地民心,以打破敌人政治进攻的种种谎话、煽动和扰乱。在经济上,强调加强抗战财源的补给,抵制敌军在沦陷区内的搜刮、剥削,查禁敌货的流入以及敌军伪票的流行,建立持久对敌的经济基地。在文化上粉碎敌军的宣传,查禁、防止汉奸的报纸,摧毁日伪的奴化教育,发扬抗敌文化的作用。

浙西行署从 1939 年 1 月建立到抗战胜利结束,历时近 7 年,成立之初其地位在各厅处之上,可以对属县直接行文。1939 年秋,浙西行署改为浙江省政府浙西行署,以省政府委员贺扬灵为主任,其地位与各厅处相同,浙西行署有职员 150 人,此外还有参议员、咨议员等,这些人大多不在天目山上,而是分散在各县。行署直属单位有 21 个,涉及政治、经济、教育、文化、军事等方面,如民族文化馆、民族日报社、民族剧团、浙西干部训练团、浙西青年营等。其中还有政工队的 3 个大队也在浙西,归行署指挥。

浙西行署建立后,在行政方面,健全了下级行政机构并恢复了沦陷地区的政权。当时浙西沦陷了十几个县,700 多个乡镇,行署经过充实乡镇经费与镇务人员,有 600 多个乡镇能完全行使政权,90 多个乡镇可以部分行使政权。在军事方面,过去沦陷区中有许多零杂部队,没有统一的编制和正规的训练,行署对他们进行统收统编的工作,这样,不但使战区的治安得到恢复,而且也减轻了人民的负担。在经济方面,以抢购地方特产、施行对敌封锁为主,把毗邻沦陷区的大部分特产都抢购至后方,日用必需品也能由后方运输至前方。在教育方面,以恢复战区小学、收容失学青年为主。在于潜、孝丰、昌化设置了 3 个临时中学,使大量失学青年又有了求学的机会。在文化方面,创办了《民族日报》《浙西日报》,设立了战地书店。在交通方面,建立交通站,加强了前后方的联络。

(二)《浙江省战时政治纲领》的制定与颁布

杭州沦陷后,一部分人心理上产生了一种亡国亡省的恐慌。黄绍竑认为全面抗战初期的挫折,并不全是军事上的失败,而是政治上的失败,这种失败表现在军民对抗日战争的胜利缺乏足够的信心和决心。他一来永康方岩主政浙江后,就亟谋从政治上挽救,以弥补军事上的失利,使政治与军事打成一片。他认为要"安定人心,刷新精神,动员民众,培养实力,以贯彻中央抗敌自卫的国策",在"政治上必须有一个崭新而为大众所拥护的主张,公布社会,才可以作为政府与人民共守共行的准绳"。① 于是,黄绍竑在"中央方面关于战时各省地方政治,还没有一个统筹的改进计划"的情况下,决定"本中央抗敌自卫的整个国策,根据抗战以来,几许困苦创痛的经验,体察浙江环境,求出个合理的因时制宜的战时施政方案——那就是浙江省战时政治纲领的出现"。②

1938 年 1 月 27 日,省党政联席会议通过起草《浙江省战时政治纲领》的决定。接着,黄绍竑广泛征求意见,然后再把起草新纲领一事委托给浙江省建设厅厅长伍廷飚的助手冯紫岗和刘端生。他俩受黄绍竑之托,曾多次到金华斗鸡巷 4 号听取来自各地的进步青年和进步人士的意见。共产党员汪海粟、张锡昌、施平、杜国庠参加了起草《浙江省战时政治纲领》的讨论,并由张锡昌执笔成文,再由浙江省国民抗敌自卫团总部秘书、后在永康城北岭张村创办《浙江日报》的主编严北溟,按照黄绍竑的旨意整理定稿。在定稿时,黄绍竑也做了多处文字上的修改。《浙江省战时政治纲领》定稿后,黄绍竑立即把它提交省政府第 988 次委员会议讨论。会议于 1938 年 2 月 9 日召开,邀请了省党部委员及高等法院院长参加。会上遭到 CC 分子的强烈反对。黄绍竑力排众议,最后《浙江省战时政治纲领》被强行通过。并于 2 月 11 日以省府 391 号训令、588 号文,发往全省各厅、处、专区、县,"合力检发该纲领,合仰切实遵照办理,并转饬所属遵照"。同时呈报国民党中央政府行政院备案。《浙江省战时政治纲领》十条全文如下:

1. 浙江省为贯彻中央抗战自卫之国策,在现阶段之政治设施,以动员全省民众,参加抗战,创造新的政治及军事力量,保卫浙江,收复沦陷土地,争取最后胜利,为一切努力之总方向。

2. 调整各级行政机构及地方抗战自卫组织,培养民主精神,领导民众运动,并绝对澄清吏治,铲除贪污,提高各级军政人员之战斗意志与技能,厉行战时严格的自觉的新风纪。

---

① 黄绍竑:《黄绍竑回忆录》,广西人民出版社 1991 年版,第 411 页。
② 北溟:《浙江政治的现阶段》,《浙江潮》1938 年第 9 期。

3. 对战时人民之负担,以有钱出钱,务求公平为原则,严禁一切借名苛派。设法减轻地租,改善平民生活,减免战区田赋,另筹战地费用,并节减行政经费至最低限度。

4. 调整物产,保证战时生产品自给,活跃社会金融,逐步推行公营及管理贸易,振兴民间手工业,以救济失业,增加生产,禁绝日货,取缔奸商投机操纵。

5. 健全交通组织,实行水陆联运,并负责军运民运,严禁拉夫、扣车、扣船等情事。

6. 实施战时青年及政治工作人员训练,提高其民族意识,强化其战斗精神与技术,养成政治及军事上之新干部。

7. 推进国民兵役,改良其方法,严厉惩办借抽壮丁枉法舞弊之各级人员,地方政府应切实执行对出征军人家属之赡养与保护,对伤亡将士之抚恤。

8. 发动并统一全省文化界救亡工作,号召文化人回乡服务,推广战时民众教育,普遍提高人民之政治认识及文化水平。

9. 以国民抗日自卫军之统一组织与领导,动员及武装民众,坚强人民之抗战精神与自卫力量。

10. 巩固抗日阵线,加紧肃清汉奸,凡背叛或脱离抗日阵线者,政府得征发或没收其财产,佃户对之得不纳租,债户对之得不偿债。

《浙江省战时政治纲领》基本体现了中共提出的《抗日救国十大纲领》的精神,与《抗日救国十大纲领》中"打倒日本帝国主义""全国军事总动员""全国人民总动员""肃清汉奸卖国贼亲日派""实行抗日的教育政策"等内容具有一致性。同时又结合了浙江的具体情况,提出了数条有利于浙江团结抗日的行动纲领。整个《浙江省战时政治纲领》的核心在第一条,即"浙江省为贯彻中央抗战自卫之国策,创造新的政治及军事力量,保卫浙江,收复沦陷土地,为一切努力之总方向"。其余九条,是依据"努力之总方向"来确立浙江省在战时应有的具体的政治设施。因此,可以说,这部《浙江省战时政治纲领》代表了一种新的政治作风,反映了浙江政治从此出现了新的转机。另一方面,这部

《浙江省战时政治纲领》也是为了保卫大浙江而确立的。收复已沦陷的土地，争取最后的胜利，这是它最终目的。

《浙江省战时政治纲领》是全面抗战初期浙江国共两党共同发动、组织全省民众参加抗战的纲领性文件。以《浙江省战时政治纲领》为指导，黄绍竑还实施了革新省政的许多政策措施，如建立浙江省战时政治工作队，编练地方武装等。

为了扩大对《浙江省战时政治纲领》的宣传，1938年2月，黄绍竑委托进步人士严北溟创办《浙江潮》杂志，在创刊号上首先刊登了黄绍竑为杭州沦陷二周月纪念日作的《实施战时政治纲领与保卫大浙江》一文，文中指出："保卫大浙江，是我们神圣的职责；实施战时政治纲领，是履行这神圣职责应有的努力"，号召大家"一定要为收复失地保卫整个大浙江而奋勇前进，才是我们大家的出路"。为使《浙江省战时政治纲领》能得到真正的推行和实现，黄绍竑又在多次会议上，反复阐明了以下应注意的五个要点：（1）浙江战时政治纲领，是为民族革命而确立的抗战纲领，是战争的政治。这种战争的政治，要有许多意志坚强的战斗员，从事奋斗才能实现。但检查过去的政府公务员中，这样意志坚强的战斗员不多，因此，希望政府公务员今后都要以战斗的地位来实现这战争的政治纲领，积极参加这战争的政治斗争，充实战争政治的阵容，不然就会受到战争的淘汰，清除出战争阵线。（2）浙江战时政治纲领的确立，在形式上说，它是党政联席会议所决定，实际上，它是整个社会共同的希望。所以要推行实现这纲领，必须党政军民共同努力。如果实现成功了，那是大家的荣誉，如果失败了，也是大家的损失，所以要求大家不要漠视、委卸，而要努力、拥护，务使这抗战政治纲领得到急速切实的实现。（3）浙江战时政治纲领，是今后全浙江抗日自卫进行的总方向，是一切工作的总集中，欢迎任何人都来参加这种工作，如果以前彼此间有什么摩擦和意见，也要尽量化除，应将一切力量完全集中对外。（4）浙江战时政治纲领一切的改革都要从政府的公务人员本身做起，政府是政令的执行机关，政府和公务员不能首先倡导，那纲领等于是一纸具文,所以一切的改革都应当从政府和公务员做起。(5)浙江战时政治纲领含有重大的革命性,它是整个战争中抗日者与不抗日者斗争的标准,战时政治纲领就是抗日纲领。它除了发动全民抗战的力量,共同对付日本侵略者以外,还要和不抗日、亲日分子作斗争,以稳固抗日的共同阵线,保证抗战的最后胜利。

为贯彻和落实好《浙江省战时政治纲领》的精神,省政府还在永康方岩颁布了《浙江省战时政治纲领实施原则》和《战时政治纲领各条款实施说明之要项》等一系列辅助文件,对纲领的精神加以详细说明,并且还规定了具体的实施原则。《浙江省战时政治纲领》颁布后,1938年2月27日,黄绍竑还在永康方岩发电给各区行政督察专员和县长,强调《浙江省战时政治纲领》所规定事项,"为政治上贯彻抗敌自卫国策最低限度之要求,务于短期间内,全部实现。各级从政人员,皆当人手一篇,按此鹄的各运心力详加研讨,……望平日从政体察所及,详细切计议,推行政纲各项方法,务于电到五日内条陈备核"。① 随后,各厅、处、专区、县都拟定了实施《浙江省战时政治纲领》的具体细则,上报省政府,如龙泉县制定了《怎样推行本省政治纲领》。大家一致认为,《浙江省战时政治纲领》中规定的事项的确是"政治上贯彻抗敌自卫国策最低限度之要求","不特指示本省政治设施之新方向,抑且确定民众抗战图存之最高原则",②非常"切合抗战要求,足为救亡圭臬,谨以忠诚一致拥护",并"遵照纲领含有之精神,切实督导,严密执行,以适应非常时期之需要"。③

《浙江省战时政治纲领》的制定也引起了国民党内顽固势力的反对,或不出来公开反对,而意存冷淡、怀疑或暗中加以阻挠,这代表社会上一切陈腐顽

---

① 《浙江省战时政治训令》(浙江省档案馆藏),转引自楼子芳主编:《浙江抗日战争史》,杭州大学出版社1995年版,第93页。

② 梁济康:《为条陈关于战时政治纲领各项方法视鉴核》(浙江省档案馆藏),转引自楼子芳主编:《浙江抗日战争史》,杭州大学出版社1995年版,第93页。

③ 省教育厅:《呈为奉令拟订本省战时政治纲领实施补充办法主请鉴》(浙江省档案馆藏),转引自楼子芳主编:《浙江抗日战争史》,杭州大学出版社1995年版,第93页。

固的旧势力。① 1938 年 5 月,黄绍竑对《新华日报》战地记者就浙省战时政治纲领实施情况坦率地指出:"纲领颁布之后,一般的批评都很好,自然也有一小部分表示怀疑与杞忧,因此实施起来不觉有许多阻力"。② 他们中有人提出,在国民党中央对抗战政治还没有具体的方针决定之前,为什么浙江就以一省地位,首先颁布政治纲领,这不是浙江在搞独立王国吗? 也有的认为浙江的《浙江省战时政治纲领》不用其他的施政或行政名称,偏用"政治"二字,觉得这样做有点超越职权,并将这个纲领呈国府最高当局去审阅。这显然是少数国民党顽固势力蓄意干扰《浙江省战时政治纲领》的实施。但是《浙江省战时政治纲领》还是博得了大多数人的赞同与拥护,到处贴出了"为实现浙江省战时政治纲领而奋斗"的标语,使全省团结抗战的热潮一时高涨起来。1938 年底,周恩来与黄绍竑谈到团结抗战的问题时,曾赞许说:"现在到处都发生摩擦(指国民党与共产党之间发生摩擦),只有季宽那里还没有发生摩擦"。《浙江省战时政治纲领》的实施,维护了抗日民族统一战线,推进了抗日救国运动,成为战时浙江政治的一大特色。

1938 年 4 月初,国民党中央公布了《抗战建国纲领》。黄绍竑在永康方岩就两者的关系作了明确的阐述:"中央的《抗战建国纲领》是一份总图案,浙省战时政治纲领是一份分图案,我们今后施政,当根据总图案和分图案同时推进。"③后来以黄绍竑为首的浙江省政府遵照国民党中央的《抗战建国纲领》和《浙江省战时政治纲领》,在永康方岩制定了《浙江省失陷地区施政纲领》《浙江省三年施政计划纲领》等一系列重要文件,实际上也是战时政治纲领的具体化和深化。例如在《浙江省三年施政计划纲领》中进一步提出了总目标是"在于以加速度之步伐,完成建设浙东收复浙西之任务";"而其进一步之使命,则在于抗战之烽火中,创造一光辉灿烂之新浙江,树立三民主义建国之新

---

① 北溟:《浙江政治的现阶段》(社论),《浙江潮》1938 年第 9 期。
② 楚屏:《黄季宽先生访问记》,《新华日报》1938 年 6 月 7 日。
③ 楚屏:《黄季宽先生访问记》,《新华日报》1938 年 6 月 7 日。

模范"。并在精神建设、政治建设(民政、财政、教育文化、经济、计政、人事之部分)两大部分中提出了更为具体的要求和措施。

《浙江省战时政治纲领》"以动员全省民众参加抗战"为旗帜,其目标是要在浙江"创造新的政治及军事力量",因此引起了全国各界的强烈关注和高度评价。当时全国政治中心武汉的各家报纸都以显著的位置刊登了《浙江省战时政治纲领》的全文,并给予高度的评价。如《新华日报》1938年3月1日刊登了《浙江省战时政治纲领》全文;6月22日在题为《动荡中的浙江》一文中,赞扬了《浙江省战时政治纲领》已成为"浙江人民团结抗日、自救救国的起点"。

(三)浙江省战时政治工作队的建立与发展

除了制定一个共同的行动纲领,组织和发动群众,克服悲观情绪,积极参与抗战,亦是"政治挽救"的重要方面。抗战的烽火虽已燃烧到浙江境内,省会杭州也已沦陷,但各级政府从来没有对人民进行普遍而正确的抗日宣传,全省2000多万人民,大多数还不知道抗战的意义与战局的演变,甚至有些人感觉到有亡省亡国之恐慌,有些人则索性继续醉生梦死的生活。因此,黄绍竑认为有必要在政府之外再组织一支力量以动员和组织群众。

1938年1月中旬,黄绍竑在永康城内县立中学召开了一次全省各县有名望的士绅会议,参加会谈的有国民党各县党部负责人、商会会长和有名望的士绅。黄绍竑除介绍自己受命来浙的经过及抗战形势外,就抗战军事的见解,以及对地方士绅的期望做了说明,他着重谈了三点意见:第一,抗战是长期的。从国家方面来说,决不会因为首都南京的沦陷,而变更抗战的国策。就省方面而言,也决不会因为省会的沦陷,随之政府也瓦解。虽然首都和省会都沦陷了,但我们的政权,还是一样地健全和行使,决不会陷于无政府状态。而且战事的胜负,也不决定于目前一城一市的得失。最后的胜利,才是真正的胜利。第二,抗战是全面性的、全体性的。作战的区域,不仅限于前方的一点一线,而且包括前方和后方的全面战斗的人员,不仅限于军队,而且包括人民的全体。第三,战时的政治,应该以军事第一,胜利第一为前提。一切设施,都要配合军事,争取胜利。黄绍竑还希望大家"格外镇定,益加努力,以自己的地位来领导全体人民,参加这个持久的全面战争,效法先贤越王勾践十年生聚十年教训的光荣史实,以恢复既失的土地,争取最后的胜利"①。

黄绍竑的讲话论调非凡,内容新颖且动人,士绅们在精神上受到极大的鼓舞,也表明了以黄绍竑为首的浙江省政府,将坚持长期抗战,全面抗战的鲜明立场。士绅们自然也有许多慷慨激昂的陈词和意见,但多半是很抽象、很笼统的,集会在形式和实质上并没有什么收获。黄绍竑发现要利用士绅、各县党部、商会会长去发动民众、组织群众,并没有什么效果,但青年却表现出了极大的抗日救亡热情。黄绍竑从杭州撤退到金华时,一路上看到无数热血沸腾、热心救国的流亡知识青年和学生,有的组织宣传队、服务队,从事各种抗日宣传和战时服务工作;有的很想为抗日救国做点工作,就是缺乏统一的领导和组织,因此黄绍竑认为,"如果将这些青年很好地组织起来,不但对于安顿的问题得到解决,同时对于抗战工作,也有许多帮助"。② 于是他决定以"战时政治工作队"(简称"政工队")的名称,把流亡的爱国知识青年组织起来,进行抗日宣传和战时动员工作。

1938 年 1 月,中共浙江省临时工作委员会负责人徐洁身派同济大学学生中共党员朱枫(朱惟善)到兰溪开展抗日救亡运动,朱枫与当地的中共党员章松寿、邵惠群、徐宝书商量筹建政工队,并由邵惠群上书黄绍竑,建议在兰溪建立战时政治工作队,得到黄绍竑的支持。③ 1 月 20 日,兰溪县政工队在兰溪新桥山背简易师范学校正式成立,有队员 75 人。国民党兰溪县县长

---

① 黄绍竑:《黄绍竑回忆录》,广西人民出版社 1991 年版,第 410—411 页。

② 黄绍竑:《黄绍竑回忆录》,广西人民出版社 1991 年版,第 414 页。

③ 金华市文化局《史料汇编》编委会编:《金华市革命文化史料汇编》,杭州大学出版社 1991 年版,第 169 页。

陈佑华兼任队长,黄绍竑亲临大会并讲了话。这是浙江省最早建立的政工队组织。

黄绍竑在兰溪做出"样板"后,就把这个经验推广到金华、义乌、永康等邻近县。2月初,这几个县的政工队相继组成。后又迅速推广到全省其他各县。政工队员大多数是男女青年学生,也有中学教师、大学教授,还有一部分人是放弃了原来优越的工作来参加的。如,姚旦就是远从香港汇丰银行辞职来浙江当政工队员的。

政工队是浙江省独有的组织。其任务是:"后方县队的工作,以动员民众抗战为重心,前方县队及省队则以深入敌区展开对敌斗争为最高之要求。"①政工队的性质是一个抗战的进步的青年政治干部的组织。它是社会上的发动者,是民众的示范者,不是以政府权威来命令人民,不是用很高的地位来号召他人。他们以人格精神、实践躬行来感动人民,转变社会风气。政工队员不是公务员,充当政府与人民之间的桥梁。它与一般的救亡团体的区别在于它是工作和学习并重的集体,是抗日战争的宣传员和战斗员。

2月下旬,黄绍竑以浙江省抗日自卫委员会主任委员的名义,陆续订定了浙江省各县《战时政治工作队组织通则》《战时政治工作队队员守则》《战时政治工作队工作实施纲领》《战时政治工作队补充规则》4个法规,送至全省各县抗日自卫委员会和县政府。这4个法规的内容大要是:

第一,政工队是一个民主组织。凡是具有初中以上文化程度的男女青年,经过简单测验都可参加。队长、副队长和其他干部都由队员选举产生(建队之初,很多县的队长都由县长暂兼,也有个别县份始终由县长兼任,如余姚县县长林泽就是一例),队长、副队长还须报省抗卫会。

第二,政工队员不具备公务员身份,而是沟通政府与人民意志的桥梁。政工队的主要任务是将抗战时期政府的政令宣达到群众层面,使人人能自动地

---

① 黄绍竑:《黄绍竑回忆录》,广西人民出版社 1991 年版,第 416 页。

尽他们应尽的义务,同时要将"民间的黑暗"揭发出来,使人人能享受到应享的权利。

第三,政工队干部和队员的生活待遇完全一律,每人月支生活费 10 元,生活费用较低的山区县,可酌减为 8 元。在县境内工作,仅支必要的膳宿费,不给交通费。服装由队里提供,每年夏冬两季各一套。

第四,政工队员要工作与教育并重,每月举行队员大会一次,随时举行生活检讨会、工作讨论会、研究会等,运用批评与自我批评的方法,不断提高队员们的知识水平与工作能力。队员每月作文一篇,交省批改,评定优劣,仍予发还。

第五,各县政工队员的名额,按照县的人口比例,每 1 万人设队员 1 名,最多不超过 120 人(绍兴人口有 120 多万),最低不少于 12 人。

第六,各县政工队隶属于县抗日自卫委员会与县政府,省抗日自卫委员会统一领导全省政工队(省抗日自卫委员会设在永康,由黄绍竑兼任主委)。下分 3 个组,即组织组、宣传组和总务组。政工队的组织与工作指导,由 3 个组的负责人共同处理。各县抗日自卫委员会主任委员都是县长兼任的,委员包括国民党地方党部和士绅。

4 月,浙江后方地区绝大多数县都建立了政工队。黄绍竑为了总结各个政工队的组织与工作的经验,鼓舞青年们的工作情绪,统一其工作步调,以便在全省范围内掀起一个新的政治工作高潮,特召集 10 多个县的政工队,全体人员近 1000 人,在金华举行为期 2 个星期的集中训练。集训深深触动了政工队员的爱国情怀,如义乌县政工队长吴山民在受训时就写了一篇受训感想,内容大意是:"过去爱国有罪,现在省政当局亲自领导青年从事爱国正义斗争,真是翻天覆地的变化"。集训完毕,黄绍竑从受训人员中抽调男女青年 16 人,组织一个战地政工队,由省抗卫会直接领导,深入浙西沦陷地区开展敌后政治工作。其余人员仍各回原县工作。通过这次集训,浙江全境包括敌占区在内的战时政治工作普遍深入地开展起来。中共在浙江的地方组织也充分运用并大力发展这支队伍,以开展抗日救亡运动和抗日民族统一战线工作,使它成为浙江第二次国共合作早期颇具特色的一种组织形式。

在此期间,永康于 1938 年 4 月建立了战时政工队。永康政工队名义上属国民党县政府领导的抗日团体,但由于有不少共产党员积极参与组建和领导,永康政工队实际上成为共产党领导下的群众工作队。

政工队建立之前,中共浙江省工委委员高子清来到永康,为一批长期与党组织失去联系的党员恢复了党籍。不久,中共浙江省工委统战委员会委员骆耕漠派中共党员童友三到永康筹建政工队。在中共永康临时工委的动员下,一批共产党员、进步青年加入了政工队,利用这一合法组织,开展抗日救亡活动。政工队的领导人员,除队长由国民党县党部书记长王文蔚兼任外,组织干事章会辰、宣传干事童友三、纠察干事胡岩岁、政工队队报《抗卫报》主编胡济涛,均为中共党员。池长根、黄大馨、应毓兰也在政工队任职。1939 年 5 月,永康临工委改建为中共永康县委,并将县委领导机关设在政工队队部,直接领导政工队活动。为充实政工队力量,童友三通过骆耕漠从外县调来中共党员吴南青、潘正祥和进步青年陈英、孙力行等 9 人,使政工队人数增加到 40 多人。此后,金华专署召集所属 8 县政工队集训,明确各县政工队归属各县政府领导。当时永康县县长朱惠清改组了政工队,自兼队长,任命童友三为副队长。为了更好地开展抗日救亡运动,进一步发动群众积极参加抗日救亡斗争,政工队队部下设 3 个区队和 1 个演出队。队长都是共产党员:方岩区队队长章会辰;清渭区队队长潘正祥;童友三兼城区区队队长;演出队队长陈英、吴南青。后按照县行政区域又将 3 个区队扩建为 7 个区队,以便深入乡村开展工作。为了加强党对政工队的领导,中共永康县委决定在政工队内秘密成立中共党支部,由县委宣传部部长徐岩福兼任党支部书记。

在中国共产党的直接领导下,永康政工队积极开展宣传演出、组织群众开展抗日救亡活动,争取和维护自己的政治和经济权益,贯彻党的抗日民族统一战线政策,团结一切可以团结的力量,共同开展抗日工作。特别是深入城乡,积极宣传党的抗日民族统一战线的主张,揭露日军的暴行,唤起民众,先后在城内、芝英镇、清渭街、唐先镇、黄城里、石柱等地巡回演出《工农兵学商一齐来救亡》《放下你的鞭子》《沦亡以后》《一个也不饶》《"八三"之夜》和《老太婆磨刀杀敌》等剧目,以画壁画、活动漫画、写标语,开展宣传活动。壁画和漫画由徐忠廉负责。他们在西街徐大宗祠内墙壁及门外围墙都画上了画,配上标语口号。针对顽固派散布的"亡国论",用白布画上抗日战争形势图,钉在薄板上,悬挂在县政府门前,用不同颜色分别标明日军进军路线和中国军民英勇抗击日军的情况。他们还画了一批活动漫画,如"日寇侵华凶似虎,久战必败变猪娘""有钱出钱,有力出力""日寇越狠,失败越快""看你横行到几时"等,随演出队在演出前后展览。县政工队还在城乡开办识字班和民众夜校,利用这个阵地提高工人、农民的政治觉悟和文化水平。为党组织物色、培养发展对象,组织领导群众,民主选举乡镇长和保长,发动群众反对国民党不合理的抽壮丁制度。利用壮丁分区集训的机会,力争由政工队负责人(中共党员)担任政治教官,宣传共产党"抗日救国十大纲领",以及"坚持抗战,反对投降;坚持团结,反对分裂;坚持进步,反对倒退"的立场,扩大共产党在国民党中的影响。

县政工队按照党的指示,不仅做工人、农民、士兵的工作,也做国民党官员的思想工作,争取他们积极抗日。如争取县长朱惠清的太太高若兰(妇抗会主席)同情和支持抗日,发动士绅吕公望带头出钱献物支援救亡活动。胡厚安是国民党的立法委员,曾一度担任过永康抗敌后援会副会长,有民族气节,政工队就主动联系请他支持政工队的活动。对乡保长,只要同情和支持抗日,政工队都积极做思想工作,团结他们。中共永康县委利用政工队组织,努力恢复农会、工会,成立了妇抗会等群众组织,形成数百人的抗日救亡骨干队伍。通过斗争考验,党在政工队中先后发展了陈英、唐秋明、徐寿祺、吕涛、丘沧明等同志加入党组织。同时在农村先后恢复和建立了芝英、胡库、前王、上下徐店、练结、清渭街、象珠、雅庄等 11 个党支部。在城内也建立了党支部。在上街新生成衣店内则设立联络站。1939 年时，全县党员发展已 150 多人。① 永康政工队队员生活艰苦朴素、作风优良，富有高昂的斗争精神，经常深入工厂、乡村和工人农民交朋友，被人们亲切地称为“红色政工队”，在永康的历史上留下了光辉的一页。

8 月，浙江后方地区各县的政工队全部建立起来，绍兴专区还有一个直属政工队和一个战地政工队。这时，省政府又决定抽调各县、区队及省直属队人员约 1000 人，在永康派溪再行集训，黄绍竑兼总队长，吴寿彭任教育长。讲师由驻永康的省府各厅处长及高级职员和流亡的知识分子担任。集训结束后，黄绍竑以原来的省直属战地政工队为基础，又抽调了沦陷地区各县队的部分干部、队员，并吸收一批流亡的爱国知识青年，约 200 人，于 1938 年冬组成省直属政工大队，方元民为大队长，郑邦琨为副大队，下设 3 个队，第 1 队队长姚旦，第 2 队队长丁篪荪，第 3 队队长徐萍洲。这个直属大队，从永康出发开赴浙西，在东至杭州湾，西至苏、浙、皖边界的敌占区内，广泛地开展对敌斗争，成为一支深入敌后进行抗战政治动员的青年队伍。

9 月，浙江全省各县，无论后方和沦陷区，都普遍建立了政工队。各县政工队成立初期，组织上隶属于县抗日自卫委员会和县政府，由省抗卫会指导全省各县政工队的工作。为使战时政治工作与行政密切配合，省政府秘书处和各区专员公署、县政府都设置了“战时政治工作指导室”（简称“政工室”），专门负责政工队的工作。1939 年底，全省有县级政工队 75 个，专区政工队 2 个，省政工队 5 个，干部及队员 3000 余人。这一年，全省抗日救国的政治动员工作达到了最高峰。

1940 年夏，蒋介石得知浙江战时政工队的政治影响后，即利用“三民主义青年团”这个反共组织，命令黄绍竑将全省各县政工队移交给三青团浙江支团筹备处管辖。1940 年 6 月下旬，黄绍竑对后方 50 多个县政工队和两个区

① 永康县政协编：《永康文史》（第三辑），永康印刷厂印 1986 年版，第 23—27 页。

直属政工队下达一道命令——"移交给三民主义青年团浙江支团筹备处",并且指示各队队员要"驯服地接受三青团的改编和领导"。三青团浙江支团成立后,对各县区政工队统一训练,改组为战时服务队,并安插进一批三青团骨干分子,充当反共耳目,大批共产党员和进步青年被迫撤出,政工队性质被改变。1942年1月,一直坚持在浙西游击区工作的省政工大队各队也被改组为浙西青年反敌工作团。自此,全省战时政工队不复存在。

浙江省战时政工队培养了数以千计的抗战青年干部,为浙东、浙西、浙南抗日游击战的开展和根据地的建立准备了群众基础和干部力量。这些政工队队员的足迹曾遍布全省,他们具有高度的爱国热忱,其中还有不少共产党员,他们前仆后继地对敌伪作艰苦复杂的斗争,并在敌人面前表现出临危不惧、威武不屈的大无畏精神,甚至献出自己宝贵的生命。至1941年底,政工队人员因深入前线与敌作战而英勇殉国的达87人,其中男73人,女14人。不辞艰苦而死职者5人。总之,他们刻苦耐劳,积极工作,不惧牺牲,在动员民众抗战,推行战时政府法令,以及开展对敌斗争中发挥了生力军作用。因此,大家给予政工队很高的评价。中共浙江省委书记刘英在全省第一次中国共产党代表大会的政治报告中,把组织各县及省直属政治工作队,列为"浙江战时政治进步的表现之一"。他说:"政工队在各地经常地做宣传动员和组织民众参加各种抗战的工作,赞助召开保民大会,解释政府法令及改善民众生活的工作,这对浙江各种抗战工作的确起了极大的推动作用。"①虽然轰动一时的浙江战时政治工作队最终成了历史陈迹,但在浙江省抗战史上发挥了重要作用。

(四)周恩来视察浙江抗战

1938年10月武汉失守后,中国抗战形势由战略防御阶段转为战略相持阶段,在日本帝国主义"政治诱惑为主、军事打击为辅"的方针下,国民党转向

---

① 浙江省档案馆编:《浙江革命历史档案选编·抗日战争时期(上)》,浙江人民出版社1987年版,第111页。

消极抗战、积极反共。国民党亲日派首领汪精卫公开叛国投敌,而蒋介石政府则在国民党五届五中全会上,制定了一整套反动的"溶共""防共""限共"政策,并不断制造摩擦,全国抗战形势日趋逆转,团结抗战的局面出现严重危机。在这紧要关头,时任中共中央革命军事委员会副主席、中共中央南方局书记的周恩来代表党中央,于1939年2月从重庆来到东南抗日前哨。先到皖南新四军军部,传达党的六届六中全会精神,敦促项英贯彻向敌后发展的指示,确定新四军的作战方针。随后,他以国民政府军委会政治部副部长的公开身份,前来浙江视察抗战,以党的六届六中全会精神,巩固和发展抗日民族统一战线,指导浙江党的工作。周恩来此次视察浙江抗战长达半个多月,对巩固与发展浙江的抗日民族统一战线和抗日救亡运动产生了深远影响。

1939年2月16日,周恩来偕同新四军军长叶挺,由重庆乘飞机到达桂林。18日,周恩来在叶挺的陪同下,从桂林出发,乘列车经长沙东行,一路辗转,于23日到达新四军军部的驻地安徽泾县云岭。周恩来到军部后,与项英作了恳切的谈话,向他阐明了党向敌后发展的正确主张,明确了新四军"向北发展,向东作战,巩固现在阵地"的战略方针。"向北发展",指的是多抽部队过江,加强江北领导,把江北发展成为具有战略意义的根据地;"向东作战",指的是出击沪宁地区,使江浙沿海敌人不得安宁,造成巨大的国际国内影响;"巩固现在阵地",指的是巩固皖南的军部所在地和苏南的茅山根据地,提高警戒,防止意外事件。① 此外,周恩来还先后作了题为《新阶段的新关键》《目前形势和新四军的任务》的重要报告;视察了军属各单位,会见了广大干部、战士和伤病员;广泛地接触当地群众,听取群众的意见。在这些报告和个别谈话中,他阐明了党的六届六中全会的主要精神和抗日战争进入第二阶段后的形势和任务,使得广大指战员深受教育和鼓舞。

3月14日,周恩来与新四军领导人和部分指战员合影留念。15日离开军

---

① 中共中央文献研究室编:《周恩来传》,人民出版社、中央文献出版社1989年版,第442页。

部,经三门、太平、屯溪,于 3 月 17 日来到浙江视察。驻在金华的浙江省国民抗敌自卫团总司令部接到第三战区关于周恩来 3 月 17 日来浙抵金的通知后,立即组织了欢迎队伍。中共浙江省委书记刘英接到中共中央东南局副书记曾山的通知后,化装成商人,从省委机关所在地丽水秘密地来到金华,并由省委常委、宣传部部长汪光焕出面,组织了一部分中共地下党员以公开的社会职业身份参加了抗敌自卫团所组织的欢迎队伍。当天傍晚,接国民党兰溪县电告,"周今日不能来金",欢迎队伍才散去。当欢迎人群刚散去不久,周恩来随带邱南章、刘九洲,偕同新四军曾秘书、科长张金铎夫妇、中国茶叶公司屯溪分公司主任章秋阳、新四军速记员吴波等,乘新四军的两辆大卡车,于 18 时抵达金华,下榻中国旅行社金华分社。

　　3 月 18 日,周恩来听取了浙江省军管区干部教导总队副队长谢家驹、《浙江潮》主编兼省军管区干部教导总队政治指导室主任严北溟、第十集团军参谋长徐旨乾、省国民抗敌自卫团总司令部参谋长张绍棠和参谋处长裘时杰的汇报。19 日,周恩来离开金华,经兰溪、建德、淳安、分水,于 21 日达到于潜。晚上 7 时,黄绍竑召集浙西专署和于潜县政府的机关人员以及区、县国民抗卫总队上尉以上人员开会,周恩来应邀发表了近两个小时的讲话,分析了国际形势及敌我之态势,提出要统一意志,精诚团结,共同抗日。22 日,周恩来和黄绍竑共赴天目山,下榻潘庄。在此,两人就团结抗日、巩固和发展统一战线的问题进行了多次商谈。在谈到国共双方的关系时,黄绍竑提出三点要求:一是由周恩来指定个代表人,遇有问题发生时,可以同他商量解决;二是中共分子参加地方工作的人员,只能在本身工作上努力,才能发展组织上的关系;三是中共在我后方的地区,不能发展武装组织。① 黄绍竑还提出要周恩来将共产党员在浙江参加地方工作的名单开给他。对于黄绍竑的要求,周恩来表示:同意中共参加地方政治工作的共产党员不在地方政府机关内发展党的组织,也

---

① 黄绍竑:《黄绍竑回忆录》,广西人民出版社 1991 年版,第 421 页。

不在其后方地区发展共产党的武装组织。但对黄绍竑要求把共产党员的名单开给他的要求,周恩来给予坚决的否定。关于指定一个代表人的问题,周恩来开始提出让汪兆泰作为代表,但黄绍竑不认识汪兆泰,于是周恩来又提出由中共浙江省委统战部副部长吴毓代表中共方面与黄绍竑直接商量解决在全面抗战过程中遇到的问题。黄绍竑对吴毓很熟,两人经常打交道,因此也同意指定吴毓为代表人。洽谈之余,两人还游览了天目山风景名胜,共同登上了天目山的最高峰"金顶"。由于周恩来与黄绍竑的谈话,诚恳且晓以民族利益之大义,稳定了黄绍竑的抗日情绪,增强了其抗日救国、收复失地的决心。在天目山会谈后,黄绍竑还填写了《满江红》词一首以志感:"天目重登,东望尽,之江逶迤,依稀是,六桥疏柳,微波西子。寂寞三潭深夜月,岳坟遥下精忠泪。忖年来守土负初心,生犹死。收失地,从兹始。越勾践,应师事。愿勿忘训聚,胆薪滋味。逸豫有伤家国运,辛劳把我行治。枕长戈,午夜警鸡鸣,扶桑指。"①24日上午,周恩来应邀在临安省立浙西临时中学的开学典礼上,对全体师生、浙西行署干部训练班学员和政工队员发表了讲演,高度评价了浙江在全面抗战以来20多个月所取得的成绩,称赞"浙江是东南战场的先锋"②。号召大家应当加倍在军事、经济、政治、文化各方面向敌人反攻,收复杭嘉湖,保卫大浙江,争取抗战的最后胜利。

3月25日,周恩来离开天目山,返回于潜。26日中午到达桐庐县窄溪区,下午应邀在县政府大礼堂,向县政工队、妇女工作队等县府以下各机关团队200多人作抗日演讲,他称赞桐庐是"战时前进之县",鼓励"尚希再加努力前进,以造成战时模范县"。③ 随后,便乘船离开桐庐,前往绍兴。27日,周恩来途经富阳大源镇时,会见了当时驻防在大源一带的省国民抗敌自卫团第一支

---

① 黄绍竑:《黄绍竑回忆录》,广西人民出版社1991年版,第421页。
② 中共浙江省委党史资料征集研究委员会编:《周恩来抗日前哨行》,浙江人民出版社1989年版,第38页。
③ 金延锋编著:《故园情深:周恩来与浙江纪实》,浙江人民出版社2009年版,第24页。

队司令赵龙文,并同政工人员亲切谈话。他高度赞扬了第一支队在东洲保卫战中奋力御敌的英勇表现,并勉励他们坚持抗战,早日收复杭嘉湖。午后,周恩来离开大源。

3月28日凌晨3时,周恩来乘船抵达绍兴,下榻县商会中厅楼。下午巡视三区政工指导室和战旗杂志社,检阅政工队、妇女营、少年营等抗日团体。当晚出席了由国民政府第三区专员公署举行的,有绍兴军政首脑、各界人士和民众团体代表共200余人参加的欢迎会。周恩来在会上发表长篇讲话。他首先赞扬了杭嘉湖沦陷区出来的青年们,在绍兴汇集成"向祖国运动"的洪流,希望浙江的青年做抗日的先锋,拯救民族于危亡之际。接着,阐述了毛泽东关于持久战的战略思想和我党关于抗日民族统一战线的方针政策,强调统一战线在抗战中的重要地位。最后,回答了大家提出的问题,驳斥了"亡国论""速胜论"等错误观点,指出只要国民党真正搞统一战线,实行全民族抗战,那么无论抗战中有多少困难,都是不难克服的。他提醒大家不但要打倒日本帝国主义,而且还要打倒汉奸卖国贼。他还以典故"卧薪尝胆"为例,激励大家发扬民族气节,团结抗战,打败日寇。29日上午,祭扫祖坟。下午瞻仰大禹陵,了解会稽山一带农村粮荒的情况。30日晚,又召开工人座谈会,询问工人的生活和劳动情况,要求他们努力生产,支援抗日。在绍兴逗留的3天里,周恩来向故乡人民讲解国内外形势,运用大禹治水、勾践卧薪尝胆的典故和鲁迅、秋瑾投身革命的故事,勉励他们发扬民族至上、艰苦奋斗、坚韧不拔的革命精神。同时还为亲友和各界人士题词,"冲过钱塘江,收复杭嘉湖""勿忘鉴湖女侠之遗风,望我越东女儿争光""埋头苦干,只要抗战胜利,定必苦尽甘来""前途光明"等,激励故乡人民的抗战热情。31日,周恩来离开绍兴,前往金华,途中又在诸暨枫桥向聚集在大庙的工人救亡协会、农民协会和妇女训练班的成员及广大群众发表演说,宣传《抗日救国十大纲领》,号召大家在抗日民族统一战线的旗帜下,共赴国难,一致抗日。

4月1日,周恩来抵达金华,下榻中国旅行社金华分社。2日,周恩来应黄绍竑的邀请,在军委区干部教导总队给 1000 多名军官学员作了题为《建军的重要性与社会军事化的实施》讲演。周恩来对敌我形势和浙江所处的战略地位进行了分析,强调我们应采取持久全面抗战的各项斗争方针,并就"建设什么样的坚强军队,如何建设这样的军队"进行了阐述。之后在黄绍竑、伍廷飏、张锡昌、黄祝民等人的陪同下,赴丽水云和小顺浙江铁工总厂视察,并发表讲演鼓励工人坚持抗日。3 日晚上返回金华。4 日至 5 日,周恩来在金华先后约见了中共东南局副书记曾山、东南局宣传部部长黄道、浙江省委书记刘英、江西省委书记郭潜和福建省委常委范式人,分别听取了他们的工作汇报,向他们传达了党的六届六中全会精神,强调要坚持抗战,坚持持久战,坚持抗日民族统一战线,并要求大家对待国民党须有两手准备,要争取合法地位推动抗战,不要给国民党以制造摩擦的口实。4 日,周恩来前往金华铁岭头 10 号,看望刘良模为队长的上海中华基督教青年会军人服务部歌咏队、吴大琨为团长的上海慰劳第三战区将士流动剧团和李友邦为队长的台湾义勇队的全体人员,并对他们讲了话,殷切地希望他们在不同的工作岗位上,通过各自的工作,唤起民众,加强抗日民族统一战线,为抗战的最后胜利作出贡献。5 日,周恩来又召集浙江省委书记刘英、省委常委汪光焕、薛尚实,省委委员兼浙南特委书记龙跃和省委统战部副部长吴毓开会。周恩来分析了全国和浙江的抗战形势,对浙江党的工作作了重要指示。他指出,浙江党组织经过 1938 年的大发展,今后要加强巩固工作。虽然也要继续发展,但巩固必须重于发展,质量必须重于数量。周恩来强调,一切在国民党政府机关和群众团体中工作的中共党员要埋头苦干,不暴露、不突出、不刺激,以自己廉洁奉公的模范作用,争取更多的人团结在自己周围一起工作。周恩来还十分关心党领导下的抗日文化工作。他在金华先后接见了《东南战线》《浙江潮》《青年团结》等杂志的负责人骆耕漠、邵荃麟、葛琴、沈馥等人,并指示刊物不要办得太"红",避免对国民党不必要的刺激,另外,要了解群众的思想情绪和问题,争取群众的信赖与支持。

5日下午4时,周恩来乘汽车驶向永康方向。对外称赴方岩辞行,实则绕道武义步行大桥后,仍乘原车来到永康,至省粮食委员会由省粮委主任朱惠清(永康县县长兼)接待,陪同在鲁觉侯处夜膳。鲁觉侯是周恩来表叔。3月30日,周恩来回故乡绍兴视察,从姑丈王子余口中得知绍兴尚有祖母亲属,十分兴奋。见绍兴粮荒严重,特雇舟前往皋埠西鲁村鲁觉侯处商讨办粮之计。但鲁觉侯已从绍兴调往省粮食委员会(已迁永康)工作,未遇而返。此次周恩来到达省民食调配委员会所在地永康,专程往访鲁觉侯,因鲁觉侯采办粮食出差去上饶,又没有碰上。当晚10时许,周恩来从永康起行返金华。

6日,周恩来向省国民抗敌自卫团总司令部辞行后,偕同新四军南昌办事处主任黄道以及邱南章、刘九洲等一行20余人,乘新四军卡车赴江西。

周恩来在浙江逗留的20天里,他不仅召集浙江党的负责人开会,根据党的六届六中全会精神,结合浙江实际,对加强党的工作、坚持持久抗战等问题作了指示。而且分别会见了在浙江的抗日文化工作者,指导他们讲究斗争策略,勉励他们努力工作,为抗战作出贡献。同时,他还做了国民党浙江省政府主席黄绍竑等人员的工作,和黄绍竑多次商谈共同抗战问题,利用一切机会和场合,向国民党军政人员和社会各界宣传团结抗战的重要意义,对巩固与发展浙江的抗日民族统一战线和抗日救亡运动起到了积极的推动作用。

三、1937—1941年的浙江经济

浙江省本是全国工业比较发达的地区之一,而浙西地区又是浙江经济之重心,随着全国抗战形势的变化,及杭嘉湖地区的先后沦陷,浙江经济呈现出了一些新特征,浙江抗战的物质保障也面临着诸多挑战。黄绍竑第二次主政后,立即从工业、农业、交通运输业、金融业等方面着手,采取一系列战时措施以发展浙江经济,有效保障了国统区和前线战场的物资供应,巩固了浙江抗战的经济基础。

（一）战时工业

1. 工厂搬迁

浙江作为东南沿海省份，是全国工业比较发达的地区。据1937年全面抗战前国民政府经济部统计，浙江工业厂家数为781家，[①]仅次于上海，居全国第二。浙江工业主要集中在机器制造业、电力工业及矿业、纺织业、化学工业、饮食品工业等。淞沪会战爆发后，省政府主席朱家骅表现得"惶惑无策"，他未与军队密切联系和配合，"竟自下令控制了运输工具，作带头逃命之计，准备迁省府于金华"。因此，"各机关也无形放弃职守"，"市容顿呈混乱状态"。[②]以至于省政府没有进行有效的本地工业单位的内迁工作，当日军从杭州湾登陆后，当地的工业很难迅速内迁。

1937年12月，黄绍竑接任省政府主席后，工厂的内迁工作才陆续展开。为使这些工业设备能成为有利于以后抗日的物质基础，省政府制定了《浙江省沿海各县主要物资内迁办法》，为浙江省工业内迁提供了一定的政策依据，其主要内容如下：（1）本办法中所称的主要物资系指机器原料物料燃料及军用器材；（2）沿海各县主要物资除军用器材须受军事机关的指挥迁移外，其余一律依限迁运至指定地点；（3）沿海各县工厂的机器迁至后方时所有人需视其力量择定下列方式之一逐一进行：第一，保持其所有权继而经营其业务；第二，请求政府投资官商合办；第三，价格由政府的价格组织评价委员会评定；第四，沿海各县的原料物料燃料，由省营工厂或统收机构收购运至后方存储，并设法制造以供应用；第五，沿海各县工厂在限期内，自动内迁时除政府予以运输上的便利外，并在可能范围内酌予运费清点，逾期不迁的工厂由政府代为迁

[①] 陈真：《中国近代工业史资料》（第4辑），生活·读书·新知三联书店1961年版，第97页。

[②] 政协浙江省文史资料委员会编：《浙江文史资料选辑》第2辑，杭州印刷厂印1962年版，第98页。

至后方,其运输费用由原厂担任;第六,搬迁事宜由省组织沿海各县主要物资内迁委员会主持,其组织规程另定;第七,本办法自省府公布之日起施行。在省政府的有力部署下,后期的内迁工作才得以有条不紊地进行。

杭嘉湖地区及宁绍、温州地区是全省工业比较密集的地区,淞沪会战爆发后,杭嘉湖地区及宁绍、温州地区的工厂内迁成为浙江省工业内迁的关键。虽然黄绍竑上任后就积极着手浙江工业内迁工作,但由于一些厂家不太重视,再加上交通工具缺乏、时间紧迫及运力紧张,结果能搬到金华的仅为 1/10。① 有些机器设备虽然拆了下来,但还是来不及搬迁,不少后来为日伪占领当局所用,所以在战争前期靠政府组织的搬迁是非常有限的。

杭嘉湖地区大部分工厂未能来得及搬迁,只有少部分电力工业、机器制造业、纺织业搬迁至浙西南地区,或迁往省外。由于搬迁时间紧迫、战事压力紧张及资源有限等原因,省政府主要资助了武林、大来、协昌、胡金兴和应慎昌等 5 家规模较大的民营机器厂搬迁。1937 年 11 月,省政府建设厅拨款 10 万元,派工厂检查员陈奎,会同杭州市铁工业同业工会主席赵嗣宗等人,商讨拆迁事宜,协调重要机件拆卸、装箱、搬运工作。机件先陆运至杭州钱塘江码头,再通过水道运往钱塘江上游。但当机件运抵江干时,日军已经到达杭州市近郊。政府部队和民众均大批向钱塘江上游撤退,运输压力紧张,因此最终该项机件仅能运出 50 余箱。运至富阳市,日军已追踪而至,因此只得将该项机件运往兰溪,然后再改由陆路运入浙江内地。② 杭州中元造纸厂、杭州普益经纬公司、杭州林长兴织带厂等 6 厂,由林崇熹率领,在航空委员会的协助下,于杭州失陷前安全迁出,运入四川。这是厂矿内迁中最顺利的一批。1938 年在省蚕管会协助下,萧山合作丝厂将部分机械拆迁至武义,开设武义丝厂(缫丝车154 台),并在孝丰县城外筹设新湖丝绸厂(缫车 52 台、织绸机 10 台)。杭州景纶衫袜厂也将部分机件迁到重庆开工。嘉兴民丰纸厂将其中一部分机件抢

①　黄绍竑:《黄绍竑回忆录》,广西人民出版社 1991 年版,第 363 页。
②　林泉、张朋园:《林继庸先生访问记录》,永裕印刷厂印 1984 年版,第 54—55 页。

运到了昆明。杭嘉湖一带的一些有影响的厂家和商家在全面抗战爆发后也有不少迁到了上海租界，如创办于 1926 年的中国四大药厂之一的杭州民生药厂，在上海沦陷后，药厂决定遣散一部分人员，将物资及设备内迁安徽屯溪，部分迁向浙江内地，迁移途中受杭徽公路战事的影响，被迫将设备在沿途散卸于于潜、临安等地，直至 1938 年 8 月，散存的机器设备才转迁至上海租界，租屋开工生产。① 其他迁入上海的还有锦生丝织厂、杭州民生药厂、孔凤春香粉店、王星记扇厂、张小泉剪刀店、翁隆盛茶号、边福茂鞋店、亨得利钟表店等。为了免于资敌，省政府还对一些无法搬迁的工厂进行了摧毁，如杭州闸口发电厂，国民政府驻军奉命于 1937 年 12 月 22 日午夜，将装有 20 千克的 16 箱梯恩梯（TNT）炸药分置于发电机下层凝汽器房及各附件之间，次日凌晨引爆，闸口发电厂厂房机器均遭破坏，中断发电长达 5 年。② 杭嘉湖地区在短短一两个月中全部沦陷，落入沦陷区的工厂达 245 家，占全省总数的 1/4 左右，资本额达 12926500 元，超过全省总数的一半，工人数 28385 人，接近全省总数的 3/4，浙江工业可谓损失惨重。

与杭嘉湖地区相比，宁绍、温州地区的工厂搬迁准备相对充足。浙江省建设厅组建了宁波、温州工厂迁移委员会，由丘远雄负责。该委员会曾派黄爵俊、周寿笺等 5 人分向宁波顺记铁工厂及温州大华针织厂、毓蒙铁工厂等商洽迁移，但各厂商不愿在内地经营，而愿将机件折价出售，遂由浙江省建设厅估价收购。省政府还派浙江铁工厂工程师金维楷、张桂荫等前往镇海威达、宏远两炮台搬运废炮弹 4000 余颗，以及沪杭甬铁路局白沙机器厂的两套机器。浙西行署也曾负责抢运了一批长兴煤矿材料和机件。宁波各铁工厂的机件搬迁至省内地后，由省政府予以收购合组成较大规模的铁工厂。宁波恒丰染织厂

---

① 王雪痕、黄士扬：《民生药厂简史》，《杭州文史资料》第 9 辑，浙江人民出版社 1988 年版，第 147—148 页。
② 浙江省电力工业志编纂委员会：《浙江省电力工业志》，水利电力出版社 1995 年版，第 72 页。

各种机器由浙江省手工业指导所染织厂收购,改办浙江省染织厂。

1938 年秋,根据浙江省政府指令,温州设立"搬迁委员会",限令将全县工厂的主要设备内迁。城区棉织业所有铁轮机、锯板业半数以上的锯机、动力机,百好厂的引擎、冰床蒸汽锅炉,普华电厂的 120 千瓦柴油机等,陆续被拆运至丽水。毓蒙铁工厂是温州最大的铁工厂,战争爆发后,李毓蒙将温州铁工厂机床等设备 30 多台、原材料 70 多吨,联通技术骨干迁往丽水云和,合并创办浙江铁工厂,生产军需产品,支援抗日前线。在湖北的毓蒙联华汉阳分厂,内迁至四川创办重庆分厂。① 温州林振兴五金制造厂的大小煮罐锅两口及大众奶厂的 25 开维爱发电机一部,均于 9 月、10 月间运至龙泉和丽水。到 1939 年初,已经搬迁的有:(1)铁工厂部分,计有毓蒙厂等 15 家,机件搬至省铁工厂;(2)染织厂部分,计有大华棉织厂、世界电机袜厂及鹿城、瓯江、斐锦、经新、锦霞、经华、锦华等 7 家染织厂,机件搬至手工业指导所;(3)锯木厂部分,由各厂自行组织联合厂,半数内迁,半数留温,内迁厂家在碧湖和龙泉等地设厂营业;(4)印刷厂部分,留一部分机件在温州,其余已搬至省手工业指导所;(5)其他工厂部分,计有百好牛奶厂、陶化食品公司一部分机件,光明火柴公司 75 匹马力引擎,均搬至手工业指导所暨浙东电力厂。② 1940 年,永嘉成立搬迁委员会,丘远雄兼任主任,他责令棉织业半数铁轮机设备迁至内地,瓯江厂则全部动力织机、铁轮机及附属染色厂的染色设备等,均拆离温州。1941 年,搬迁委员会搬运温州百好炼乳厂 24 匹马力立式引擎、4 吨冰车、5×10 公尺蒸汽锅炉及许多机器零件。总计由永嘉、瑞安等处迁移铁工厂 17 家,棉织厂 7 家,印刷厂 33 家,锯木厂 29 家,另外还拆有 272 具东瓯电话公司话机,一座 200 门的交换机,19 部淘化罐头食品公司机器,一部光明火柴公司 75 匹马

---

① 黄省初:《浙南机械工业先驱李毓蒙》,《温州文史资料》第 15 辑,温州市新华印刷厂印 2001 年版,第 257—258 页。
② 《浙江省政府施政报告》,浙江省政府秘书处编印 1939 年版,第 45—46 页。

力引擎等,交由内地各工厂分别收购应用。①

　　浙江工业内迁受战局推进太快、政府动手太晚、工厂主犹豫不决、交通工具缺乏等因素的影响,内迁成效不著。黄绍竑曾回忆说:"工厂内迁,在浙江是失败的,也可说合理的失败。"②虽然浙江内迁的工厂数量较少,装备物资也极为有限,但对于工业基础薄弱的浙西南地区来说,这些新式设备器材是发展后方工业的重要基础,而且随着工厂搬迁附带而来的劳动力和技术工人,为浙江全面抗战时期工业的重建和发展发挥了重要作用。

2. 加强省营工业建设

　　日军在杭州湾登陆前,浙江重要工业基地主要集中在浙西地区。随着战局的变化,杭嘉湖等地区相继沦陷,浙江工业逐步内迁,战时工业重建就主要集中在浙西南地区。为适应战时需要,浙江省政府决定利用原有工业基础,改进技术,提高效率,提倡发展小型工业及手工业来补救。同时,浙江省政府力图在浙东南地区重建工业生产基地,发展后方工业。1938 年 7 月,设立了浙江省手工业指导所(1941 年改为工业指导所),以统筹全省手工业及小型工业的研究指导与推广工作。手工业指导所成立后,就旧有工业基础、原料分配、地理环境等不同条件,划分若干工业推广区,每个推广区以一种主要手工业为对象,设中心示范场和示范场,在中心示范场督导下,组织民众,成立工业合作社,普遍推广手工业。各地已设立的工业推广机构有:龙泉纸业改进场、云和染织改进场、碧湖农产制造场、庆元竹口纸业改进场分场。为了从事比较大量制造日用必需品及文化用具,还设立了印刷厂、整染厂、面粉厂、文具厂及工具制造厂等。这些厂的规模均不大,目的不在牟利,而在激励人民闻风兴起,广为建立。

---

① 林泉、张朋园:《林继庸先生访问记录》,永裕印刷厂印 1984 年版,第 136 页。
② 黄绍竑:《黄绍竑回忆录》,广西人民出版社 1991 年版,第 515 页。

除了轻工业及小规模的工厂,由手工业指导所督导、奖助民营外,一些基本工业或规模较大的工厂,需要资本过多的由政府办理。全面抗战时期浙江省政府在后方设立的较大规模的工厂有:浙东电力厂、浙江铁工厂、浙江炼油厂、浙江锯木厂、浙东纺织公司、浙江省化学工厂、浙江造纸厂等。① 浙东电力厂:1938 年 2 月,浙东电厂开始筹设,由中央与地方合办,利用旧料旧械,从建设小型电厂供给电灯着手,逐渐推及供给电力。1940 年 7 月,浙江电力厂共有金华、龙泉、丽水、松阳、碧湖、小顺、大港头 7 个分厂。7 厂发电容量扩至 797 千伏安。浙江铁工厂(一厂):1938 年 9 月,由浙江省政府建设厅在云和县小顺铁厂的基础上合并而成,是以内迁的杭州、宁波、温州等地铁工厂的机件和人员为基础建立,下设 3 个分厂,即潭头二厂,玉溪三厂,大港头四厂,总计约 6000 余人,主要制造军械及农工生产用具,如制茶机、面粉机、榨油机等。浙江炼油厂:是铁工厂的附属厂,1941 年 5 月成立于丽水均溪,该厂机械设备多由铁工厂设计制造,其产品也主要供铁工厂。浙江省锯木厂:1941 年 5 月,由铁工厂投资在云和县石塘镇成立,主要利用附近木材加以机器锯割,以供社会需要。浙东纺织公司:1940 年 4 月,浙江省政府及国民政府经济部农本局合资 400 万元创办,内分两个厂,设第一厂于衢州的湖南村,第二厂于松阳裕溪,主要生产 10 支或 12 支棉纱,年可产棉纱 6000 件。浙江省化学工厂:1939 年省政府在松阳堰头创办,直隶于省建设厅,拨省款 25 万元及浙江省铁工厂商股 5 万元作为创业资金,主要从事生产三酸、碱及少量化学物品,分为 4 个工场,即第一工场制造硫酸,第二工场制造盐酸及烧碱,第三工场制造硝酸及化学品,第四工场制造耐火砖及耐酸陶器。浙江造纸厂:1940 年 5 月,浙江省政府拨创业资金 50 万元在龙泉成立浙江造纸厂筹备处。由于当时沿海口岸被日军封锁,在上海购办的大批重要材料难以输入,委托浙省铁工厂制造的造纸厂机械也存在材料配置和设备制造能力的限制,直到 1942 年筹备才告结

① 孙毓棠、汪敬虞编:《中国近代工业史资料》第 3 辑,科学出版社 1957 年版,第 1153—1157 页。

束。以上各厂,规模均不很大,只能生产一些初级产品,抗战胜利后,有的转归民营,有的由地方政府经营。

3. 宁波、温州工商业的畸形繁荣

自 1937 年日寇发动全面侵华战争以来,我国沿海港口城市天津、青岛、烟台、上海、厦门、广州及长江沿岸的镇江、南京、芜湖、武汉、杭州等都先后沦于敌手,剩下未沦陷的港口城市只有宁波、温州等寥寥几处。在战火蔓延,交通阻塞,商品流通渠道被切断的情况下,宁波、温州得益于其独特的地理位置,迎来了工商业短暂的畸形繁荣景象。

最初,宁波的工厂基本上都是一些小型工厂。比较大一点的工厂,只有和丰纱厂、恒丰布厂、万信纱厂几家而已。宁波人常说的"宁波只有三支半烟囱",也是形容宁波工厂规模小得可怜。宁波各工厂生产出来的产品,也大都是属于日用消费工业品。但从全面抗战开始到宁波沦陷为止,即从 1937 年秋季到 1941 年春季,约 3 年半的时间里,宁波工商业却出现了畸形的繁荣。在此期间内,上海、杭州等地已相继沦陷,沪宁、沪杭、浙赣线相率中断,长江航运也陷于停滞,由于上海仍有租界存在,沪甬线航轮仍在通航,宁波也就成为大后方与外部物资交流的重要通道,大量物资在宁波集散。每日行驶于沪甬线的大小轮船有 20 余艘,从上海进口的货物在 1 万吨以上,出口运往上海的货物在 5000 吨以上。还有直接运往香港等地。[①] 宁波本身的工业品也畅销至内地各省,出现空前的景气,摆脱了原有的窘境。和丰纱厂在这种有利的形势下,扩大纱锭至 26000 枚,其产品供不应求。仅 1937 年一年内,就获暴利 126 万余元。到了第二年,该厂所欠的垦业银行押款全数清偿。织布业一则由于棉布畅销,二则因大型的恒丰厂在上海开设分厂,小型布厂如雨后春笋般兴起,同业达到 50 家。在立丰厂基础上建立起来的太丰面粉厂,也因面粉畅销,

---

① 郑绍昌主编:《宁波港史》,人民交通出版社 1989 年版,第 347 页。

在价格上又摆脱了上海交易所的限制,因此在1938年至1939年间,盈余25万元。其他如卷烟、肥皂、火柴、毛巾、袜子、牙刷以及其他日用工业产品,也都大幅度增长。当时,由于江西、湖南、湖北、广西、四川等地的客商集中在宁波办货,单帮、掮客满天飞,批发字号猛增至三四百家,旅社、茶馆、酒楼、妓院遍地,报关行也达到100多家。繁荣的商业,大大促进了工业生产的发展。1939年镇海口封港以后,宁波的工商业仍很发达,是宁波历史上工商业的一个"黄金时代"。

1941年4月19日,日寇在镇海登陆后,宁波沦陷,宁波工业由畸形繁荣时期转向工业瘫痪时期。宁波工商界中的一些头面人物一则为防范日寇汉奸勒索,二则避免沾上汉奸罪名,保全身家性命,纷纷走避内地和上海租界。宁波的一些较大工厂,有的关闭,有的缩小经营范围。其时,和丰纱厂因厂房失火被焚已停止生产;恒丰布厂老板逗留上海租界,宁波总厂处于半停工状态;诚生布厂遭兵匪劫掠,资方代理人姚玉凤忧郁成疾而亡,工厂随之倒闭;开设在东钱湖边的大昌布厂,老板们担心日寇骚扰,无意经营,仅留下少数几名职工开荒护厂,其余全部遣散;正大火柴厂也一度停止生产,工人遣散,职员逃往三北避难;太丰面粉厂和通利源榨油厂的情况也是如此,经营范围大大缩小,开工率不到1/3。四明电话公司的用户,从2273户锐减至1100百户。永耀电力公司虽未遭日寇接管,但因敌伪横行,偷电漏电严重,亏蚀累累。整个宁波的工业生产,一片萧条景象。唯一不同的是宁波的卷烟业,乘机兴起。因为当时日寇对卷烟的进口实行统制,沪产卷烟断档,各地卷烟供应十分紧张,土产自制卷烟到处出现,香烟纸的走私贩卖活动活跃。因此宁波的卷烟业应运而生,出现了数十家小型卷烟厂。此外,一些小型布厂,虽在敌伪汉奸的勒索下,经营比较困难,但因棉布短缺,利润也颇为优厚。

与宁波相比,温州由于偏处一隅,又未修建铁路,陆上交通不便,故在1939年4月前基本未遭日寇蹂躏,一直处于较为安全的环境。因此,温州成为国内外贸易流通的重要口岸,工商业的发展速度竟大大超过全面抗战前,出现了万商云集、市场兴旺、工业崛起的繁荣局面。1938 年是最繁荣的一年，进出口货物价值达 56203643 元，港口吞吐量约达 70 万吨，比历史上最高的 1930 年还增加两倍左右。直接对外贸易，年值达 8163425 元，出口土货达 6239912 元，其中茶叶桐油在出口物品中占最主要地位。当时的温州有"小上海"之称。① 此外，国民政府的一些发展战时经济的措施也促进了温州经济的短暂繁荣。1939 年间，国民政府实施"统制经济"，在温州搞试点，1940 年温州成立了木板、木炭、茶叶、植物油、纸伞、纸类等十余个运销公司。

温州工商业的发展是在特定环境下发生的，当特定的环境发生变化时，这种畸形的繁荣便会顷刻受到影响。1939 年 4 月起，日寇开始对温州闹市区及沿江码头进行多次轰炸，正常的社会秩序顿时发生变化。随后日寇又封锁瓯江口，要求所有在温船舶必须驶离温州港。1940 年 7 月，日寇海军又加紧海上封锁。盘踞在上海的日寇对上海的江海关施加压力，令其拒绝外籍船舶结关驶往温州，并对进出口物资实行严格管理。1941 年 4 月，宁波沦陷后，温州港遭到日寇海军进一步封锁，商业逐渐出现衰退。此后日寇接连三次侵占温州，进行大肆劫掠，在日寇的蹂躏下，温州工商业最终走向了全面衰退。

（二）战时农业

1. 成立"浙江省农业改进所"，提高单位面积产量

浙江粮食向来不足，自浙西产米各县被日寇占领后，在浙西的农业机构纷迁至浙东开展业务，全省的军糈民食，都要取给予后方，浙江粮食生产和管理面临诸多挑战。黄绍竑深刻认识到了粮食问题的重要性，正如他所说的，"际此抗战时期，如何谋民食之均足，借以安定后方，增强力量，实属非常重要"。② 因此，浙江省政府在粮食生产、管理等方面采取了诸多举措。1938 年 1 月，在

---

① 周厚才编著:《温州港史》，人民交通出版社 1990 年版，第 127—128 页。
② 黄绍竑:《黄季宽抗战言论集》，江南出版合作社 1940 年版，第 364 页。

松阳成立浙江省农业改进所(简称"农改所"),以开发浙南山区农业为主要任务,内分农艺、森林、畜牧、兽医、蚕丝病虫害、农业水利推广、总务8股。农改所成立后,先在处属10县建立工作试点,成立推广机构,每县设一个中心农场,以后向永康、永嘉、金华等地推广,至1939年底,全省农业推广机构已有13个中心农场、19处繁殖场和100余处示范场。另在一些特产区域设农业推广区,如在黄岩设改良柑橘推广区,在嵊县、遂安设改良茶叶推广区,在萧山、上虞、绍兴、新昌、诸暨等6县设立蚕业改进所。1939年增设了新桐分、于临昌、安孝3个改进区。同时在五夫设稻麦繁殖场,景宁设种畜繁殖场,松阳、丽水设蚕种繁殖场,临安设蚕种制造场,衢县设油料植物繁殖场。为检验与管理各地农产品,在宁绍台、金衢严、温处3地各设茶叶检验处,在宁波设棉花检验处,在嵊县设蚕种检验处及管理处。这些机构的设立对粮食和经济作物品种的改良和产量的提高起了积极作用。

在浙江省农业改进所的指导和帮助下,提高单位面积产量主要是采取改良品种、改善栽培、增加肥料、改善灌溉排水条件、防治病虫害等措施。农改所在本所和五夫稻麦繁殖场进行了纯系育种工作,选若干优良品种,在各县中心农场试验。另外,又选择过去在浙西已试验成的同土适应力特强的几个品系,水稻:中稻1号、10号、309号;晚粳129号;小麦9号、17号、4号等品种,试行推广。计1938年,云和、遂昌、松阳、景宁等推广种植水稻1350万余亩,小麦6350余亩。1939年在丽水等十县及金华推广种植水稻10130余亩,小麦9430余亩。① 推广的结果,水稻中稻1号、10号品系,要比土种高10%—20%,小麦9号,在缙云、金华等处,19号在处属各县,都取得了好的效果。②

日军封锁浙江海口后,化学肥料很少进口,价格又昂贵,农改所对食用作物栽培方法进行了改进,提倡制造堆肥、家畜栅饲和合理施肥,筹设了有机肥

---

① 浙江省建设厅编:《浙江省五年来建设工作报告》(1942年),《民国浙江史料辑刊》第一辑第7册,国家图书馆出版社2008年版,第310—311页。

② 莫定森:《三年来浙江农业改进所工作之鸟瞰》,《东南经济》1941年第1期。

料厂,自己制造有机肥料,对于当时流行各地的螟虫和铁甲虫等,农改所一方面派员防治;另一方面积极研究用国产原料制造杀虫杀菌药剂,经试验成功的有杀虫烟粉、硫酸石灰、波尔多液等若干种,有效促进了粮食的增产。

2. 鼓励开荒,扩大粮食播种面积

为了扩大粮食生产面积,省政府一方面积极把可耕种的荒地垦为耕地,以增加耕地面积,即开荒;另一方面把空闲的耕地尽量利用,使种植作物的面积总数扩大,即扩种冬作。浙江省有可耕种荒地百余万亩,但"内地的垦殖已经达到饱和点了",甚至部分地区已垦殖到山上去了,这不但有碍水源,淤塞河道,而且减少森林,恶化气候。黄绍竑认为,"今后浙省农产之增加必须在沿海着手"。[①] 因此,浙江省政府为了开垦沿海的滩涂区域,"一面由农业改进所在技术上负责指导,一面拨款交由地方政府奖励农民,并以贷款补救农民垦荒资金之缺乏,而开垦荒地必备之条件,如农田水利等问题,亦随时予以解决"。[②] 1938 年 1 月,省政府发出了开垦荒地的号令,7 月,公布了《浙江省战时开垦荒地暂行办法》,规定代垦的私荒地,在 3 年之内一切收益归承垦人所有,期满后有永佃权,承垦公荒地,在抗战期间免交赋租,战争结束后,可以承佃。[③] 由于政府对垦荒者实行了优惠政策,提高了开荒者的积极性,使大量的荒地得到了开垦。1938 年到 1939 年全省开垦荒地 20 余万亩,栽种了水稻、番薯、玉米等作物。

1937 年,省政府开始推行扩充冬作,由于之前浙江很多地方没有冬作的习惯,起初收效不大。1938 年,省政府便扩大这个运动,要求各机关把它作为中心工作之一来抓。省建设厅制定了《浙江省发展农业生产计划》,规定全省

---

① 黄绍竑:《黄绍竑回忆录》,广西人民出版社 1991 年版,第 506 页。
② 伍廷飏:《浙江省五年来建设工作概述》,《民国浙江史料辑刊》第一辑第 7 册,国家图书馆出版社 2008 年版,第 310 页。
③ 《战时农民运动法规方案汇编》,浙江省农会编印 1939 年版,第 88—89 页。

接近游览区接近战区及沿海区域外,拟扩充增加冬季作物 150 万亩,其中
7/10,大麦 1/10,蚕豆及油菜 1/10。① 省政府为了推进冬作,一方面运用政治
力量,通过保甲机构,限令农民耕种冬间田地;另一方面由农业推广机构进行
技术指导,由金融机关举行农业生产贷款,以解除农民技术与经济上之困难。
随后农改所动员 70 名技术员分发各县去督导,结果以原冬作栽培最少最贫瘠
的处属 10 县效果最佳,利用冬闲耕地达 80% 以上。全省 1938 年至 1939 年,
扩种面积为 135 万余亩,1939 年至 1940 年为 200 万余亩。② 如松阳县,1937
年冬耕贷款 468.14 元,冬耕面积 50394.61 亩,冬耕数量 54137.20 市担。两
年相比较,增加了贷款 11000 余元,面积 25676 亩,数量 27800 余市担。如果
按每市担平均价值 5 元计,合计总额达 139000 余元。③ 冬耕在浙江普遍开展
了起来。黄绍竑在 1941 年春,巡视绍兴各县,经过浦江县时,"自郑家坞至浦
江县城,沿公路二十多公里,几乎没有一块土地是不种麦子的"。④ 至于省内
其他县份也都实行得不错,浙江省扩大冬作面积 1941 年增至 500 万亩左右,
为 1938 年的 12 倍多。原处属各县平时食粮很紧张,全面抗战两年后,并未比
往年严重。

3. 成立粮食管理机构,发展特产

上述发展战时农业的措施虽有一定的成效,但浙江粮食的短缺问题仍然
严重。为了调节全省粮食供求,平定价格,严加管理,1938 年 3 月初,省政府
颁行了《浙江省战时食粮调整暂行办法》,规定:(1)实行省际交换;(2)处置
沿海及接近战区食粮;(3)进行内地县与县之间的调剂。1940 年 3 月 1 日,浙
江省成立了粮食管理处(实际主要是管辖浙东地区),由黄绍竑兼任处长,在

---

① 浙江省建设厅:《浙江省发展农业生产计划》,《浙江省建设月刊》(农业专辑)1939 年第
1 期。
② 蒋剑农:《十万亩的冬耕竞赛》,《浙江潮》1939 年第 89 期。
③ 戚志元:《浙江之粮食增产工作》,《浙江经济》1947 年第 3 卷第 2 期。
④ 黄绍竑:《黄绍竑回忆录》,广西人民出版社 1991 年版,第 503 页。

奉化、绍兴、黄岩、乐清、金华等 20 余县先后成立了县粮食管理处，由县长兼任处长，在未设粮食管理处的县设置运输站，在浙西则另设浙西粮食管理处，由浙西行署主任贺扬灵兼任处长。1940 年 7 月 5 日，省政府在金华城区实施计口授粮实验，这既起到了合理分配粮食、安定人心、稳定粮价的作用，又保障生产者消费者的利益，制止浪费厉行节约。1941 年以后，国民政府为了保证战时军粮供应，加强对全国粮食的管理，设立了全国粮食管理局，浙江省相应于 1941 年 3 月成立了省粮食管理局，各县设立了粮食管理委员会。1941 年 4 月，全国第三次财政会议后，原由省政府征收的包括田赋在内的赋税统由中央接管，并开始田赋“征实”，原全国粮食管理局升格为粮食部，各省原有的粮食管理局改为粮政局，浙江粮食管理局于 1941 年 10 月改组成粮政局。同一时期成立了田赋管理处，田赋与粮食分由两机构管理，后来才将浙江粮政局与田赋管理处合并，组成浙江田赋粮食管理处。[①] 为解决战时的粮食短缺问题，浙江省从 1940 年开始对后方的公务人员实行公粮供应政策，具体办法是由各机关、团体、学校及合作组织先开出包括家属在内的名册，预付定金，委托粮食管理处采购粮食，集体分配。分配标准是：行政机关在职人员及家属，每人每月限供应大米 30 市斤；保安团、队官兵及警察每人每月限 45 市斤。田赋改征实物后，由田粮机关在赋谷项下直接发交受领单位，由受领单位自行分配。[②]

浙江省特产颇多，尤以油、茶、棉、丝最负盛名。就蚕丝而言，在全盛时期，每年产值约八九千万元，茶叶年产达 60 万担。对于整个战时经济与全民生活，当不无裨益。[③] 为了提高特产的生产，巩固长期抗战物质基础，省政府采取了相关措施。桐油是浙东山区的新兴特产，农改所在处属各县不断提倡植桐，无代价发给桐种，1938 年、1939 年，植桐面积达 72000 余亩，分布 24 县。

---

① 袁成毅：《浙江通史·民国卷·下》，浙江人民出版社 2005 年版，第 212 页。

② 魏思诚：《民国时期浙江的粮食管理与田赋征实》，浙江省政协文史资料委员会编：《浙江文史集粹·经济卷》（上），浙江人民出版社 1996 年版，第 15 页。

③ 浙江省建设厅：《浙江省发展农业生产计划》，《浙江省建设月刊》（农业专辑）1939 年第 1 期。

开辟 1510 亩示范桐林,办了一些植桐合作社。茶叶方面,1938 年中央对茶叶实施统收,茶农茶商经营茶的积极性提高,农改所即趁此机会,广泛地展开推广工作,两年间收效明显。1938 年 5 月至 12 月,出口茶叶 384536 担,1939 年出口 317719 担。还制造简易制茶机械,推广农民使用,广泛地组织茶叶产销合作社,开办茶叶技术人员训练班,造就了一大批茶叶技术干部。棉花方面,将滨江(如萧山绍兴等县地临钱江),临海(如镇海余姚等县毗连海滨),以及金衢两县,三处划定为倡植区域,从事种棉,由政府管理,在倡植区域推广高品质纯种百万棉、驯化脱字棉、长绒棉。纯种百万棉在 1935 年已经上海棉业公会等会议议决,列入标准棉花第一等丁级,驯化脱字棉亦经送前实业部,上海商品检验局登明可纺 32 支细纱,以适合厂家之需要,蜚声市场。① 蚕茧方面,省建设厅制订了《蚕种管理暂行办法》,对蚕种的价格作了规定,并配发原种。1938 年蚕种产额达 110039 余张,1939 年增至 263000 余张。省建设厅还成立了春期收茧管理委员会,在嵊县、诸暨、于潜、萧山设立收茧区,办理收茧及贮运事宜。油、茶、棉、丝管理处在嵊县、诸暨、萧山分别设立丝茧办事处,1939年春,3 县共收鲜茧 591000 余担。

4. 开展乡村建设

全面抗战爆发后,浙江在经济建设方面还开展了乡村建设。为贯彻有关经济建设计划,省建设厅在丽水、云和、龙泉、庆元、泰顺、衢县等地努力兴办农田水利事业,如在云和建设了一座 40 千瓦的水力发电厂。水轮机是自行设计,由浙江省铁工厂大港头分厂加工生产和安装。这个电厂的建成,不但解决了省政府各机关、各单位的照明和生产用电(省政府机关 1942 年 9 月迁至云和),同时也直接给云和、沙溪、小徐 3 个乡镇带来了光明,并使 2000 亩稻田受益。它是当时全省最大的一座水电厂,是省会的一项重大建设,也是我国较早

---

① 浙江省建设厅:《浙江省发展农业生产计划》,《浙江省建设月刊》(农业专辑)1939 年第1 期。

的水电站之一。① 浙江铁工厂是当时农村经济建设的"先锋",它为各地生产各种水力发动机及小型农村工业机械,如碾米、磨粉、榨油、纺纱、织布等机件。省政府对温台地区的经济发展也十分重视,认为"地广人众文化较高"的温台沿海地区,很有发展前途,可实行渔、盐、垦三者合一。台州地区海涂多,宜于垦植,省政府拨款30万元,在温岭县南涂筹设农场,占地2万余亩,称为"季宽农场"。还尽量鼓励当地的民营工业,如黄岩路桥一利酿造厂是3个有志于兴办工业的大学生创办的,是当时全国有名的新式酿造厂之一。浙江自1941年后,普遍推进乡保合作社和县联合社,使乡保合作社有很大的发展。各级合作社,成为管理物资、实施分配的基层机构。

(三)战时交通运输

1. 建立战时交通体制

全面抗战爆发后,浙江的交通就纳入战时体制。因战事的摧残和破坏,全省公路由全面抗战前的3700公里减少至2028.64公里,交通运输压力沉重。为强化交通管理,保证军需及民用物资运输,1938年1月,省政府成立了浙江省交通处,负责全省未沦陷区的水路和陆路运输及电讯工作,下设汽车、船舶、手车、电讯4个总队。汽车总队由原省汽车总队部改组而成,经过编制,先后在丽水、衢州、鄞县分设办事处。为便于统筹兼顾军需和民用运输,3月又将省内公、商营汽车编组为3个队,即军运队、货运队和客运队,又称第一、二、三中队。军运队共配有大小客货车48辆,在满足军运前提下兼办民运。货运队、客运队由省公路管理局及商营汽车公司的客货汽车分别编成,仅在紧急大量军运需要时,以先货车后客车的次序征调军用,平时仍由各营运单位自行管理使用。10月,因军运较少,为简化管理,将军运队的汽车、器材、人员交由省

---

① 云和县政协文史委员会编:《云和文史资料》(第4辑),云和印刷厂印1989年版,第9页。

公路管理局接管,实行汽车总队与省公路管理局两位一体制。1939 年 3 月,省政府为掌握水陆运输,使其适应抗战和社会经济发展的需要,制定了《浙江省战时水陆交通工具管制办法纲要》,将管制区分为两种:特别管制区与普通管制区。接近战区军运繁忙、民运激增地带为特别管制区,其他为普通管制区。运送货物之汽车、拖运货物之手车以及载驶货物之船筏,属于特别管制工具,大小载客汽车和各机关法团汽车,内河外海载驶行旅的交通船及统船农船为普通管制工具。并规定凡省境内水陆交通工具遇军事紧张时,一律由交通处命令征调军工运输。为适应军事需要,省政府还颁布了《水陆联运处战时征用车辆办法》,规定车辆所有人凡遇有军运需要征租时应先应征,规避者吊销车号牌照禁止在公路上行驶,吊销车号牌照后如有必要仍需强制征用,倘有故意损坏机械,企图藏匿时,照妨害交通呈请依军法论罪。1940 年 8 月后,日军不断地向部分尚未沦陷地区进行军事骚扰,军事当局多对汽车运输实行管制,民用商货运输几乎停止,所以就把省交通处改组为水陆联运管理处,受辖于国民党第三战区司令长官部,成为纯粹军事性机关。

全面抗战爆发后,交通运输对军运和经济发展发挥了积极作用。军运方面,1938 年 8 月 26 日起,省汽车总队调用汽车 300 辆,运送军队 14 万余人及大批弹药。① 1939 年 1 月,征集汽车 50 辆开赴上饶,供第三战区司令长官部所需。1940 年 4 月,先后征集了省营、商营的运货汽车 85 辆,调用各军事机关汽车 81 辆,均派往东阳、嵊县、宁波等地参加军运。6 月,又征用了大批车辆前往宁波、奉化溪口等地抢运物资器材。七八月间,又调用汽车运送军用品 711 辆。② 货运方面,因沪杭铁路、浙赣铁路部分线路中断,原经上海转口的省内外物资大多数转由公路或水路经温州或宁波海口进出,使金华经丽水至温

---

① 浙江省汽车运输总公司编史组编:《浙江公路运输史》第 1 册,人民交通出版社 1988 年版,第 100 页。

② 浙江省汽车运输总公司编史组编:《浙江公路运输史》第 1 册,人民交通出版社 1988 年版,第 101 页。

州、金华经嵊县至宁波的公路货运量激增。金华、兰溪、丽水成为物资集散中心。1938年8月至1939年8月,凭借汽车在兰溪至丽水、婺源至华埠、江山至浦城各线共运出茶叶170000箱,桐油、猪鬃5000余吨,以及大量蚕丝、药材、锑矿石等产品;同时还运进大批布匹及日用百货。另外,购置汽车130辆专事浙东食盐运输,对浙盐的及时内运起了重大作用。直到1941年4月,宁波、绍兴沦陷,海口被日军封锁,金华、丽水也先后失陷,浙江省内的货运才停止。

汽车客运方面。自杭州沦陷后,沦陷区许多难民纷纷内迁,行旅骤然增加。1938年初,省公路管理局成立。为维持后方交通,责令各商营公司迅即照常通车营业,并对省营衢、丽两区各路进行整顿。一是恢复了衢县至浦城、衢县至常山、衢县经兰溪至金华,丽水经龙泉至浦城,丽水经永康至东阳,东阳至长乐,丽水至温州等路段班车开行。二是增开了金华至丽水、金华至东阳、兰溪至屯溪的直达客车,以应当时客流所需。7月,又恢复了建德至白沙、华埠至婺源、开化至遂安、淳安各路客运班车,增开了金华至衢县直达客车。1939年4月,恢复了浙闽(由浙江衢县、丽水至福建建阳、建瓯、延平)旅客联运。5月,新建的龙庆(龙泉至庆元)路龙泉至小梅段也通车营运。总之,在1937—1941年期间,浙江尚未沦陷地区的各线客运交通基本得以维持通车。

2. 成立船舶管理处和手车管理处

为了缓解战时车辆运输压力,省政府不得不以航运和手车运输来接济,先后成立了船舶管理处和手车管理处。船舶管理处控制着富春江、曹娥江、甬江、瓯江各江轮汽船97艘、民船41625艘。1938年1月组织了手车总队,负责手车征调管理工作。手车队是浙江抗战期间特有的产物,是战时交通的生力军,它轻巧方便,对道路条件要求也不高,可辅助汽车运力之不足。手车总队共有手车6000余辆,采取军事管理制,分为现役、预役两队,编为大队、中队和分队。手车总队从1938年5月起,开始在金华至丽水一带线路上承运物资,以承运土特产品及日用百货为主,曾抢运过诸暨的食盐,运输过金、衢、严所产的 8421 箱出口箱茶以及大量桐油等。1939 年 5 月 1 日，手车总队交由省公路管理局接管，另组手车管理处，又担负起龙泉至浦城段，每月 3 万—5 万包食盐的运输任务及每月接济赣省 30 万担食盐的装运任务。1940 年 1 月，日军偷渡钱塘江后，嵊县、东阳一带食盐及济荒粮米等物资的抢运几乎全赖手车。手车支援战时运输的艰苦使命，直到抗战胜利后才告完成。

与此同时，省政府在永康组建了难民手车队。基于永康民间有手车队曾参与完成省政府及各厅处档案、器具的搬迁任务，省政府于 1938 年 4 月在永康方岩召开第 989 次会议决议，通过救济难民一案，择男性青壮年难民组织编入手车队，并由公路局备款派员购办手车 2000 辆（其中 100 辆转让江西，220辆转让衢属各县），组建编成两个大队，参加金丽线的商运，也抢运战时军需物资，成为省公路局的难民手车队。省政府 1025 次会议对于手车队规定三条原则：(1)不牟利；(2)不多用职员；(3)取诸车夫，用诸车夫。6 月 1 日，省公路局将手车总队改组为手车管理处，拟订组织章程及手车编制表，报省府备案。一时间手车队大兴，仅 6 月 25 日、26 日两天，金丽线上就成立手车中队 3个；7 月上旬又成立 2 个中队。后来，为担负抢运食盐和皖赣丝、茶的任务，在永康、缙云、诸暨等地又先后成立 3 个大队，每大队辖 6 个中队。从而手车数迅速增加，从 256 辆、582 辆到 1232 辆，又从 1232 辆、1312 辆、2952 辆增到3832 辆，至 1938 年 12 月竟达到 7000 辆，真正成为抗战的交通新力量。

1938 年 9 月 5 日，原难民车队的第五、六中队被无故遣散，车夫住东岳宫41 人、胡家宗祠 45 人、娘娘殿 38 人，在金华欲来永康 60 人，逗留街头巷尾多人，他们衣食困难，生活无靠。为解决生计问题，众难民以"旅永康杭县难民"的名义向当时的省主席黄绍竑递交了书面报告，黄训令建设厅调查处理。11月 23 日，全面抗战时期的浙江省政府代电指令建设厅拟办救济，并经省府委员会议调拨手车 300 辆，其中 150 辆由永康赈济会代办难民手车队，收容身强力壮的难民，每月每辆承包价 45 元。为解除车夫的后顾之忧，省交通处规定：(1)壮年难民有家属者，尽量编入手车队；(2)车夫家属请难民救济会尽量选入难民工厂;(3)不能选入者,在月终由手车总队将车夫应得工资代为给其家属安置(除车夫本身支用8元)。据当年2月至10月统计,用手车从永康运至丽水的货物有:油类2954294公斤,纸类2865712公斤,茶叶5010696公斤,火腿及牛皮363203公斤,药材108968公斤,其他物品1224212公斤,合计12211106公斤。此外,还有从丽水运进的货物,永康、金华、兰溪、东阳、长乐等地往来的货物和军用物资等。1941年底后,因军事需要,许多公路被毁,线路中断,加上队部管理混乱,管理者徇私舞弊,车夫生计无法维持,车队解体。

(四)战时金融

1.“中央、中国、交通、农民”四大银行的机构搬迁

1937年11月初,日军在全公亭登陆。12月18日,日军逼近杭州,浙江各银行迅速开展搬迁工作。12月19日,中央银行、中国银行、交通银行、中国农民银行在杭州的分行奉令撤离杭州,20日到达兰溪。12月22日,浙江省政府要求“中中交农”四行迁移到永康设分支行或联合办事处。12月24日,交行杭州支行(浙行)接到省政府密令,内容为:“本府前为安定社会金融,业经令饬该行迁移兰溪以策安全在案。现本府为适应机宜,策动后方兵力作长期抗战之准备起见,经决定,日内即由金华迁移永康办公。届时该行仍应随同本府迁往,照常营业。除分令中央、中国、农民三行遵照并饬第四区行政督察专员暨永康县政府予以协助并保护外,令该行先在永康筹备成立分支行或办事处执行业务,并将办理情形火速具报”。接密令后,交行浙行黄经理当即会同“中中农”三行经理赴省府开会,决定遵照省令办理。26日即至永康城内觅定梁枫桥巷(原健康巷)24号(背巷为当店巷13号)大厦作为四行合并办公之处及宿舍。中央银行、中国农民银行杭州分行先行迁往,中国银行、交通银行12月31日迁移永康。1938年1月1日,“中中交农”四行代表张忍甫、金润泉、黄筱彤、严陵孙与房主王正常代表王景韩签订房屋租赁合同,租得坐落兴

义巷、坐北朝南房屋两座,计楼上楼下共32间,另灶房8间,断定租金每月320元。"四行"在永康正式开始营业。根据浙江省政府命令,浙江地方银行总行迁驻丽水,其直辖各处库联合办公处亦随同迁往,而省金库部分则随省政府迁至永康办公。

中央银行杭州分行及附设于该行的中央信托局杭州代理处均于1937年底迁移至永康,迁移后的人员从建行初的21人减至14人。民国时期国库业务,财政部委托银行代理,未设银行分支机构的地方由邮局代理。1939年,中国银行金华办事处将国库业务移交撤驻永康的中央银行杭州分行代理。1940年1月,复设国库金华支库,由交通银行金华支行代理。

中国银行杭州分行于1937年全面抗战爆发后开始分两路撤离杭州。一路去上海租界建立浙驻沪办事处;一路由余煜率领,随省政府撤退至永康。去上海的一路在太平洋战争发生后被日军截获,一部分人员被迫返杭,一部分人员去永康。在永康的一路坚持敌后营业,至抗战胜利。1939年9月,中国银行浙行制订分驻永、沪两地账务联系办法,内部分工,账务上侧重永康方,上海方仅办理存款收付及存单押款。1940年1月4日,根据中国银行总管理处指示,中国银行浙驻永处在永康恢复收解;同日,中行金华办事处迁回金华营业。1940年7月,中行浙驻永处有正副经理3人,内设文书、会计、营储、出纳、农放等68人。1941年,中国银行在永康召开全浙辖属全面抗战时期的第一次会议。与会者有甬、绍、温、兰、屯五支行与丽水、鄞县、海门、余姚、嵊县、鳌江、衢县、建德、歙县、玉山等办事处负责人共31人。会议详细汇报战时业务状况,确定以农贷和储蓄业务为中心的方针,发动各地建立"劝储分会"或"储蓄团"。

交通银行杭州支行于1937年12月底由黄姓经理率领员工20余人迁移到永康。因当时金华亦遭轰炸,形势紧张,金华城内市面全停,交通银行金华支行和中国银行金华办事处一起于12月31日迁移永康,为节省开支起见,同在杭四行租定之永康当店巷(当时改名为兴义巷)13号内办公。杭州支行除派人在沪设临时联合通讯处,受理收欠还存业务外,主要营业机构在永康。交行浙属尚未沦陷的甬、绍、瓯、定、海、兰6处为适应战时环境,改为直接通汇,金华、兰溪两处往来收解改为直接办理,以资便捷。1939年1月12日,交行金华支行向省行报告:"华行撤退永康已逾壹载,近察战局形势,显呈胶着状态,一时无迁回希望。为节省行方开支起见,拟将华行房屋及横街仓库暂时出租"。"其留守员及门警均集中南市仓库,逃避警报,亦较方便。"2月1日,交行金华支行经理王质园兼任浙行襄理。7月18日,交通银行总管理处任命王质园为浙行副理,仍兼金华支行经理。8月31日,省政府主席黄绍竑把各行经理、副经理召到方岩,洽商建筑方岩分库,以防不测。当时四行已在缙云、龙泉建库房,缙库业将完工,泉库也在赶筑中。"然皆距离较远,策应不便",决定在方岩建库。此前四行已将一部分永积存之件运存方岩省政府山洞中。10月21日,交行金华支行为躲避空袭,在永康城郊建造10间房屋完工。到11月,分批将方岩库存款件移存缙云库房。1940年1月,交行金华支行营业部分仍在永康办公。因奉饬代理国库金华支库,该行派会计副主任谭其元,办事员章文麟、王家骧到金华,会同留守员徐寿铨办理公库事务。1月4日正式成立,亦酌量代理存汇等业务。规定每日须专派行役一名,将存汇及公库单据等件送往永康,办理完毕之单据存折当日返带回金华。经理每周六要到金华检查工作。经理离金华期间,所有对内对外文件单据及填给顾客之临时凭证,经由谭、章、王3员中有2人会同代签,同属有效。2月,再移龙泉库房。3月因浙东时局稍稳,又从龙泉将库存之件运至缙云库。7月1日、2日,王经理率领人员分批返回金华,3日开始正式营业,金华公库事务当即归并金华支行办理。同日,交行浙行在永康开始营业。对外营业时间,与中央银行、中国银行、中国农民银行三行一致,规定在每日下午3时至6时(重庆时间)。1941年4月24日,因永康危急,交行浙行通知金华支行先将要件送交缙库,嗣后如事情万急,希与中、农二行一致行动,由水路撤移衢州常山一带,再由浙行派车接往龙泉。4月底,交行浙行撤退龙泉。

中国农民银行杭州分行于 1936 年 7 月 14 日在金华设立办事处,地址在莲花井,主任金光烈。次年年底,杭州分行随省政府撤退至永康。中国农民银行杭州分行刚迁移到永康时,和中央银行、中国银行、交通银行一起在永康城内办公。后来搬迁到大司巷(房主姓应)。1940 年 8 月,中国农民银行杭州分行改称永康分行。1941 年底左右,中国农民银行永康分行设立兰溪办事处,金华办事处改组为支行。除金华支行、兰溪办事处外,还设有武义、东阳、佛堂、浦江 4 个特约简易储蓄处。宁波支行和奉化溪口办事处当时也撤退驻永康。

2. 设立省县合作金库

浙江是合作运动颇为发达的省份,合作金库的筹设在国内仅次于四川和江西。截至抗战胜利,全国只有 7 个省级合作金库,浙江居其一。浙江省合作金库真正成立是在 1940 年,但作为其前身,浙江省合作金库筹备处早在 1938 年便已成立。1938 年 1 月,浙江省政府公布《浙江省筹设省合作金库进行办法》,提出合作金库为地方性的民有、民营、民享之金融机关,是信用合作社联合社之化身,规定省合作金库资本总额暂定 100 万元。先由省款认提倡股 60 万元至 80 万元。各县合作金库分别认股 8000 元至 2 万元。各县农民银行及农民借贷所分别认购提倡股 5000 元至 1 万元。各出入口贸易公司认提倡股 5000 元至 2 万元,不足之数商由农本局及其他不以营利为目的之机关法团认购之。① 次年 3 月,省成立合作金库筹备处,建设厅颁发了《浙江省合作金库筹备处组织章程》。随后,省政府又拟订了《浙江省合作金库筹备处暂行营业办法》,规定其业务涉及:各种存款、各种放款、汇兑、贴现、代理收付。放款对象包括:县市合作金库、贸易公司、各种仓库、省合作社联合社、未成立县合作金库各县市之合作社联合社或区合作社联合社、认购本金库之事业机关及法

---

① 《各县政府合作金库办法》,浙江省档案馆藏,档号:L073-000-0180。

团、与本处订立特殊契约者。① 筹备处刚刚成立时,一切属于草创,机构设置相对简单,实行的是主任制。主任及副主任掌管一切,包括全省已设各地办事处所属人事和业务,其下设秘书、专员、总务课、业务课、会计课、出纳课等科室。具体来说,筹备处主任代表筹备处执掌"本省各县合作金库之筹设协助及指导事项,本金库股金之劝募认购事项,本金库各项章册表格及业务计划之拟订,本金库之正式成立事项"②等。自 1938 年 4 月始,浙江省合作金库以筹备处名义开始营业,直到 1940 年 1 月浙江省合作金库正式成立。合作金库筹备处发挥了重要的金融枢纽之作用,负有调剂农村金融之职责,以活泼农村资金、促进农业生产为其职志。截至 1939 年底,筹备处之资本共计实收国币 121.57 万元,其中,建设厅代表省政府拨发提倡股 80 万元,中国农民银行认购提倡股 24 万元,浙江地方银行认购提倡股 10 万元,各县合作金库认购股本 757 万元。随之省县合作金库也纷纷成立。截至 1939 年底,省合作金库总库 1 处、办事处 5 处,已成立之县合作金库 17 县,以筹备处名义开始营业之县合作金库 14 县,成立筹备处尚未开业之合作金库 6 县,县合作金库办事处及代理处 14 处,专业合作金库 1 处。省县合作金库已吸收存款 2311 万余元,余额 243 万余元,放款总额达 1124 万元,其中 23% 左右为信用放款,25% 左右为运销放款,生产、消费、仓储、水利等次之。省县合作金库股本总额合计 4769500 元。③

　　1939 年 12 月 23 日,省合作金库召开第一届理事会第二次会议,通过了《浙江省合作金库组织大纲》,组织大纲的通过代表着一个全新的省合作金库的诞生,并明确规定了总库的职责和权力范围。省合作金库实行的是经理制,由社员单位组成的社员代表大会是省合作金库的最高权力机关,理事会和监事会均直接对社员代表大会负责。总经理对理事会负责,总经理下辖协理、襄

---

① 《各县政府合作金库办法》,浙江省档案馆藏,档号:L073-000-0180。
② 《浙江省合作金库筹备处》,浙江省档案馆藏,档号:L073-000-0043。
③ 《浙江省建设事业概览》,浙江省建设厅编印 1940 年版,第 25—26 页。

理若干名。在总库与办事处隶属关系上,明确规定"办事处依据业务之繁简分为三等,均直隶于总库,分理处归办事处管辖,但应事实需要直隶总库"①。1940年元旦,省政府在永康宣布正式成立省合作金库,省合作金库首任理事主席为严兆祖(中国农民银行永康分行经理)。截至1940年底,全省建立县合作金库31所、合作金库筹备处9所。②

① 《浙江省合作金库筹备处》,浙江省档案馆藏,档号:L073-000-0005。
② 浙江省建设厅编:《浙江省五年来建设工作报告》(1942年),《民国浙江史料辑刊》第一辑第7册,国家图书馆出版社2008年版,第494—495页。

第二章　1937—1941 年的浙江财政概述

全面抗战爆发后,浙江经济遭受重大打击,战乱造成省内货币贬值,物价飞涨,货物滞销,特别是浙江省经济最富裕的杭嘉湖地区沦陷后,使得全面抗战前已困难重重的浙江财政更是雪上加霜。因此,财政改革势在必行。黄绍竑第二次主浙后,及时制定了战时的政治经济纲领,如《浙江省战时政治纲领》、两个《浙江省三年施政计划》和《十二项施政原则》等,对战时浙江省财政决定采取三项方针:(1)自给自足,自力更生,不拖中央"后腿";(2)采取量出为入的原则,以适应战时的客观环境;(3)采取公卖、专卖、专运的方针,以筹措战时的费用。由于采取了财政改革及种种措施,使战时浙江的财政得到了一定的改善,度过了浙江历史上最困难的阶段,迎来了抗日战争的胜利。

一、1937—1941 年浙江财政面临的困境

(一)全面抗战前财政亏空严重,债台高筑

前文已提及,全面抗战前的浙江财政就很不健全,不敷数甚巨,困难重重,1937 年 4 月起任浙江省主席的朱家骅曾说:"本省过去财政上的困难和种种关系,虽则每年都有了预算,但事实上往往不能遵守,而且有很多地方,因为过

去都在草创时代,预算常不合乎事实的需要"。使他最感困难的是,"通常年份的收入,不过一千八百万光景,支出方面,仅仅债务一项,就要占到六七百万,即使少说一点,除去六百万,实际可以开支的只有一千二百万了。但是普通行政费(连县和专员署在内)、教育费、司法费、保安费,和省库负担的警察费(内河、外海、省会),单是这几项,已经要超过实际可开支的很多了"。① 根据对全面抗战前 10 年中几个年份的统计,②债务费始终高居浙江财政(预算)支出的第一位,其次分别为公安费、行政费、教育文化费和司法费,后四者的排位在不同的年份略有变化,下面分述之。

1. 债务费

浙江省政府巨额债务费的负担,是从北洋时期逐渐积累下来的。由于此前的"借债度日,这就种下了此后年复一年、愈滚愈大的债务费"③。前已提及,浙江的地方债务始于 1912 年的"维持市面公债",至 1926 年 6 月止,总计北洋时期浙江发行省公债(或类似公债)先后 8 次,发行定额达 19600000 元,实际募销 14603695.5 元。除正式发行的债券外,浙江当局还举借了大量短期借款、临时挪移,为数达 21781258.7 元,用以弥补预算、政费军需。以临时收入,供经常之支出,最终导致预算内之债务费膨胀。南京国民政府成立后,按照 1928 年第一次全国财政会议通过的《划分国家收入地方收入标准案》和《划分国家支出地方支出标准案》两个文件,浙江省从前军阀时代扣留作省用的税款,多归国民政府财政部直接管辖,如烟酒税、卷烟税、印花税、煤油税等。加上 1926 年以后军费开支浩大,省地方借垫款项,为数更属可观。为整理财政计,1928 年经浙江省政府委员会第 82 次会议议决,发行偿还旧欠公债 600

---

① 朱家骅:《从浙江财政说到发展生产建设》,《浙江省建设月刊》1937 年第 10 卷第 10 期。

② 统计的年份为 1930 年(实支数)、1931—1933 年(预算数),详见徐绍真编:《浙江财政概要》,杭州财务人员养成所 1931 年版,第 12 页;财政部财政年鉴编纂处编纂:《财政年鉴》第十三篇,商务印书馆 1935 年版,第 1973 页。

③ 黄绍竑:《本省财政问题》,《浙江朝》1939 年第 81、82 期合刊。

万元,专为偿还各项借款及各县军事借垫各款之用。为开展经济建设,浙江省政府分别发行了公路公债和建设公债。浙江省公路公债于 1928 年 5 月发行,债额 250 万元,专充修筑省道之用;①浙江省建设公债于 1929 年 11 月发行,债额 1000 万元,9 年还清,年利 8 厘。② 是年夏秋之交,浙江省水旱风虫相继肆虐,灾区广泛。为此,省财政厅提请省政府议决,发行赈灾公债 100 万元,以募集专款充作赈济本省灾荒之用。1931 年国民政府实行了裁撤厘金的财政改革,浙江省的财政每年少收数百万元,至是年 7 月止,计积欠各项借款9346104 元,积欠各机关经费 4733786 元,两共 14079890 元,省库支绌万分,困难已达极点,故财政当局提请省政府委员会议决发行民国二十年清理旧欠公债 800 万元,按照票面 98 折实收,利息周年 8 厘。然半年过去,各县募集之款,为数寥寥,尚未足额。③ 为平衡预算,浙江省在 1931 年还发行了短期金库券 600 万元,以 200 万元拨充地方银行股本,其余 400 万元,作弥补预算之用。上述各债发行后,浙江省的社会经济恐慌现象未能缓解,原有债务积欠亦未能全部清偿,只得于 1934 年 10 月呈准发行地方公债 2000 万元,用以发展地方建设事业、清理历年债务。1934 年 12 月,黄绍竑出任浙江省政府主席时,浙江省财政已达山穷水尽之境,省地方负债在 7850 余万元(约等于全部省税收入 5 年半的数目),而各种捐税几已完全指充公债或借款押品,每年省地方收入可以支配充作普通政费的只有 200 万元左右,省库库存只有 80 余元。④ 旧税整理,缓不济急,创办新税,亦少来源,因此决定从统一整理省债入手,一面整顿旧税,催追欠赋。整理办法是将所有公债借款,分别归类,延长偿还期限,减轻利率,还债基金,统一拨付,使省收入得腾出大部分,以供普通政费之用。经多方疏通,征得沪杭金融界巨头同意、并获国民政府财政部的允许后,浙江

---

① 徐绍真编:《浙江财政概要》,杭州财务人员养成所 1931 年版,第 154 页。

② 徐绍真编:《浙江财政概要》,杭州财务人员养成所 1931 年版,第 155 页。

③ 徐绍真编:《浙江财政概要》,杭州财务人员养成所 1931 年版,第 160 页。

④ 张履政:《国民党统治时期浙江省财政厅见闻》,《浙江文史资料选辑》第 4 辑,政协浙江省委员会文史资料研究委员会 1962 年印,第 134 页。

省整理公债于 1936 年 4 月发行,债额 6000 万元,分为甲、乙、丙、丁 4 种债票(后改为一、二、三、四 4 类债票),按照各债原有性质,分别换抵,将偿还期限延长并减低利息。[①] 综计南京国民政府前期浙江地方公债共发行 5350 万元,[②]以举债为解决财政困难的唯一办法,债额日积月累,日形膨胀,还本付息之支出遂成为省财政的重累。因此,继黄绍竑后任浙省主席的朱家骅感叹道:"目前本省财政和各省比较,我们是负债最重的一个省,似乎已经到了山穷水尽的地步了"。[③]

2. 公安费

浙江地方财政支出当中的公安费只包括维持地方治安所需要的费用。1927 年后,浙江设立省防军,并将警政划入民政厅管理,1928 年度预算所列,公安费共支 4086000 余元,1929 年,省防军改编为保安队,在省政府内设保安处,统辖 6 个步兵团,1 个机关枪连,4 个特务连,3 个宪兵连,每年共支银 177 万余元,1930 年保安队扩充为 7 个步兵团,并添编教导团、特务总队、特务大队、通信队及设立兵工讲习所,而杭州市公安局改为省会公安局,据统计年度应支公安经费共为 528 万余元,较之 1929 年度约增加 168 万余元,占是年财政支出的第二位。1931 年,因省库支绌,酌量缩减,计经常费 4517847 元,其中包括浙江省政府保安处经费 461696 元、浙江省政府保安处卫士班经费 2568 元、浙江省政府密探组经费 6312 元、浙江省政府保安处无线电台经费 4278 元、浙江省政府保安处电话组经费 4662 元、浙江省政府保安处军乐队经费 9684 元、浙江省政府保安队 7 个全团总经费 2251788 元、浙江省政府保安处候差员津贴经费 59988 元、浙江省政府内河水上警察局经费 559295 元、浙

---

① 万必轩:《地方公债》,大东书局印行 1948 年版,第 20 页。

② 未包括 1936 年整理公债 6000 万元,因为此项公债是抵换此前所发各债的,如计入,会发生重复计算的问题。

③ 朱家骅:《从浙江财政说到发展生产建设》,《浙江省建设月刊》1937 年第 10 卷第 10 期。

江外海水上警察局经费 473691 元、浙江省会公安局经费 569400 元、浙江省会公安局特别侦探队经费 18000 元、各县公安局经费 91181 元、浙江省邮件检查所经费 5304 元;临时公安经费 739452 元,其中包括浙江省政府保安处所属各组队及保安队各团弹药服装费 557386 元、浙江外海水上警察局子弹费 30300 元、浙江内河水上警察局子弹费 11620 元、浙江外海水上警察局巡船修理费 50000 元、缉盗犒赏费 30000 元、浙江省临时军法会审经费 12888 元、浙江省全省清乡经费 44416 元、浙江省军警联合稽查处经费 2842 元,①经合计,共计 5257299 元,占当年财政预算支出的第二位。与 1931 年相比,1932 年、1933 年的公安费虽然有所减少,分别为 4147661 元和 4731051 元,但仍占该两年预算支出的第二位。

3. 行政费

行政费是浙江省财政的重要支出之一,且随着浙江省政府机构的逐渐庞大,行政费所占的数额也不断地上升。1927 年后,浙江初设政治分会及省政府委员会,计实支政治分会经费 24000 元,省政府暨各厅经费 833891 元。1928 年修正省政府组织法公布,当年预算所列,行政费为 1610428 元,1929 年度行政费增至 293 万余元。根据 1930 年度浙江省预算所列,行政费有浙江省政府委员会暨秘书处经费、浙江省政府设计会经费、浙江省政府法规审查委员会经费、财政审查委员会经费、决算审查委员会经费、土地局经费、民政厅经费、各县政府经费、莫干山管理局经费等 14 款,共计银 3060129 元,较之 1929 年度预算数,约增加 123000 余元。该年行政费实支 3475764 元,占岁出总额的 11.5% 左右,在各项支出中排列第三位。1931 年省库极度匮乏,只得厉行节约,如设计会、财政审查委员会、决算委员会、土地局等机关先后裁撤,其他各机关经费,亦酌量核减,故 1931 年度预算所列,行政费数目为 2102172 元,

---

① 浙江省财政税务志编纂委员会编:《浙江省财政税务志》,中华书局 2002 年版,第 159 页。

较之上年度预算数,减少近 1/3,在各项支出的排位退至第四位。1932 年行政费支出为 1815176 元,在当年总支出的比重下降到第五位以后;1933 年的行政支出费为 2305659 元,比上年有所增加,重回各项支出的第四位。至于各县行政费,1928 年以前分四等支给,每月自 620 元至 1000 元不等。到 1929 年,改组杭县等 14 县,并依面积、人口、租税三项标准,改定为特等、一等、二等、三等四级,每月经费自 1400 元至 4000 元不等,1930 年又略有减少,兹不详述。

值得注意的是,这一时期的浙江财政支出中出现了"党务费"一栏,这是北洋政府时期所没有的。浙江为国民政府所控制的重要省市之一,又为蒋介石的故乡,其党员数目极为庞大。尤其是在国民党三民主义青年团成立后,党团竞争,争相扩大自己的组织,党团员数量激增,党务费在浙江省财政开支中所占的比重越来越大。[①] 浙江省的党务费,在 1927 年系以原有的省议会经费拨充,而为中央支出之一,据统计是年度额共 334622.84 元,从 1928 年度起,省政府以党务经费,业经规定为地方支出,自应列入省预算,但从前省议会经费,约为 18 万元,与现需党务经费相比,所差甚巨。为节约起见,故是年度党务费预算所列,计经常费 18 万元、临时费 6 万元,两共 24 万元。1929 年度,浙江的党务预算经费为 252000 元,1930 年度、1931 年度仍无变动,也以此数列入预算。此外,尚有临时费 45000 元,经临合计,每年为 297000 元。如将"党务费"一项与"行政费"合并计算,则该时期历年浙江行政费的数额与排位都略有变化。如 1930 年,党务费、行政费合计为 3725350 元,约占总支出的 12.33%,在各项支出中的排位没有变化,仍居第三位;1932 年的党务费、行政费合计,预算支出增至 1815176 元,约占该年预算总支出的 7.94%,在各项支出中的排位升至第五位(超越司法费)。

---

① 浙江省财政税务志编纂委员会编:《浙江省财政税务志》,中华书局 2002 年版,第 158 页。

4. 教育文化费

相比其他省份,国民政府时期浙江省对教育文化方面的投资较多,该项支出在浙江省政府财政支出中所占比重也较大。1927 年后,国民政府施行大学区制,浙江全省的教育行政统属于浙江大学,该年度划拨中央教育经费526149 元,实支地方教育费 1488880 元。其后浙江地方教育进一步扩充,如训练各种特殊人才的学校先后设立,故 1929 年度预算所列,中央经常教育费增至 1091102 元,地方教育费增至 2438803 元;1930 年度,浙江法政专门学校停办,但其他学校则续有增设,因此地方教育经费的支出,达到 318 万余元;1931 年度,各种特设之训练学校,经省政府议决一律停止招生,并就可能范围将各机关经费设法紧缩,该年度预算所列教育文化费,计经常费 2362270 元、临时费 593166 元,经临合计共 2955436 元,①约占全部支出的 11.7% 左右,在各项支出中排名第三;1932 年、1933 年预算所列教育文化费为 2335766 元和2719652 元,分别占当年总支出的 9.5% 和 12.05% 左右,排在各项支出的第三位和第三位。

5. 司法费

浙江省的司法费,主要包括法院经费、反省院经费、陆军监狱在押人给养费等。浙江省法院的创设,可以追溯至清朝宣统年间,民国成立后一律改组为提法司,省城设省法院、检事厅,旧府治 11 处各设地方法院检事厅及县法院检事厅。1927 年后各厅庭一律改组法院或分院,司法经费增至 129 万余元,1928 年设立诸暨、嵊县、温岭、东阳、兰溪、义乌、江山、瑞安等 8 个县法院,其预算岁出为 1716000 余元;1929 年又增设海宁、嘉善、长兴、定海等 10 县法院,岁出又有增加,但是年司法费除各县兼理司法经费、各县旧监经费及反省

---

① 徐绍真编:《浙江财政概要》,杭州财务人员养成所 1931 年版,第 127 页。

院经费外,均列入国家预算,所以该年度预算所列省地方司法费共计只有547104 元,至于各级法院经费则为1136844 元。到了1930 年度司法费,全部仍由省地方支给,编入预算,计各级法院经常费为1174380 元,较上年度增支37536 元,其中俸薪工资年增18204 元,办公、杂费及特别费增加19332 元,而各县兼理司法经费则无增减。至于监狱、看守所经费,因以囚犯口粮为大宗,本年度因米价昂贵,故预算数为619524 元,较1929 年约增加10 万元,至该年下半年,因厉行紧缩,重编预算,故实际支出尚未超额。1931 年度浙江司法费预算数经常门列2011790 元,临时门列50766 元,经临合计2062556 元,①约占全部支出的8. 18%左右,在各项支出中排在第五位。1932 年、1933 年预算所列司法费为1884761 元和1812798 元,②分别占当年总支出的7. 66%和8. 03%左右,与上年一样,都排在各项支出的第五位。

6. 财务费

财务费指财务部门管理租税、公债、官产业、预算、会计、出纳及其他所属各部之经费。国民政府时期浙江地方税收多如牛毛,为征收税收所设的机构也极为庞大,由此浙江省政府时期的财务费用也极为可观,其花费在浙江地方财政支出中所占的比重也很大。自1927 年后,财政厅改为省地方机关,兼理浙江国家财政事宜,故其经费划为省支出。在1927 年度内,计实支中央征收经费并解款汇费499600 余元,及地方财务费514100 余元;1930 年度预算列中央财务费1047389 元、地方财务费553075 元;1931 年,浙江省统捐裁撤,中央财务费仅剩验契征收费及少数运汇费,而省地方财务费,则增加营业税征收费一项,该年度预算所列财务费共计1357872 元,较之上年度约增804797 元,在各项支出位列第七。因是年度将原有各县行政经费项下拨补财务局经费划出,而为各县财政局经费,列入本款。又各项征收经费从前只列解省数,今则

---

① 徐绍真编:《浙江财政概要》,杭州财务人员养成所1931 年版,第108 页。
② 财政部财政年鉴编纂处编:《财政年鉴》第十三篇,商务印书馆1935 年版,第1973 页。

统收统支,将各附征扣支各数全部列出,加上新增加的营业税征收费、省政府会计师办公处经费等,故本年度财务增加较多,而原有各财务机关的经费,实际上较前反而减少,详情如下:浙江省财政厅经费 195384 元、各县财政局经费 59520 元、各项征收经费 447237 元、浙江省营业税征收经费 616598 元、运汇解费 45805 元、浙江建设公债基金保管委员会经费 4080 元、浙江省政府聘任会计师办公处经费 15600 元。[①] 1932 年、1933 年度预算所列财务费各计 1216321 元、1027097 元,[②]在各项支出分别居第七位和第六位。

7. 实业费[③]

浙江自 1917 年实业厅成立后,实业费改名为农商经费。1927 年后,浙江是国民政府中央政权所能控制的少数几个省市之一,是南京国民政府的财政支柱。而各种实业又是地方税收的主要来源,因此,浙江省政府和南京国民政府比较重视浙江实业的发展,浙江省政府在实业方面的投资和支出在浙江财政支出中占了不小的比重。为谋经济行政的统一,浙江省特设建设厅总司其事,计 1927 年实支建设费 999000 余元,较之过去,其数约增加 9 倍。自后浙江省建设事业进展较快,如公路、电信、航政、农矿、水利等事业,皆订定计划,尽力推行,因此建设经费日益膨胀,1928 年度预算所列,共计 3002745 元;1929 年度因筹筑杭江铁路,建设经费经临合计达 570 万元,约占岁出总额的 20%;1930 年度,浙江省的建设事业发展更快,特在建设厅外,设立农矿处,该年度实业费预算分列农矿费、工商费、交通费、建设费四类,经临合计,共需 1327 万余元,占岁出总额的 1/3 强。但由于此种经济行政费的增加,未能与浙省地方收入的增加相适应,导致本省财政几乎濒于破产。故时人谓浙江财政,1927 年以前乱于军费,而 1927 年后则窘于建设,诚非虚语。所以到了 1930 年末省

---

① 徐绍真编:《浙江财政概要》,杭州财务人员养成所 1931 年版,第 122 页。
② 财政部财政年鉴编纂处编纂:《财政年鉴》第十三篇,商务印书馆 1935 年版,第 1973 页。
③ 此处为广义的实业费,包括工商农经费、交通费、建设费、地方营业费等项。

政府改组时,当局者目惕浙江建设进行与人民负担能力相差太巨,经省府委员会议决,将本省从前已办未成之各种建设事业,何者应继续办理,何者可暂从缓办,通盘计划,以节耗费,于是农矿处、农林局、农林总场、工商访问处、航政局等,先后裁撤;杭州电厂、改良磁业工厂等,酌归商营,其余各机关,有的合并,有的缩减,浙江的经济行政费才开始逐渐减少,总计 1931 年度预算所列经济行政费为 3673857 元(约占全省支出总额的 11% 弱),经常门列 3071869 元,其中农矿费为 347977 元,工商费为 37608 元,交通费为 163992 元,建设费为 881148 元,地方营业费为 1641144 元。临时门列 601988 元,其中农矿费为 152130 元,工商费为 28844 元,交通费为 413014 元,建设经费为 8000 元。[①]

8. 协助费

协助费为浙江地方政府为补助国家行政、所属地方团体行政及私人事业费用的开支。北洋政府时期,浙江对于各县地方及中央的协助费,按其支出性质,而分列于各项政费之内,如统捐项下二成附捐,用于拨补各县公益经费,再如拨补南京河海工程学校经费等,都属协助费性质。从 1929 年起,浙江省将各项协助经费,在预算内汇列为补助各县市各机关一类,计列 869710 元,1930 年改称协助费,预算所列为 954098 元,[②]1931 年度预算所列协助费 1354105 元,[③]其中经常费为 1339865 元,包括各县党部补助费为 120000 元、补助杭州市政府教育费为 70000 元、拨补各属自治经费 150000 元、国立浙江大学补助费 420000 元、国立浙江大学代办高级工农科中学补助费为 52000 元、各县市公私立学校补助费 95000 元、省立中等以上学校清寒优良学生补助费 32992 元、浙江省私立社会教育机关补助费 5000 元、各县师资训练机关补助费

---

① 徐绍真编:《浙江财政概要》,杭州财务人员养成所1931年版,第131—133页。
② 徐绍真编:《浙江财政概要》,杭州财务人员养成所1931年版,第138页。
③ 财政部财政年鉴编纂处编:《财政年鉴》第十三篇,商务印书馆1935年版,第1973页。据徐绍真编:《浙江财政概要》(杭州财务人员养成所1931年版)第138页所载,浙江省1931年度协助费预算数1379820元,其中经常费为1365580元,临时费为14240元,疑经常费数字有误。

50000 元、热带病研究所补助费为 2400 元、国立浙江大学代办测量系补助费 27480 元、拨助杭州市自来水公债还本付息基金 50000 元、补助杭州市自来水筹备委员会经费 81576 元、江浙农作物改良委员会补助费 18000 元、国民新闻社补助费为 7200 元、浙江医院补助费 3000 元、杭州医院补助费 3000 元、补助各县地方公益费 75217 元,箔类营业税项下拨补各县地方建设教育经费 77000 元;①临时协助费为 14240 元,包括建设委员会办理浙江统计调查补助费 8000 元,国立浙江大学代办测量系临时费为 6240 元。② 经合计为 1354105 元,在各项预算支出中排在第 8 位,约占预算总支出的 5.37%。1932 年、1933 年预算所列协助费各为 809949 元和 376612 元,③在当年预算各支出中均居于第九位,分别约占当年预算总支出的 3.3%和 1.67%。

9. 卫生费

卫生费为浙江省地方举办各种卫生事业而开支的费用,它包括开设和维修医院、卫生所,防治各种流行病、瘟疫,以及为促进人们身心健康而进行的各种各样的咨询和防治活动的开支。④ 国民党治浙后,省地方卫生费,依照 1928 年度预算所列为 15000 元。1929 年度内,设立浙江传染病院、麻风病院、卫生化验所等机关,故卫生费增至 116008 元。1930 年度预算所列卫生费较上年度增加 25545 元,但由于当年下半年重编预算,卫生机关很多被裁并,卫生支出大减。1931 年度预算所列卫生费为 104280 元,⑤即浙江省立医院经费。

---

① 浙江省财政税务志编纂委员会编:《浙江省财政税务志》,中华书局 2002 年版,第 162 页。

② 徐绍真编:《浙江财政概要》,杭州财务人员养成所 1931 年版,第 139 页。

③ 财政部财政年鉴编纂处编:《财政年鉴》第十三篇,商务印书馆 1935 年版,第 1973 页。

④ 浙江省财政税务志编纂委员会编:《浙江省财政税务志》,中华书局 2002 年版,第 161 页。

⑤ 徐绍真编:《浙江财政概要》,杭州财务人员养成所 1931 年版,第 135 页;财政部财政年鉴编纂处编:《财政年鉴》第十三篇,商务印书馆 1935 年版,第 1973 页。

1932 年的卫生预算经费再减为 98172 元,①至 1933 年卫生预算经费列 139800
元,①比上年有所增加。浙江历年卫生经费占财政支出的比重大都在 1% 以
下,在全部支出中的地位可谓微不足道。

10. 抚恤费

　　抚恤费原称救恤费,是浙江地方政府在自然灾害、战争发生以及瘟疫流行
而造成人们生活困窘的情形下,为了稳定地方秩序、救济民众而付出的费用。
抚恤费同时包括省库发给文武官吏、兵警等之各项抚恤金。② 国民政府前期
由于多次发生瘟疫、自然灾害和战争,造成人们流离失所、生活困难,浙江省政
府为安抚人民、稳定地方秩序多次发放抚恤费。③ 1928 年度依预算所列抚恤
费(救恤费)为 80713 元;1929 年度内,浙江省将杭州育婴堂合并其他慈善机
关,改组为省区救济院,救恤费因此增至 267590 元;1930 年度预算所列抚恤
费(救恤费)较上年度增加 48315 元,但由于该年下半年重编预算,救恤机关
多被裁并,支出大减;1931 年度预算所列抚恤费为 351430 元,其中经常费
321430 元,④包括浙江省区救济院经费 133748 元、浙江省区救济院附属机关
经费 49458 元、浙江省立贫儿院经费 33696 元、浙江省城三仓经费 27528 元、
浙江省赈务会经费 12000 元、浙江省各教育机关人员恤金养老金 5000 元、浙
江省军警官吏恤金 60000 元。临时费为 30000 元,即浙江省城三仓补谷经费,
经常费与临时合计为 351430 元,约占当年财政预算总支出的 1.4%。1932 年
的抚恤费与上年基本持平,为 345843 元。但 1933 年的抚恤费预算减至

---

　　①　财政部财政年鉴编纂处编:《财政年鉴》第十三篇,商务印书馆 1935 年版,第 1973 页。
　　②　施养成:《中国省行政制度》,商务印书馆 1947 年版,第 318 页。
　　③　浙江省财政税务志编纂委员会编:《浙江省财政税务志》,中华书局 2002 年版,第
162 页。
　　④　徐绍真编:《浙江财政概要》,杭州财务人员养成所 1931 年版,第 135 页。《浙江省财政
税务志》(中华书局 2002 年版)第 162 页记为"1931 年浙江经常抚恤费(救恤费)为 312430 元",
疑有误。

100200 元,①较前两年减少了 2/3,在当年预算支出的比重也降至 0.44%。

此外,这一时期的浙江财政支出在有的年份还设有预备金,主要是为了应对突发事件的发生。但事实上,在国民政府时期,浙江省地方政府财政在很多年份总是入不敷出,因此设有预备金的年份较少。1931 年、1932 年和 1933 年预算所列总预备费分别为 84006 元、745152 元和 400000 元,②在各年预算支出的比重从 0.33% 至 3.03% 不等。总之,国民政府前期的浙江财政支出,年复一年,渐形膨胀,遂致酿成库帑蹶竭之现象。而收入方面,因国地收支的明令划分,向为浙江恃为大宗财源的厘金改归中央税,并于 1931 年裁撤,而新创的营业税又一时无法抵补裁撤厘金的损失,故度支之困难更甚。加以灾变频繁,民生重困,山穷水尽,开源无计,应付乏术,以举债为解决财政困难的唯一办法。虽然省政府根据量入为出的原则,曾减政裁冗,然积重难返,政府原有的计划,未能彻底实行,省财政仍处万分困难中,凭借 1932 年和 1936 年的两次省公债整理,才勉强渡过难关。

(二)1937—1941 年浙江财政的特殊困难

1937 年 12 月,杭州及素称富庶的浙西 17 县大部分沦陷,浙江仅存半壁河山,且多属比较贫瘠之区,财政上受到极大的损失。就田赋一项来说,全面抗战前浙江全省每年田赋正税及附加并计应征 1200 余万元,被日军占据的浙西各市应征额为 600 万元,减少了一半左右。其他收入也减少了很多,如营业税,因杭州等大城市的沦陷,商店倒闭,日趋减少。而支出方面,因军费的剧增,导致整个开支庞大。浙江省 1939 年度支出预算总额是 4200 万元,其中军费一项,经合计为 1400 余万元,占全部支出的 1/3 强。本来在 1928 年公布施

---

① 财政部财政年鉴编纂处编:《财政年鉴》第十三篇,商务印书馆 1935 年版,第 1973 页。

② 财政部财政年鉴编纂处编:《财政年鉴》第十三篇,商务印书馆 1935 年版,第 1973 页。另据徐绍真编《浙江财政概要》(杭州财务人员养成所 1931 年版)第 140 页所载,浙江 1931 年度预备费为 61702 元,疑有误。

行的《划分国家支出地方支出标准案》中,军费是属于国家财政支出的,但在全面抗战这个非常时期,除了需要国军(中央军)上前线作战外,还要有大量的地方部队。平时地方的治安由国军来维持,但战时只能由地方部队来维持。加上浙江有 1000 多里的海防、江防及数百里的陆防线,处处有被日军侵犯的可能。这么长的防线,如果完全靠中央军来布防,是不可能的。因此,为巩固国防,地方部队必须担负起协防的重任,直接参加战斗,担负作战的任务。因为有维持治安和协同中央军参加战斗两大任务,浙江的地方部队逐渐扩大,部队的经费自然随之增加。而有了地方部队后,必须有许多军事的补充与准备,如工事的破坏与构筑,都需要经费,这类经费又是很大的。除了军费外,这一时期浙江财政支出的另一大开支是协助费。这一项经费,约占浙江全面抗战前 10 年总支出的 2% 和 3% 左右,最高的 1931 年列协助费 1354105 元,仅占总支出的 5% 左右,而 1939 年所列拨补费,计 700 余万元,占总支出的 17% 弱,增加了三四倍。这一项经费增加这么多,也是为了适应全面抗战的需要。全面抗战前一段时期,国民政府对县的建设不太重视,可谓是有政无财,地方收支权完全凭省政府的意志,并无规定一定的范围,故充分显示出混乱的状态。以致县的下层,非常空虚,一切工作不容易推动,一切事业也很难建设。而全面抗战开始后,所有的动员工作、建设事业,都要从县一级入手,原有县的经费,是绝对不敷的,因此,需要大量增加。全面抗战时期浙江省第三项重要支出是债务费,1939 年预算计列 900 余万元,因为全面抗战前浙江的财政可以说是借债度日,这就种下了此后年复一年、愈滚愈大的债务费,而且为了今后在必要时的举债,就不能不顾全债信。第四项是省府各机关的政费及其他支出,1939 年预算列 1100 余万元,[①]四项支出合计约 4200 万元。其中军费与县拨

---

① 黄绍竑:《本省财政问题》,《浙江朝》1939 年第 81、82 期合刊。1939 年浙江省预算总额 4200 万元为浙江初拟数,后经财政部审核后的数字为 3947.45 万元,军费(公安费)相应的减为 1019.35 万元,其余科目也各有增减,详见财政部财政年鉴编纂处编:《财政年鉴续编》第十三篇,财政部财政年鉴编纂处发行 1945 年版,第 22—23 页。

补费约占全部经费的 1/2 强,以致总支出膨胀、入不敷出。这是在战争的非常时期,浙江省财政的一大特点。

二、实施战时的财政政策与方针

(一)战时的财政经济建设纲领和指导思想

黄绍竑在 1937 年 11 月杭州沦陷前夕被任命为浙江省政府主席兼第三战区副司令长官后,吸取了全面抗战前第一次主浙时被国民党 CC 分子和地方势力排挤的教训,认为只有采取适当的政策以争取民心,才能打开局面,立稳根基。同时,黄绍竑十分重视战时的浙江财政经济建设,认为经济是抗战能否坚持下去的关键,如没有经济上的建设和支持,那么抗战就成了无源之水。为此,他在第二次主浙后,颁布了一系列的政治经济纲领,如《浙江省战时政治纲领》、两个《浙江省三年施政计划》等,在这些纲领和计划中,涉及诸多关于财政经济的内容。

为安定民心,动员浙江民众抗战,1938 年 1 月,国民党浙江省党政联席会议通过黄绍竑的提议,决定起草《浙江省战时政治纲领》,作为浙江战时施政方案。《浙江省战时政治纲领》在起草过程中,广泛听取进步人士和中共党员的意见,并由中共党员张锡昌执笔成文,再由浙江省国民抗敌自卫团总部秘书严北溟按照黄绍竑的旨意整理定稿。[①] 2 月 9 日,黄绍竑在省政府会议上力排 CC 派的非难通过了《浙江省战时政治纲领》,并于两天后发往各厅、处、专区、县,命令各地切实遵照办理。《纲领》全文十条,其中涉及财政经济的是第三至第五条:"(三)对战时人民之负担,以有钱出钱务求公平为原则,严禁一切借名苛派。设法减轻地租,改善平民生活,减免战区田赋,另筹措战时费用,并

---

① 张根福等:《抗战时期浙江省社会变迁研究》,上海人民出版社 2009 年版,第 64 页。

减行政经费至最低限度。(四)调整物产,保证战时生产品自给,活跃社会金融,逐步推行公营及管理贸易。振兴民间手工业,以救济失业,增加生产,禁绝日货,取缔奸商投机操纵。(五)健全交通组织,实行水陆联运,并负责军运民运,严禁拉夫、扣车、扣船等情事。"①《浙江省战时政治纲领》颁布之后,"社会耳目,为之一新,而政府的一切设施,也依据这个纲领,逐步展开"。②

鉴于全面抗战以来国内地方政治表现的一般缺点(即临时应付者多,而有整个计划者少,以致工作效率低下),黄绍竑于 1939 年 11 月召开全省专员县长会议时,提出"制定浙江省三年施政计划"。这个计划的内容,包含转移社会风气之精神部分与政治、经济、军事、教育、文化等之实际设施部分两大体系,共十二条。第一条为总目标:"以建设浙东、收复浙西,完成抗战建国之各项基本工作,实现三民主义之新浙江。"与财政经济有关的两条:第六条"经济建设,以发展国民经济,实现民生主义为依归,首先完成本省自给自足之目的,以准备长期抗战之需要,一面积极采用政府管理统制办法,完成国家之资本之创造,以谋节制资本平均地权之实现";第九条"财政建设,首将省县财政之基础,清理公款公产,以增加地方收入,举办公营公卖事业,以裕库收,发展地方经济,以培养税源"。③ 其中第六条,以"民生主义为依归",体现了浙江省政府高度重视战时的民生问题,在这个原则的指导下,对粮食生产、供给、分配和特产的收购及民用工业生产等事关民生的经济问题都作了规定。

战时浙江的第一个三年施政计划结束后,黄绍竑还拟订了第二个三年计划,继续第一个三年计划有关精神与政治建设各部分未完成之任务,确定了十一项中心工作,与财政经济相关的有四项:"(二)整理地方税捐款产,以充实自治财政""(五)垦殖荒地,推广良种良法,力求粮食之自足自给""(六)增加生产,节约消费,掌握物资,合理分配,以达到物价管制之实效""(七)强化

---

① 黄绍竑:《黄绍竑回忆录》,广西人民出版社 1991 年版,第 412 页。
② 黄绍竑:《黄绍竑回忆录》,广西人民出版社 1991 年版,第 413 页。
③ 黄绍竑:《黄绍竑回忆录》,广西人民出版社 1991 年版,第 438—439 页。

运输组织,增加交通工具,以增进运输之力量",①体现了省政府当时对以粮食为代表的物资管理的高度重视。

(二)具体的战时财政方针

为了克服全面抗战时期严重的财政困难,根据上述战时政治经济纲领,黄绍竑第二次主浙后,对浙江省财政制定了三项方针:(1)自给自足,自力更生,不拖中央"后腿";(2)采取量出为入的原则,以适应战时的客观环境;(3)采取公卖、专卖、专运的方针,以筹措战时的费用,下面分述之。

1. 自给自足的方针

全面抗战时期整个国家财政是非常困难的,所以各省战时财政必须各谋自给自足,而浙江省的情形更是特殊,它处在中日战线的东南侧,浙江与中央的交通随时有被敌人截断的危险,从军事上说它必须准备单独作战的能力,因此财政上的负担更重。所以,浙江的财政尤其需要逐渐走上自给自足的道路,开辟大量而且简便的财政来源,以增强浙江的抗战力量。

2. 量出为入的方针(即根据财政支出的需要来筹措财政收入)

中国财政史上历来有"量入为出"和"量出为入"两种原则,究竟孰优孰劣,要根据具体情况来选择。在中国封建社会的很长一段时期,由于政治未充分发达时,采用"量入为出"的原则比较多。到了近代,由于国家职能的扩大,公共福利需要增加,已经逐渐转到后一原则。在抗战时期,国民政府一切都以"军事第一,胜利第一"为原则,只要是对于争取抗战胜利有益的事业就要筹办。对此,黄绍竑解释说:"因为抗战要力量,要力量就要有事业,要做多少事,就要多少钱,办了事,才能有力量。所以本省是要以量出为入的标准,力求

---

① 黄绍竑:《黄绍竑回忆录》,广西人民出版社 1991 年版,第 441 页。

事业之发展"。① 当然,采用"量出为入"方针会导致省财政概算的庞大,加重人民负担。但在当时全省半壁河山沦陷、税源地域缩小的情况下,这是不得已而为之的办法。

3. 采取公卖、专卖、专运等经济统制的方针

近代以来的战争,不但是交战双方军力的对比,而且是整个国家政治、经济、人力、物力的总比拼。为了争取抗战的胜利,浙江和其他国统区一样,实行了战时经济统制政策,把平时经济的各个方面转入战时轨道,建立以军事为中心的国防经济体系;努力发展生产,满足军事需要;采取行政干预和经济手段,在高度集中统一的条件下,对金融、外汇、物资、贸易、物价等实行统制。战时经济统制,是在战争情况下,国家政权按照战争的需要,利用国家行政的、法律的力量,采取强制的手段,直接干预或管制国民经济的各个主要部门以及社会生产、分配、流通、消费的各个主要环节。这种体制从总的来看,对于坚持抗日战争、促进浙江后方经济的发展起到了一定作用。

三、1937—1941 年浙江的财政改革举措

全面抗战爆发后,浙江省财政厅厅长一职最初由程远帆担任。程远帆系留美学生,1927 年邵元冲任杭州市市长时,曾一度任市财政局局长,与蒋介石本无联系。1935 年浙江财政厅厅长徐青甫辞职,黄郛向蒋介石推荐程远帆,因此得任厅长,时为黄绍竑第一次主浙。程接任后,因整理浙江省公债成功,蒋介石对他亦具好感,所以 1937 年底,浙江省政府改组时,程远帆乃得连任财政厅厅长。全面抗战爆发后,浙江省政府机关初迁金华,再迁永康方岩。由于程远帆一向习惯优裕的生活,对颠沛流离的山乡生活,极感不便,时生疾病,于 1938 年

---

① 《黄季宽先生抗战言论集》,江南出版合作社 1940 年版,第 111 页。

8月辞职。① 程远帆离职后,省财政厅厅长一职由黄祖培继任,因此时浙江已入战时状态,蒋介石对这个职位已无力控制。黄祖培系当时省主席黄绍竑所推荐,为日本庆应大学经济科毕业,廖仲恺先生任广东省财政厅厅长时,曾任捐税科长,后在国民党内政部工作时与黄绍竑发生联系,成为黄绍竑的心腹人员。黄绍竑第一次主浙时,黄祖培任浙江印花烟酒税局副局长,吃俸不管事,常在上海,所以没有实际参加省政府工作。黄绍竑第二次主浙后,黄祖培得由浙江印花烟酒税局局长改任财政厅厅长,他在黄绍竑的全力支持下,依照上述经济纲领和财政方针,对浙江省的财税制度进行改革,以适应全面抗战时期的需要。

(一)调整税收机构

1. 普遍设置税务机关

税收机关的统一与简洁高效,不但便于征收,且易于稽核。为此,1938 年 6 月,浙江省政府决定分区设立税务处,直属财政厅,各县设税务分处,直属各该区税务处,其职责是查验特产品的运销,监督全区征税并兼办所在区县营业征税事务。为严密稽查、整顿税务及协助征稽国税,各区还设立了查缉办事处,办理各区查缉事务。各区税务处设监督 1 人,由行政督察专员兼任,处长、副处长各一人,由省政府任命,共同监督全区征税,兼办所在地县份营业征收事务,各县税务分处的分处长由县长兼任,省政府委任稽征主任 1 人,商同分处长督征全县税收,办理营业税征收事务(税务处所在地县份,分处长仍由县长兼任,稽征主任由税务的征收科长兼任),各税务处设总务、稽查、征收三科,总务科长由处长遴选请委,其余由财政厅遴选请委,各县税务分处人员大部分是县政府原有人员,可依赋税的性质分股办理征收事务。②

---

① 张履政:《国民党统治时期浙江省财政厅见闻》,《浙江文史资料选辑》第 4 辑,政协浙江省委员会文史资料研究委员会 1962 年印,第 135 页。
② 沈松林:《浙江之战时财政》,《浙江潮》1939 年第 70 期。

1940 年,浙江税务机关再次调整,各县设立县税务局,统一经征经收省赋税。1940 年瑞安、天台、丽水等 20 县设置了县税务局;1941 年桐庐、诸暨、嵊县等 10 县也设立了税务局。这些县的一切省县赋税,统由税务局统一经征。当时还有一些县份尚未设立税务局,则设立营业税征收局或征收所,以前所设区税务处和县税务处一律被撤销,如 1941 年永嘉、临海、金华、绍兴、鄞县 5 县设营业税征收局;淳安、寿昌、遂安等 28 县设立营业税征收所,这些县的田赋、契税以及地方捐税仍由县政府征收。

2. 设立查缉系统

为了严密稽查、整顿税收及协助查缉国税,浙江省政府分区设立查缉办事处,每处设有主任、股长、办事员、稽查员。由若干稽查员分成若干小组,分别办理各区稽查事务,所有查获案件交由各主管征收机构执行。稽查办法开始仅试用于办理卷烟公卖,后来扩大范围,成立了一切税收的查缉组织,逐渐形成一个独立的查缉系统。为提高稽查人员的工作效能,省政府还将所有稽查员分期抽调训练,使他们对于法令的解释、查缉方法和生活规律有统一标准与规定。在 1938 年 11 月间,全省稽查员全部训练完毕。[1]

3. 克服税收工作中的积弊

克服税收工作中的积弊,主要是清查过去账目,清除田赋征收上缺失、亏款的积弊。财政厅组织清算团,"到各县盘查册串,追查清蚀,同时对各县交代也组织清算委员会负责督促清算的责任",[2]规定一切税收应入缴金库,要求各县地方及杂项收入必须一律缴存金库,否则将县长及经收人员以侵占论罪处罚。此外,动员青年干部从事税收工作,遴选高中以上的知识青年办理税

---

① 熊彤:《全面抗战时期浙江的税收改革及成效分析》,《近代中国》2019 年第 2 期。

② 沈松林:《浙江战时经济史料》,《浙江经济》1946 年第 1 卷第 2 期,转引自熊彤:《全面抗战时期浙江的税收改革及成效分析》,《近代中国》2019 年第 2 期。

务。最初，一般青年热忱于服务，尤其是新兴的税务事业。不让熟悉征收内幕的"内行"多接触参与其间，任用新人是为减少作弊的概率。在浙江办理卷烟公卖食盐运销时期，曾经从训练机关吸收了不少青年充当干部，征税与查缉也公开征用很多纯洁的青年。为此，省政府还提出了两个口号："纳税是人民抗战中重大的贡献！""多一分收入，即多一分力量！"。①

（二）开辟新税源

为全面抗战时期财政开源，从 1937 年到 1941 年间浙江省政府主要创办了三项新事业：卷烟管理、火柴公卖和食盐运销。

1. 卷烟管理

1937 年底，杭嘉湖地区沦陷后，为解决全面抗战时期的财政困难，浙江省政府主席黄绍竑提出"用公卖制度，建立财政的新基础"②。可见，黄绍竑对公卖制度寄予很大的希望，而且也给予了相当的重视。至 1938 年，省政府委员会决议在浙江试办卷烟公卖（初议时称专卖，后遵照财政部意见，改为公卖），先后制定通过《浙江省卷烟贩卖商登记规则》《浙江省卷烟公卖处组织章程》《浙江省卷烟公卖简章》《浙江省卷烟公卖实施细则》等文件。卷烟公卖的主要内容是：对已完统税，运销浙江省的卷烟，按照商人向烟厂进货实价，除去统税数目，征收 50% 的公卖费，所收公卖费按月以总数 1/3 缴国库，2/3 留省库。③ 同年 4 月，成立浙江省卷烟公卖处，由黄祖培任处长，相关的办事人员，则从设在丽水碧湖的浙江省战时工作人员训练团中遴选。接着宁波、绍兴、海门、金华、衢州、建德、丽水、温州各区相继设立公卖分处，指定宁波、海门、温州海关办理烟草进出口事务。公卖处的主要职责是：制定卷烟公卖价格、征收公

---

① 黄绍竑：《黄绍竑回忆录》，广西人民出版社 1991 年版，第 453 页。
② 浙江省烟草志编纂委员会编：《浙江省烟草志》，浙江人民出版社 1995 年版，第 463 页。
③ 浙江省烟草志编纂委员会编：《浙江省烟草志》，浙江人民出版社 1995 年版，第 464 页。

卖费;会同税务机关查验、监督烟商照章缴纳税费、贴足印花(卷烟公卖证);审核发放卷烟贩卖商登记证,检查处理违反公卖案件等。为加强协助卷烟公卖稽查管理,又在各分区设立稽查办事处,设稽查员若干,办理查稽事务。

烟商除了要缴纳一定的费用之外,在卷烟的运输贩卖过程中,还需要具备登记证、通过证、分运单、卷烟公卖证等,配合政府的检查和管理。登记证是指浙江省卷烟公卖处和各地公卖机关,对实行卷烟公卖前的卷烟库存进行登记后,烟商缴纳登记费后,由公卖机关贴上登记证,未贴登记证的不准销售。通过证主要是针对那些经由浙江省境运销他省的卷烟,必须由省政府指定的地点进口,并由运销商填具报单,报请当地卷烟公卖机关审核后,发给通过证方准通过。申领通过证,先缴纳保证金,出境后领回。分运单是指省外运销浙江的卷烟和省产卷烟,运到指定销售点后,拟改运或分运他处销售,须持已缴纳公卖费的收据,报请当地公卖机关审核,领取分运单。另外还规定:沿途及到达分运或改运的销售地点时,须持分运单请当地公卖机关查验。如未达指销地点,在中途销售或再次改运、分运,应提前按规定向中途的公卖机关重新换领分运单。① 公卖的卷烟运往他处销售或经过本省,凭"分运单"或"通过证"运行,运达分运单指定地点,或经过境点,由烟商主动申请查验,如不依照规定,无单证运输,擅自改运,不报请查验,一经查获,处以10元以上、100元以下的罚金。

卷烟公卖证,又称"浙江公卖封缄证",由浙江省卷烟公卖处统一印刷,经省审计处加盖戳记,发给各地公卖机关贴用。烟商缴纳公卖费后,持缴纳收据连同烟件递交公卖机关请帖。公卖机关会同当地税务机关查验相符后,撕去箱面已贴的统税印花,持箱后在卷烟最小包装(包、盒、罐)上贴公卖证,贴毕再装回原箱,贴上封条,盖上戳记,准许在省内贩销。也就是说没有贴公卖证的卷烟是不能在市场上进行销售的。

---

① 浙江省烟草志编纂委员会编:《浙江省烟草志》,浙江人民出版社1995年版,第489页。

除了卷烟公卖处对卷烟进行管理之外,浙江省政府还专门设立了缉私办事处,负责办理查缉私运销售卷烟事务。对卷烟实行公卖,在很大程度上提高了政府的财政收入,根据统计,浙江实行卷烟公卖半年时间内,共收登记费1198781.6元,公卖费983010.05元;①从1938年10月到1939年2月底,共收管理费达200余万元,平均每月收入40万元,这在增加财政收入、稳定卷烟市场等方面都发挥了很大的作用。

但浙江的卷烟公卖制度与帝国主义的英美烟草公司利益冲突,遭到他们的竭力反对,不断向国民政府施加压力,财政部忧于卷烟公卖制度会对中央政府的卷烟统税可能造成影响,以"引起外交纠纷"为借口,电令浙江省政府,谓"浙江省卷烟公卖试办以来,迭经引起外交纠纷,请即停办"。② 当时的财政厅厅长黄祖培认为,卷烟公卖费取之于中国吸户,与英美公司无关,且事关抗战需要,中国吸户乐于输将,不肯撤销,遂改名卷烟管理费,继续征收。为此,浙江省于1938年10月颁布《浙江省战时管理卷烟进口运输贩卖办法》。虽然停止了对卷烟的公卖,但省政府对卷烟管理仍相当重视,通过各种手段,对卷烟进行有效管辖。省政府主席黄绍竑则在公开场合给予全力支持,如在1939年9月的国耻纪念会报告中,他指出,"管理卷烟运销,是本省在抗战中开办的新事业",必须继续下去。

由于停止了卷烟公卖,对于之前的卷烟,政府需要进行重新登记。1938年12月,浙江省战时卷烟管理处公布《卷烟商贩登记规则》,对浙江省境内的卷烟商贩,重新进行登记,领取战时卷烟管理处发的登记证,方准开业。登记证内包括商店名称、店主姓名、所在地、资本额等。发给的登记证要挂在店门口易见处。登记事项变更,要领取变更登记证。歇业要填具歇业登记书,连同原发的登记证,报省卷烟管理处注销。

全面抗战爆发后,中国沿海各省的重要港口相继沦陷,浙东的宁波、温州

---

①　楼子芳:《浙江抗日战争史》,杭州大学出版社1995年版,第126页。
②　浙江省烟草志编纂委员会编:《浙江省烟草志》,浙江人民出版社1995年版,第464页。

成为通往内地各省的交通要道,江西、安徽、湖南等省卷烟大多从宁波、温州两处转运,卷烟成为浙江境内的大宗运输货品,根据《浙江省战时管理卷烟进口运输贩卖办法》,省政府对卷烟进口实行严格的管理,"不论运销浙江境内或过境均征收管理费。运往浙江的卷烟,无论过境或运销,都必须从当时省政府指定的宁波、海门、温州 3 处进口",并且须在上月 20 日前,先报经当地管理机关核准,发给进口许可证始得进口。对不依照规定进口,无证(照)运输,不按地点、路线、时间进出口,以及出境时不申报查验等违章行为,处以 10 元以上、100 元以下的罚金。[①]

　　根据抗战形势的发展,为维护本地区卷烟行业的发展和厉行战时的节约消费,浙江从 1939 年 12 月起对于进口烟类征收更高的税收,根据《申报》记载:"浙省政府为谋节约战时物资,充裕省库收入,并为寓禁于征起见,业已订颁浙江省非常时期卷烟进口特种税收征收标准,已于十二月一日起按照卷烟登记,每箱加征特种税自二百四十元至六百八十元止,又为切实限制消耗起见,将于明年一月起,每县设卷烟公卖商店一所,统筹进货数量,批于各烟贩商号,依照实际需要,订定每月比额,分期减低进口数量,该计划即将提交省政府会议通过施行"。[②] 至 1940 年 10 月,遵照国民政府财政部禁止出口物品办法的规定,浙江省停止销售外国雪茄烟、纸烟、烟丝、沪港产的大部分纸烟以及外国烟具。

2. 火柴公卖

　　由于卷烟公卖增加了政府的不少收入,因此省政府决定以公卖制度建立财政收入的新来源,在 1939 年又增加了火柴公卖。全面抗战前浙江的火柴工业有正大、便民、光明、燧昌、光华 5 厂,分设于宁波、绍兴、永康、丽水、兰溪各县,产量较大,受外货影响很小。火柴虽属日用必需品,但价格不高,实行公卖

---

①　浙江省烟草志编纂委员会编:《浙江省烟草志》,浙江人民出版社 1995 年版,第 513 页。
②　《浙省政府开征卷烟特种税》,《申报》1939 年 12 月 7 日。

对一般民众的影响较小。但因火柴销量极为广泛,公卖收入可观,浙江省政府决定实行火柴公卖,以增加省库收入。为节约成本,火柴公卖的具体实施,交由卷烟管理处办理,并规定设有火柴厂之县市,对于本销火柴,其批发业务由各地之卷烟分处经理;其余各县市则订约委托浙江地方银行支行办事处金库独家经理,每笔给予手续费3角。外销火柴则均不再假商人之手,而由各地卷烟分处直接批售,派员分驻火柴厂及储藏库,办理相关制造之监督、成本之调查、产品之检查及出厂等各事项。至零售火柴,仍准商人经营,但为平抑市价起见,分处及地方银行得在所在地设立火柴零售处,就批发价与零售价的差额提取30%作为办公经费,不再另支公款,以节约省库开支。

火柴公卖实施的具体办法是:在公卖实施前所售存或于实施后10内后新进口的火柴,每包缴登记费5分,准予登记贴证,由商人自行销售。此后无论在省内制造或省外进口者,一律由公卖机关照章收买,不得私自行销。公卖机关收买省内生产火柴之价格,按其制造成本另给1分5厘之利益,外省输入火柴之价格,则比照本省产火柴价格估定之。既经收买之火柴,则就其包装容器上分别本销或外销之性质,加贴封缄,以资识别。火柴贩卖商批购本销或外销之火柴,经申请公卖分处核准批购后,填发货款缴纳通知书,交由批购人持赴地方银行缴纳货款,将缴款收据向原公卖分处换取提单,再到指定厂库提取火柴。厂商于凭单兑出火柴后,得随时(但一般都为月底结账)向总处兑取成本及应得利润。地方银行向公卖分处批购火柴手续亦照上述规定办理。设有火柴厂县市之分处才能直接批售于本销或外销之贩卖商,其余分处则只能批售给地方银行以为本销之用,不得批售与贩卖商,贩卖所需要之火柴,则转由地方批购之。火柴无论本销或外销,均应照总处规定批发价目,但批售给地方银行本销之火柴则减去佣金及运费。至于零售火柴,亦有规定价格,由公卖机关按月公布,不得随意抬高价格。

总结全面抗战时期浙江火柴公卖的特点,主要有二:一是公卖所需相关经费由火柴贩卖商先行缴纳,政府无须资本即可以实施公卖;二是由政府规定零售办法,并由地方银行及各分处设店零售,以平抑市价。基于以上两项特点,该政策实施后推行较为顺利,因浙省原有 5 家火柴厂之生产能力充足,无须仰给外产,而受外商牵制。但与卷烟公卖一样,浙江的火柴公卖损害了外商的利益,故有美国大使以"浙江省违反条约侵害美商远东公司权益"为由,向国民政府外交部施加压力,由部向省府查询。浙江省政府则以"此项办法调节战时产额,增加省库收入,并无妨碍外商利益,因美商远东公司之火柴如欲远销本省,亦可照章办理,绝无拘束"答复,美方亦无可奈何,只能表示谅解。

火柴公卖政策实施后,公卖所收之收入,仅 1939 年就达 300 余万元。可见火柴公卖既增加了政府财政收入,同时也调节了火柴的产与销。

3. 食盐运销

浙江省食盐资源丰富,产量居全国之冠,沿海各县如余姚、黄岩、乐清、永嘉、瑞安、平阳等地有很多盐场。抗日战争全面爆发后,因两淮沦陷,赣、皖、湘等省食盐均需浙江供给。浙江的食盐运销一度采取官运为主、商运为辅的政策。但实际上由于军运急需,所有火车、轮船等运输工具都为军事机关所控制,专商运盐困难,浙江盐场的盐无法销售出去,盐民大批失业,无法生活,内地民众则因无盐而遭受淡食的痛苦,当然也直接减少了盐务机关的税收。

为了抢运、销售沿海存盐,救济盐民,战时浙江省政府当即采取推行食盐运销新政策。黄绍竑亲自出面与两浙盐务局局长周三农商量,由浙江省与盐务局合资设立战时食盐运销处,专管食盐运销工作。经两浙盐务局的同意,1938 年 2 月,食盐运销处正式成立,由浙江省政府委员许蟠云任处长,并由省政府与盐务局合资 500 万元(双方各一半),将各盐场所产的食盐尽量收购,负责运销。此后,食盐的产销很快旺盛起来,食盐税收增加了不少,双方投资也很快收回。从 2 月至 6 月,共收运浙江食盐 896157 市担,盈余 10 万余元;7 月开始,食盐运销处改为食盐收运处,继续办理食盐运销,至 12 月,共收运 2811047 市担。从 10 月起,又实行了食盐外销加价,由每担 7 角 5 分增加到 1

元,到 1939 年 1 月底,实收加价费 94 万元,总计所有盈余与外销加价共得 244 万余元,这是当时一笔特殊的财政收入。食盐运销业务的不断发展,不但解决了浙江盐民的生计问题,而且还救济了江西、湖南一部分地区的盐荒。而盐的销量及税收的增加,都打破了以前的纪录。后来财政部插手食盐收运处,由部派两浙盐务局局长当处长。到 1940 年下半年,盐务总局要求结束合伙,收回自办,双方各分得 2000 万元以及许多财产和设备。

1940 年底,浙江战时食盐收运处划归两浙盐务管理局接办,同时根据盐务总局的命令,从 1941 年底起,实行食盐专卖政策。在盐的生产上"以民制官收为原则,尽产尽收俾无走私之弊",在盐运方面"以官运为原则,但为增产运量、接济民销起见,在有特别情形之各区,暂仍以商运补官运之不足,一面逐渐增加官运,减少商运,以期成为完全官运"。在盐销方面"以官销为原则,但改行之初,暂由官商并销,俾使逐渐顺利推行"。①

总体而言,1937 年至 1941 年浙江省政府开辟的三项新税源:卷烟管理、火柴公卖和食盐运销,效果明显,创办 1 年多收入已达 1000 余万元,②占全部岁入的 1/5 强,超过了任何一项的税收。

(三)整顿旧税收

1. 调整营业税税率

国民政府时期的营业税在各省、市地方财政收入中一般仅次于田赋而处于重要地位。抗战全面爆发后,各省、市为增筹财政收入,对重点税源的营业税采取调整税率、增课输入奢侈品营业税与严密稽征管理等措施,以适应战时财政需要。浙江在 1938 年 4 月和 1939 年 9 月两次调整战时营业税分类税

---

① 南开大学经济研究所经济史研究室编:《中国近代盐务史资料选辑》(第 4 卷),南开大学出版社 1985 年版,第 38 页。

② 黄绍竑:《本省财政问题》,《浙江潮》1939 年第 81、82 期合刊。

率。1939 年 9 月税率调整的方法是:一是以营业总收入额为标准课税的 81
种营业(其中属于物品贩卖的有 68 种),维持原税法规定最高限度 10‰的有
27 业;将原征 5‰的 41 业中的 37 业提高为 8‰,水果、南北货、油漆、海味等 4
业提高为 10‰;将原征 8‰的 13 业提高为 10‰。二是以营业资本额为课税标
准的 52 种营业(其中属于物品制造的有 47 种),原税率已达最高限度 20‰的
2 业(西式及红木家具业与化妆品业)维持不变;原征 5‰的 32 种营业中,29
种营业提高为 8‰,3 种营业提高为 10‰;6 种营业由原征 8‰提高为 10‰;原
征 10‰的 9 种营业中,8 种营业提高为 15‰,1 种营业(信托业)提高为 20‰;
另有原征 15‰的 3 种营业提高为 20‰。三是地区特有的箔类营业税税率,由
原依营业收入额为标准课征 25‰提高为 35‰。①

2. 提高屠宰税税率

浙江省在北洋政府时期开办屠宰税后,各县均未认真办理,成效较差。
1931 年国民政府将屠宰税改征营业税后,浙江制订了《征收屠宰营业税章
程》,并冠以"屠宰营业税"。但屠宰营业税在初创阶段成效不大,不能抵补厘
金收入。全面抗战爆发后各省、市财政发生困难,对"屠宰营业税"普遍加以
提高,浙江当时每头猪征收 1 元,其他省份有的甚至收 3 元以上。1941 年 6
月,中央财政收支系统改订后,营业税归属发生改变。11 月 8 日,国民政府颁
行《财政收支系统实施纲要及财政收支系统分类表训令》,原属地方税收的营
业税即归并国家财政收支范围,由中央接管征收,而屠宰税也从营业税中划
出,全额归市县。

3. 整顿田赋

国民政府初期的浙江田赋与北洋政府时期一样,分为地丁、抵补金、屯粮、

---

① 国家税务总局组织编写:《中华民国工商税收史——地方税卷》,中国财政经济出版社
1999 年版,第 48—49 页。

租课等名目。1927 年浙江省政府成立后为缓解财政窘境,遵照 1928 年全国财政会议财政部提出的整理全国土地计划案,对田赋进行整理。欲谋根本整理田赋,本必先清丈土地,然因此事极繁重,需要大量人才,费用浩大,短期内实难办到,不得已而求其次,只能先从土地陈报入手。所谓土地陈报,系使土地业主将其户名,田地四至、坐落、面积、量额、自行陈报登记,给以凭证,各县即据以编成丘领户、户领丘册籍。浙江为当时全国最早举办土地陈报者,收到了一定成效。全面抗战爆发后,浙江继续进行田赋整顿,主要是严追欠赋、剔除中饱,并未提高税率。经续办户地编查以及清查地粮后,1940 年在永嘉开始试办地价税。

册籍是田赋征收的依据,它记载了各都、庄、户的赋额。可说如无册籍,田赋的征收将无从进行,在某种意义上是政府的经济命脉所寄。所以全面抗战爆发后,省政府财政厅于 1938 年 1 月 18 日制定了《战时各县田赋册串保管办法》,将各县分为"战区县份、邻近战区县份、空袭区域县份、安全区域县份"四类,分别规定保管办法。如战区县份要将 1927 年至 1936 年间的册串"造具清册,包扎装箱,编定字号,并加封条,运至境内偏僻乡镇,交由乡镇长妥为保管"。如遇危险可予焚毁。1937 年的册串应运至安全区域县份保管,地点不限本省。县长和征收主任对其保管应负连带责任。在各沦陷县份,田赋册籍的保管可以说都几经周折,有的还遭受了很大损失。如海宁县田赋册籍自全面抗战爆发后,由原主管人将 1927 年至 1937 年各年册籍集中运至萧山转绍兴。在萧山告急时经批准将 1927 年至 1931 年计 5 年的册籍焚毁。其余部分运至曹娥江转运至嵊县,再运永康。时东阳沦陷,又奉准将 1932 年至 1936 年册串焚毁。1937 年部分运至武义转松阳。松阳危急,复运宣平,又遭敌军流窜,再抢运至荒田坪坞内伪装,幸无损失,[①]为战时田赋的征收提供了保障。

随着抗战的持续,货币贬值,物价日趋上涨。为应对粮价的上涨,1940 年

---

① 方新德:《国民政府时期浙江县政研究》,浙江大学出版社 2012 年版,第 227—228 页。

4月,国民党五届八中全会通过田赋征实的议案,浙江省政府于同年10月制定了《浙江省田赋改征实物及米折办法》,次年3月颁布《施行细则》,规定全省1941年上期田赋缴纳时实行征实。但由于所需的仓储、运输、配给等配套来不及准备,只得将赋额折成米,再按市场米价折算成法币缴纳。

(四)向战区征税

向战区征税实际上是恢复游击区征税。所谓游击区,并没有一个确切的定义,大略指那些被敌人占领点线(县城或重要据点沦陷)而除此外广大的地区并没有被敌人占领的区域。游击区的范围,包含已被占领的点线与未被占领的面。[①] 在游击区既有政府军队仍在守卫,还有地方政府在那里执行政令,这是游击区与沦陷区的本质区别。为了应对战时状态,1938年2月,浙江省政府将县政府改为行动委员会,委员为地方士绅,由主任委员行使县长的职权。但是委员会的组织运转不灵,在沦陷区尤其不适用,不久又恢复县政府组织。后来,中央政府颁发了一个地方官吏战时不能擅离辖境的命令,规定战地各省,省政府不能离开省境,专员公署不能离开区境,县政府不能离开县境。否则按军法治罪。海宁县长田稷丰,因为大敌当前退驻绍兴,被判处10年徒刑,以稳定军心和民心。

全面抗战爆发后,国民政府宣布废除游击区域内的一切捐税,为了争取民心这在当时是必要的,但不宜长期实行。因为要确保游击区的政权,与敌人展开斗争,需要大量的经费,但当时的国民党中央政府及省政府都拿不出大宗的款项来贴补游击区的经费需要,只能就地筹款。田赋(田亩捐),就是最大、最可靠的收入。为此,浙江省政府在1938年11月颁布了《战区赋税征收大纲》,规定浙西游击区的田地从1939年起,无论基地、山、荡都要缴纳田赋,由浙西税务处统一征收,税率是田地每亩每年征收2角,基地每亩每年征收4

---

① 黄绍竑:《黄绍竑回忆录》,广西人民出版社1991年版,第530页。

角,山地每亩每年征收 4 分,荡地每亩每年征收 8 分。① 一年分两期或四期征收,由纳税人直接向战区稽征所稽征员缴纳。游击区内的县份除征收田赋外,还征收营业税和契税。营业税方面,普通营业税依照营业数额按月纳税;特种营业税改为特种消费税,规定凡在战区内运销土黄酒、烧酒、烟叶、土烟丝、卷烟、糖、食盐、火柴、煤油、绸缎、呢绒等货物均须缴纳该税。游击区所征契税、营业税款,除拨征收费的 15%外,其余拨补地方。② 战区征税扩大了税源,大大增加了政府的财政收入。

(五)节约行政开支

"整理财政的办法,一向是'开源节流'四个大字。"③"开源"既如上述,至于"节流",全面抗战爆发后,国土大半沦陷,中央与地方财政同陷困境。为应对全面抗战时的客观环境,1937 年 9 月国防最高会议通过《国难时期各项支出紧缩办法》,由行政院颁布,共六项内容:(1)新拟定设置之机关,及举办之事业,与国防地方治安或税收生产无直接关系者,概从缓办。(2)各项临时设备或建筑费用,与国防地方治安无直接关系,或非绝对不能停止者,一律停支。(3)旧有机关或事业,目前无特别需要者。所办事务或事业可归并他机构办理者,或所办事业一时间不能收效者,或为举办事业而设之机关其事业无力举办者,均厉行裁并。(4)必要之机关及事业缩小组织,或集中办公,一切物品材料尽量节省。(5)各机关紧缩经费,应同时实行疏散人员办法。(6)第一及第二预备费,除依法令契约所定,或与国防税收有关或其他急要开支外,不得请求动用。④ 上列六项,是国民政府中央指示地方战时支出力求撙节的原则,各省政府奉令后,大都拟具地方经费紧缩办法。浙江自杭州沦陷后,省政府撤

---

① 《浙江省政府公报法规专号》第 4 辑,1939 年 4 月,第 225 页。
② 熊彤:《全面抗战时期浙江的税收改革及成效分析》,《近代中国》2009 年第 2 期。
③ 《黄绍竑回忆录》,广西人民出版社 1991 年版,第 450 页。
④ 贾德怀:《民国财政简史》(下册),商务印书馆 1946 年版,第 663 页。

退到永康方岩。在首次省政府会议上黄绍竑就提出:不论文武官吏,最高的薪水,不能超过 140 元,被会议一致通过。① 同时规定各机关对于不必要之开支,应竭力节省,政务费按三成至对折发放,停止一切不急之务。② 上述节流工作,收到了相当的效果。

总之,由于同时采取了"开源"与"节流"两方面的措施,浙江财政困境有所纾解,省财政收入有了较大幅度的增加。1938 年上半年省财政仍处于紧缩中,而到了下半年却有了结余。从 1937 年 7 月至 1938 年 12 月,这一年半中,省库实收入数为 32248758 元,而支出数为 26682775 元,收支相抵库存余达5565983 元。③ 正如黄绍竑所说:"经过一度整理,如肃清中饱,加增消费税税率等,财政收入,反较原有收入增加五分之一,因此浙江有历年度从未超过三千万元的预算,今年度(指 1939 年)已一跃而突破四千万元。这一财政上的奇迹,足以给各省财政一个示范。"④ 表 2-1 清楚地反映了 1937 年至 1940 年浙江省地方财政好转的情形。

表 2-1 1937—1940 年度浙江省财政实收、实支与预算比较表

单位:元(法币)

年度 项别	1937	1938(7—12 月)	1939	1940
实收		15552159.20	40688208.58	46968334.08
实支		14168811.45	34459312.43	41228663.75
预算	24214495	18065222	42432889	62652006

资料来源:《浙江财政参考资料》,1941 年 5 月浙江省财政厅秘书室编订,浙江省档案馆藏,档号:L31-1-735。

当 1938 年 8 月程远帆移交时,省库存约 200 万元,黄祖培接任未及一年

---

① 黄绍竑:《黄绍竑回忆录》,广西人民出版社 1991 年版,第 469 页。
② 金华市财政税务局编:《金华市财政税务志》,浙江人民出版社 1993 年版,第 71 页。
③ 陈松林:《浙江之战时财政》,《浙江潮》1939 年第 70 期。
④ 《财政大有起色,生聚教训中之浙江,黄绍竑在桂林谈话》,《申报》1939 年 3 月 10 日。

半,除支应军政各费外,库存增加了 400 多万元,全面抗战时期浙江省的财政确实好转了,但浙江省人民的负担也加重不少,且与各方利益发生矛盾。因为黄祖培平时做事,没有法令章则根据的,他就不敢去做,所以他的整顿捐税,税率方面,一律依照规定办理。但是浙江省捐税章则,一向是订得严,行得宽,而黄祖培上任后,把原有章则条条执行,迫使纳税人十足缴纳,如有隐匿,认真罚办,罚金数目较多,人多怨愤。黄祖培以赋税收入为省库支柱,遇有违章案件,就照章处理,对当地士绅和国民党省党部中人请宽免究的,常常婉辞拒绝。如时任国民党浙江省党部书记长的方青儒,曾有一批纱布被扣,请求黄祖培放行,黄不但没有答应,反而密电经办机关即时从严处分。再如当时的中国银行杭州分行经理金润泉,有一批青油未缴税费,被青田查缉处扣留,请求放行,黄祖培亦密电从严查办。诸如此类的做法引起国民党 CC 分子和豪绅们的怀恨。而且因为对违章案件的严格处分,罚金给奖的数目自然增大,一方面由于税收的急剧增加,超收奖金也为数甚巨,这也为当时一般人所指摘。黄祖培外受英帝国主义的攻击(详见前文),内受财政部的斥责、省党部的反对和地方士绅的怨恨,颇有四面楚歌之慨。时浙江国民党 CC 派和省主席黄绍竑不睦,遂集中于财政措施,向国民党中央控告,省府委员兼教育厅厅长许绍棣实主其事。未料国民党中央将控告原文发交省政府处理,其中所控各节与事实颇多出入,黄绍竑即在总理纪念周中公开报告,逐一驳斥,认为浙江战时捐税,税率均照中央规定,并未擅行加增,根据财政方针所执行的各项财政措施,事前均经省府会议通过,某些委员在开会时既未反对,而于会后向中央告状,于理实欠允当,财政厅不过执行省府决议,倘有不合,亦应由省府负责。[①] 言语之间,颇给许绍棣等人以难堪。CC 分子心有未甘,又于省临时参议会开会时,联络参议员,对黄祖培集中火力大肆责难,黄祖培也有恃无恐,利用抗战的帽子,根据法令,严辞答辩,不稍屈服。因责难者大半从私人利害出发,对省财政措施

---

① 黄绍竑:《本省财政问题》,《浙江朝》1939 年第 81、81 期合刊。

的真实情况,未甚明了,责问各点,或与事实不符,或多隔靴搔痒,未中要害。而黄祖培经此风波后,亦开始对地方人士有所笼络,与内地有权势之士绅,如余绍宋、徐青甫、张忍甫等竭力交欢。一面停征卷烟管理费、改变火柴公卖办法,以减少矛盾,惟对于国民党省党部方面,则采敬而远之的态度。① 此乃后话,不必赘述。

---

① 张履政:《国民党统治时期浙江省财政厅见闻》,《浙江文史资料选辑》第 4 辑,政协浙江省委员会文史资料研究委员会 1962 年印,第 138 页。

第三章　全面抗战时期浙江省的财政收支及后期国地收支系统的改制

全面抗战时的浙江财政收支以 1941 年的第三次全国财政会议为标志,可以分为前后两个阶段。1941 年以前的浙江省财政尽管遭遇到了战争时期的特殊困难,但由于省政府采取了财政整顿措施,财政收支逐渐趋于平衡,并有了结余。第三次全国财政会议决定改订财政收支系统,划整个财政为国家财政与自治财政两大系统,省级财政并入国家财政而不复单独存在,省之一切收支均纳入国家预算,由中央统收统支。而改制后的浙江自治财政,由于通货膨胀、田赋征实等原因,导致自治税捐的空虚,加上中央补助款的不足和支出数额的庞大,各县(市)财政均呈不敷状态,实际上徒有自治财政系统之名而乏其实。

一、1937—1941 年的浙江省财政收入

国民政府于 1928 年公布实施的划分国地收支暂行标准,基本确定了地方岁入来源,为日后田赋、营业税和契税成为地方三大税源打下了基础。浙江省在全面抗战前以这三大税源为基础,构建了收入体系的框架。全面抗战爆发

后,省政府采取了整理财政的种种措施,构建了以赋税收入、行政收入、债款与补助款收入为主的新收入体系,基本满足了抗战与地方事业的需求,度过了战时最困难的时期。

(一)赋税收入

全面抗战时期浙江的赋税收入主要有田赋、营业税、契税等。1942 年改制后的浙江自治财政(县财政)赋税收入增加了营业牌照税、使用牌照税、行为取缔税等。

1. 田赋

田赋在民国以前为国家正供,一向属于中央收入。自 1928 年国地收入划分以后,划归地方,在浙江省财政中占极其重要的位置,每年收入几乎占浙江租税总额的 65% 及财政收入总额的 36%,[①]而各县地方的附加尚未计算在内。因国民党在浙江的统治建立后,各项建设事业繁兴,县地方行政不足之款,也半多取给予田赋附加,故附加增加的速率,较往昔为甚,重增人民负担。

1932 年,浙江将地丁、抵补金等名目一律归并,改称上下期田赋,上期银每两折征田赋 1.8 元,代征征收费 9%;下期米每石折征田赋 3.3 元,代征征收费 3.7%。1936 年浙江省新订田赋征收章程,每期田赋应自开征日起限 3 个月内完纳。凡业户于每期开征日起 1 个月内完纳者照所纳正税给以 10% 之奖金,并给奖状;凡业户于每期开征日起 3 个月后完纳者照所纳正税加收 10% 之罚金。[②] 经过整顿,田赋成为浙江省地方的主要财政收入,1930 年实收 5897624 元,[③]1931 年预算列 9390644 元,1932 年预算增至 10137882 元,[④]

---

① 徐绍真编:《浙江财政概要》,杭州财务人员养成所 1931 年版,第 14 页。

② 永康县志编纂委员会编:《永康县志》,浙江人民出版社 1991 年版,第 312 页。

③ 徐绍真编:《浙江财政概要》,杭州财务人员养成所 1931 年版,第 12 页。

④ 财政部财政年鉴编纂处编:《财政年鉴》第十三篇,商务印书馆 1935 年版,第 1972 页。

1936 年预算数更增至 10471268 元,①田赋在各年总收入中的比率大多在 40%
左右,详见表 3-1。

表 3-1　浙江省 1928—1933 年田赋占财政收入比重表

单位:元(银元)

项别 ＼ 年度	1927.6—1928.4 实数	1928 实数	1931 实数	1932 预算	1933 上半年实数
田赋	6529742	6081906	9390644	9390648	4517237
总收入	16964300	14008755	21195394	25195398	10296742
百分比	38.5%	43.4%	44%	37.3%	43.9%

资料来源:陈其采:《过去一年中之浙江财政》,《浙江财务人员养成所开学纪念刊》(1928 年 10 月),上海图书馆藏书,第 41—42 页。《浙江省国家及地方 1928 年度实收支及 1929 年度预算表》,《统计月报》1929 年第 2 卷第 7 期。《浙江省二十年度岁计简明表》,《中行月刊》第 4 卷第 3 期。张森《田赋与地方财政》,《地政月刊》1936 年第 4 卷第 2、3 合期。浙江省政府秘书处第二科统计股汇编:《浙江政务现况》(1934 年 5 月),上海图书馆藏书,第 43—45 页。转引自王合群:《浙江"二五"减租研究》,博士学位论文,华东师范大学,2003 年,第 73 页。

　　田赋在省财政中占主导地位并非浙江的个例,这种状况在当时全国各省
是普遍现象。据对各省财政收入的分析,田赋为大宗收入,其中比率较高的如
山东、河南、江苏、青海、宁夏等省占总收入的 41.41%—61.79%,月约占总收
入的一半以上。各省平均,1931 年占 28.37%,1932 年占 33.53%。从中不难
看出,在浙江省财政收入体系中,田赋的比率远远超过了当时全国的平均
水平。

　　全面抗战爆发后,因战区情形特殊,国民政府财政部对战区的税捐规定了
三项办法:"(甲)在游击区域内,应宣布废除一切税捐,并劝禁在该区域内之
民众,对任何方面所征之任何捐税,一概拒纳。(乙)正在作战中之区域内,地
方各种税捐应否启征、缓征或减免,应分行各省主管机关,斟酌各地情形,分别

———————

　　①　财政部财政年鉴编纂处编:《财政年鉴续编》第十三篇,财政部财政年鉴编纂处发行
1945 年版,第 20 页。

决定,命令该区域内之财务机关执行。……(丙)接近战地之区域,所有合法之地方税捐,仍应照常征收,但苛捐杂税,必须彻底废除"。[1] 受战事影响,至1938年初浙江仅剩半壁河山,田赋收入大幅回落。1937年的田赋预算数约883万元,比上年下降20%左右,实收仅556.3万元左右,[2]比最高时1932年减少近一半。1938年的田赋预算数和实征数持续下滑,分别为241.3万元和406万元。至当年11月浙江省政府颁布《战区赋税征收大纲》,恢复了对浙西游击区田赋的征收,1939年、1940年的田赋收数才略有上升,分别实收569万元和495万元。[3] 与全面抗战前相比,全面抗战时期的前4年,田赋在浙江省财政收入中的地位已发生了很大变化。从预算看,1936年田赋约占全省总收入的36.77%,在各项收入中排名第一;1937年田赋虽仍在各项收入中排名第一,但占总收入的比重已下降为29.21%;1938年、1939年田赋占总收入的比重已下降为14.9%—14.7%之间,在各项收入中的排名也相应地降为第二和第三;1940年浙江省的田赋预算数虽与上年相差不大,为540万元,但因自1939年下半年开始的通货膨胀加速趋势,导致法币贬值,迫使各省地方政府开辟多种财源以资应付,故当年(1940)田赋在总收入的地位无形中直线下降,在各项收入中仅排名第六,其占总收入的比重下降至6.62%。详见表3-6。鉴于1939年开始的货币贬值、物价日趋上涨的严峻形势,第三次全国财政会议决定,田赋收归中央并改征实物。1941年9月,行政院公布田赋征收通则,正式实施田赋征收实物的措施。

2. 营业税

中国的营业税,萌芽于近代,普及于国民政府实行裁厘之后。此前与营业

---

[1]　中国第二历史档案馆编:《中华民国档案资料汇编》第五辑第二编财政经济(1),江苏古籍出版社1995年版,第46页。

[2]　财政部财政年鉴编纂处编:《财政年鉴续编》第五篇"土地税",财政部财政年鉴编纂处发行1945年版,第8页。

[3]　财政部财政年鉴编纂处编:《财政年鉴续编》第五篇"土地税",财政部财政年鉴编纂处发行1945年版,第9页。

税性质相类似者,有牙税、当税、屠宰税等。浙江创办营业税之议始于1927年间,当时军需、善后,需款孔亟,故财政当局有提议创办营业税,以为补苴之举,一切章则办法均经草就,后因裁厘关系,未及施行。1928年7月,第一次全国财政会议,议决召集全国裁厘委员会,复议定各省征收营业税办法大纲9条,其中第九条规定"各省征收营业税,应俟厘金裁撤完竣后实行"。当时未经公布,是年11月间,浙江省筹备裁厘,举办营业税,因此项大纲与浙省前拟章则办法,颇多不同,究竟应采用何者为宜,经省政府委员会议决,交由财政厅审查报告,后决定应以全国裁厘委员会所定办法大纲为原则,由省财政厅参照地方情形,妥为规定变通办法,提会核议。故此办法大纲,虽未经中央公布,然事实上已为浙江省办理营业税之根本办法。后格于情势,裁厘未能实行,营业税遂无形延搁。至1931年1月1日,裁厘实行,国民政府财政部将各省征收营业税办法大纲略加修正,并另拟补充办法13条,一并呈准行政院核准,通令各省政府遵办。浙江省财政厅根据是项大纲,补充办法,按照本省商业情形,并参以近代学理及各国成例,拟订征收营业税条例及施行细则草案,复以营业税系属初创,必须审慎周详,方可推行尽利,特邀集省内外商业领袖及财政专家,开会讨论,逐条商榷,计决定征收条例24条,施行细则21条,由财政厅备案提请省政府委员会议决,咨由财政部修正,转呈行政院核准公布施行,至原有之牙税、当税、屠宰税等,则仍照原有章程征收,一俟营业税办理就绪,再行改征营业税。6月,立法院复议决营业税法13条,颁行到浙,当以新法与旧有之办法大纲,补充办法各条,颇多变更,即经通令各征收机关,按照依后法废前法的原则,将办法大纲及补充办法废止,而本省征收条例及施行细则各条,间有与营业税法抵触者,一律改照办理,而牙当屠宰等税,也着手就原有税率,改征营业税,拟订章程,提经省政府委员会议决施行。① 至箔类营业税,系就原有箔类特税改征,与普通营业税性质略有不同,其征收章程,均经另行规定,分别述之

_____

① 徐绍真编:《浙江财政概要》,杭州财务人员养成所1931年版,第50页。

如下。

(1)普通营业税

普通营业税,系指浙江所征营业税中,除牙税、当税、屠宰税及箔类营业税以外之部分而言,也就是1931年裁厘后新创之营业税。此项营业税,在浙江系属初行,商民对于税法性质既未明了,缴纳手续又未熟谙,事关增加人民负担及省库收入,故一切办法必须兼筹并顾。省财政厅有鉴于此,在征询各方意见的基础上,订制章则,根据浙江各县商业情形盛衰不同,将商业较盛各县划为九个区,设立专局,由财政厅遴选专门人员,负责征收,而其他偏僻县份,因商业不十分发达,预计营业税收数必有限,如一律设局征收在度支上显为不经济,故将营业税征收事宜,指定由各县政府负责办理,开办以后尚称顺利。至于营业税税率,分为营业总收入额与营业资本额两种,即以营业总收入为标准的,征收2‰至10‰;以营业资本为标准的,征收4‰至20‰。浙江营业税的征收办法,以各营业者自己报告制为主,辅以各征收机关会同当地商会调查,以绝商人匿税之弊。另外,为便利征收起见,浙省还规定了商认办法,即可由各同业公会呈请认办(如无同业公会的,经各该业同行全体同意,可由商会呈请认办)。认办时,应由全体同行具名盖戳,先将各户全年营业估计数及应纳税额,详细开报,并取具商会证明书,呈由该管征收机关,转呈财政厅核准后,即应推定本业领袖为代表人,先缴两个月之税额作为押款,一面觅定殷实商号,负责保证,即可遵照定章,开始征解税款。在认办期间(1年)内,不得中途退办及减少认额。办公经费准照征起数目,提支8%。如认额之外,更有盈收者,以五成解库,三成作同业之公积,二成给奖经办人。此项办法,当时亦有人认为有与从前厘金时代之包办制之嫌。

(2)牙行营业税

牙行营业税系遵照营业税法,由原有之牙帖捐税改办。1931年,由省财政厅遵照营业税法第十条之规定,就原有税率,改征营业税,另订章程,经省政府委员会会议公布施行。该章程规定,凡以代客买卖收取牙用为业者,为牙行,应照填下列事项申请书,并取具就地殷实商号三家保结,呈由该管,征收机关请领牙行营业税调查证,每年换领一次,不取证费。牙行营业税税率分为甲乙丙丁戊己六等,年纳税额从 20 元至 140 元不等。至于临时牙行,应领临时牙行营业税调查证,其税率规定买卖数不满 5000 元,或牙用收入不满 500 元者按照己等税率分为四级比例征收,以买卖数不满 1250 元,或牙用收入不满 125 元者为一级,每级征税 5 元。牙行营业税于请领牙行营业税调查证时,一次缴纳。浙江牙帖捐税自改办牙行营业税以后,1931 年实收 288256 元,1932 年为 444054 元。①

(3)典当营业税

典当营业税,系依 1931 年浙江省根据营业税法第十条之规定,就原有当帖捐税改征,规定在省境内开设典当者,皆须开下列事项,呈由该管征收机关,请领典当营业税调查证。每年换领一次,不取证费,其税率系以全年营业数目为课税标准,分为五级,年纳税额从 120 元至 270 元不等。② 浙江省的典当营业税,以县政府财政局或营业税局为征机关,其征收办法,与普通营业税相似,即以各营业者自己报告制为主,查定法辅之,各征收机关收到营业者呈送申请书后,就其书内所开各项,详细查明是否确实,照章决定其应纳税额,饬其请领典当营业税调查证时,一次缴纳。浙江自典当捐税改办典当营业税后,1931 年实收 72027 元,1932 年为 88825 元。③

(4)箔类营业税

箔类为浙江之大宗出产,在统捐时代,本系特设专局征收,名为箔类特税。裁厘以后,因此项特税,具有厘金性质,又系一种迷信物品,同时实行废止。浙江省政府以数十万箔工生计所关,不忍坐视其一旦失所,特予呈准中央从缓施行,一面加重税率,寓禁于征,是以从前箔税税率较其他普通物品为高,并划出

---

① 财政部财政年鉴编纂处编:《财政年鉴》第十三篇,商务印书馆 1935 年版,第 2201 页。
② 徐绍真编:《浙江财政概要》,杭州财务人员养成所 1931 年版,第 75 页。
③ 财政部财政年鉴编纂处编:《财政年鉴》第十三篇,商务印书馆 1935 年版,第 2205 页。

税收之一部分,作为县地方建设教育及办理贫民工厂之基金,筹划箔工之生计。国民政府 1931 年所颁布的各省征收营业税大纲,对于含有应行取缔性质之营业,其课税标准订有特别规定,据此,浙江将箔类特税改办箔类营业税后,其税率暂以旧有箔类特税作为比例,当经呈行政院核准照办,于 1931 年 1 月份起,开始征收。后由绍兴箔庄同业公会,呈请由全体同业公开认办,全年税额定为 227 万元,由省财政厅派员监督征收,关于一切征解手续,完全实行公开,组织评议委员会,随时审核公布。箔类营业税之征收办法,依章程之规定,其税率按营业额征收 15%,较之一般营业,其税率之高,不啻倍蓰。至其缴纳方法,由营业者在每次交易时,开明营业数额及货物种类,检同发货单,随时向征收机关缴纳税款。由于此种征收办法,易引起商人取巧匿报,故箔类营业税罚则规定较为严厉。①

(5)屠宰营业税

屠宰营业税系由屠宰税改征。1931 年营业税颁布后,浙江将原屠宰税,依原有税率,改征屠宰营业税,规定凡在省境内经营牛猪羊屠宰业,皆应开具下列事项,向该管征收机关请领屠宰税屠宰营业税调查证,每年换领一次,不取证费,其税率规定菜牛每头纳税 1 元,猪每头纳税 4 角,羊每头纳税 3 角,至征收方法即由征收机关就屠宰营业者所报数额,复查确实,负令按月缴纳。至于临时屠宰者,须先纳税后,方准宰杀。屠宰营业税以宰杀只数为征收标准,故稽查极为困难,从前办理屠宰税时,各省均有查验屠宰税办法,浙江以其按只稽查,手续烦琐,易招民怨,故未仿行。此次屠宰税改征营业税,按照屠户营业簿据,查实其全年屠宰只数,决定税额,分月摊缴,手续较便利,屠户亦难隐匿,办法似有进步。浙江各县屠宰税多招商认办,此次改征营业税后,采用同业公会认办之法,以期与营业税不相抵触。1930 年浙江实收屠宰税 547284 元,改办屠宰营业税后,与其他营业税合计,浙江 1931 年预算列 4577468 元,

---

① 徐绍真编:《浙江财政概要》,杭州财务人员养成所 1931 年版,第 64 页。

1932 年列 6247293 元,1933 年列 5562000 元。[1]

自全面抗战爆发后,浙江的一些大中城市相继沦陷,营业税收入减少, 1937 年的实收数仅 370 多万元,比全面抗战前的 1936 年(578 万元)减少 200 多万元。[2] 为谋应对,浙江在 1938 年 4 月和 1939 年 9 月两次调高战时营业税分类税率,收入有所增加,从 1941 年 1—4 月的实收数可见一斑。

表 3-2　1941 年 1—4 月浙江省营业税收入表

单位:元(法币)

月份 税种	1 月征 起数	2 月征 起数	3 月征 起数	4 月征 起数	4 个月累 计数
普通营业税	201214.87	941463.94	618081.12	713289.84	2475049.77
牙行营业税	41773.84	302393.94	140077.31	100610.58	548855.67
屠宰营业税	16671.4	146630.7	99407.63	813243.1	343952.83
箔类营业税	637449.95	925777.02	924560.35	1263573.22	3751360.54
共计	897110.06	2317265.6	1782126.41	2158716.74	7155218.81
带征抗卫事业费	321218.86	1007285.1	709282.93	824018.56	2861805.45
带征自治经费	40843.42	182548.74	109856.65	145831.52	479082.33

资料来源:《一年来之浙江财政》,《浙光》1942 年第 9 卷第 1 期;转引自熊彤:《全面抗战时期浙江的税收改革及成效分析》,《近代中国》2019 年第 2 期。

如表 3-2 所示,1941 年仅前 4 个月各类营业税共收 715 万元多,连带征的抗卫、自治两项经费在内,高达 1000 余元,同上一年的收数相比,有较大增长。究其原因,除了营业税税率调高外,物价的快速上涨也是重要因素,详见表 3-3。

---

[1]　财政部财政年鉴编纂处编:《财政年鉴》第十三篇,商务印书馆 1935 年版,第 1972 页。
[2]　施养成:《中国省行政制度》,上海商务印书馆 1947 年版,第 336、339 页。

表 3-3　1937—1941 年浙江营业税收入表

单位:元(法币)

年份	税额
1937	5635000※
1938(7—12 月)	1840282
1939	5002522
1940	7139784
1941	11840197

资料来源:根据国家税务总局组织编写《中华民国工商税收史——地方税卷》(中国财政经济出版社 1999 年版)第 75—78 页上各表综合编制。注:带"※"的为预算数。

　　自 1941 年全国财政收支系统改制后,浙江省的营业税由中央接管,该税收入尽管逐年增长很快,但就当时的社会经济实况考察,自 1940 年下半年以后,物价上涨速度加快,通货急剧贬值,其影响所及,工业生产萎缩,商业投机经营空前活跃,而隐蔽营业行为、逃税漏税之弊愈炽。所以,如将 1941 年后的营业税收入数按物价指数换算出货币实值数,以与中央接管前的 1941 年度的收入比较,其实值是减少的,而非增加。① 况且自营业税被中央接收后,该税收入的大部分归中央(70%左右)所有,少部分归县所有(约 30%),此不赘述。

　　总之,营业税在全面抗战前各省、市地方财政收入中一般仅次于田赋而处于重要地位。从战时的预算数字看,浙江在 1941 年前的营业税情况是:1937 年仍沿续了全面抗战前的格局,营业税预算约占全部收入的 18.8%,排在田赋之后;但至 1938 年、1939 年,营业税在全部收入中的比率下降至 12%至 14.5%之间,在各项收入中排名第四;经过 1939 年 9 月的第二次调高税率,1940 年的营业税占总收入的比重超过 15%,重新登上第二的位置,这与第二章所述 1937 年至 1941 年时浙江省政府所采取的整顿财政措施的效果是基本吻合的。

------

　　① 国家税务总局组织编写:《中华民国工商税收史——地方税卷》,中国财政经济出版社 1999 年版,第 79 页。

3. 契税

契税是对卖、典田宅契价征收的一种捐税,始见于晋,后代历有更张,至宋朝而渐通行。1928 年划分国家地方收入支出标准案公布后,契税作为地方收入之一,成为各省地方重要税源,但各省税率高低不一,最高的省份为卖九典六者,较低的为卖六典三,再次者为卖四典二。而正项之外,所随征附加,有与正税持平的,还有超过正税者。1934 年 5 月,第二次全国财政会议认为,契税率之减低与罚则之修正,为整理契税之必要办法,乃决议契税正税以卖六典三为限度,附加以正税半数为原则,其逾期及短匿之罚金至多不得超过其应纳税额,又规定稽核挤查等方法。浙江的契税,按照卖六典三征收,在 1921 年以前,每年预算数约在 50 余万元左右,以后此额年有增加。1927 年契税实收达 80 余万元,1928 年、1929 年因社会动荡之故,收数稍减,分别为 75 万余元和 56 万余元,[①]而 1930 年后,每年实收数又恢复至 80 余万元,故 1932 年浙江财政预算契税列 84 万元,实收近 90 万元,1933 年预算增至 120 万元。[②] 在 1931 年以前,浙江全省除鄞县、镇海按契价带征置产捐外,其余各地方,向无附加。自 1931 年 1 月份起,各县一律照卖契价带征置产捐 3%,典契减半,以充县地方建设、教育各项经费。1933 年 4 月 20 日,浙江省颁布《浙江省征收永佃契税章程》及《浙江省永佃契税经征规则》(以下简称《章程》和《规则》),其主要内容为:第一,关于税率及缴纳期限,《章程》和《规则》规定:凡耕作地、畜牧地有永佃性质,订立契约者,均应完纳永佃契税。每亩征收 0.50 元,零亩按亩分计算。税款由永佃人缴纳。订立契约 2 个月内,申请查验注册交款后,给予纳税凭证。其在本税未征收之前所立之永佃契约,自征收机关公告开始征收之日起限于 3 个月以内,依规定手续完税领证。永佃契约未照规定手续纳税领

---

① 国家税务总局组织编写:《中华民国工商税收史——地方税卷》,中国财政经济出版社 1999 年版,第 134 页。

② 财政部财政年鉴编纂处编纂:《财政年鉴》第十三篇,商务印书馆 1935 年版,第 1972 页。

证者,诉讼时无合法凭证之效力。第二,处罚规定:不依规定限期完纳税款,除补税外,逾 3 个月以上者,处应纳税额 1 倍之罚金,逾半年按 2 倍处罚,逾 1 年按 3 倍处罚。第三,增设临时经征机构:各县政府或财政局专设办事处,办理经征永佃契税事宜,并限于法规公布之日起 1 年以内,结束永佃契税经征工作后撤消,并入县局原契税处继续办理。① 永佃契税是浙江省制定的单行法规,其征收对象为享有永佃权之佃农,佃农耕种地主的土地,所纳地租及额外索取本难胜任,永佃契税额外加重负担,实际是剥削佃农的苛政。

全面抗战爆发后,沿海地区的大中城市相继失守,契税收入锐减。与全国大部分地区一样,全面抗战时期浙江省的契税收入呈逐年下降趋势。从预算看,全面抗战前的 1936 年的契税预算数为 168 万元,占全部收入的 5.9%,在当年的各项收入中居第五位。全面抗战爆发后,浙江的契税预算数连续下滑,1937 年比上年下降近一半,为 90 万元,约占总收入的 3%,在各项收入中排名第六。1938 年的契税预算数再降至 17.37 万元,仅及上年的 1/5 弱,占总收入的 1.07%,排名跌至第七。1939 年的预算数虽然比上年有所增加,为 50 万元,但在各项收入中的地位却降至第八,详见表 3-5。从实收数看,虽然与预算数有一定差异,但下降的趋势基本是一致的。1937 年实收 45.5 万元,约占总收入的 0.6%,在各项收入中排名第六,1938 年实收数降至 37.87 万元,在各项收入中的排名降至第七。②

为扭转契税的下降趋势,浙江省政府于 1940 年 7 月修正《浙江省契税征收章程》,改订税率为卖九典三,并订有查挤匿契办法三项,通饬各县实行。为配合地方整理财政,国民政府于同年 12 月公布了《契税暂行条例》,主要内容为:第一,关于征税范围,《条例》规定:在未依土地法举办土地税区域,凡不动产之卖典,其受让人均应领用契纸,完纳契税。契税由所在地县(市)政府

① 国家税务总局组织编写:《中华民国工商税收史——地方税卷》,中国财政经济出版社 1999 年版,第 130 页。
② 施养成:《中国省行政制度》,上海商务印书馆 1947 年版,第 339 页。

征收。第二,关于税率与纳税期限:卖契税率为契价 5%,典契为契价 3%,契纸每张 0.50 元。纳税期限于契约成立后 4 个月为之。第三,罚则:逾期不纳税者,除补税外,科以应纳税额 10%的罚款,以后每逾 2 月,递增 10%,至达到应纳税额之同数为止。匿报契价,除另立契纸补交短纳税额外,按照短报契价占实际契价的百分比,分别科以应纳税额半数至 2 倍的罚款。不依法领用契纸者,责令缴价补领,并科以 1 元以上、5 元以下的罚款。又规定未税白契,各省、市政府得酌定限期,准予补税免罚。① 上述《章程》和《条例》的颁布和实施,对增加浙江的契税收入起到了一定作用。该年浙江的契税预算数为 110 万元,实收数为 152.65 万元(契税加纸价罚锾),都比上年有所增加。1941 年的预算数增至 200 万元,实收数与上年基本持平,为 150.7 万元(契税加纸价罚锾)。②

1941 年财政收支系统改制后,省级财政并入国家财政,契税也随之为国家税收之一。财政部为加强契税的征收,随后公布修正《契税暂行条例》,扩大了契税征收范围,并颁布了《契税暂行条例施行细则》和《整理契税暂行办法》等,以求对契税切实整理,增加财政收入。但因货币贬值、物价飞涨,社会风气日下,贪污受贿盛行,一切法令大多丧失其约束能力,上述规定和措施成效不大。③

(二)行政收入

行政收入为政府因施行政务,而向人民征收的费用。此项收入在全面抗战前浙江省财政收入中,数量有限,按照浙江 1931 年预算所列,全年仅

① 国家税务总局组织编写:《中华民国工商税收史——地方税卷》,中国财政经济出版社 1999 年版,第 142—143 页。

② 财政部财政年鉴编纂处编:《财政年鉴续编》第五篇,财政部财政年鉴编纂处发行 1945 年版,第 122 页。

③ 国家税务总局组织编写:《中华民国工商税收史——地方税卷》,中国财政经济出版社 1999 年版,第 152 页。

699917元,其中以司法收入为大宗,包括印纸收入、状纸收入及杂项收入三种,占563400元;教育收入次之,包括各学校学生所缴学杂费及其他教育机关的收入,为118000余元。此种款项,原由各校自收自支,民国以后,以各教育机关经费均系由省财政拨给,则其收入各款自应解缴省库,各校每年学杂等费收入共计约91000元。此外尚有民众教育馆、省立图书馆及其附设印刷收入,计约27000余元。① 另有浙江省政府公报收入,每年约18500余元。

全面抗战爆发后,各省统制物品,以谋行政收入之增加,最具代表性的即为浙江。② 诸如卷烟管理、火柴公卖和食盐运销等,详见前文。此外还有棉花管制。即本省棉花之内销外销,均归管理处统筹办理,商人不得自由运营,管理处推销棉花,如有亏损,归省库负担,盈余时亦解缴省库。浙江全面抗战时期地方财政得以维持,而不虑艰困者,行政收入之增加实有大功。从预算数看,全面抗战时期浙江省的行政收入总体而言是逐步增加的。1937年仅83.55万余元,约占总收入的2.76%,在各项收入中排名第七。至1939年,浙江的行政收入达815.11万余元,已占总收入的1/5强(20.65%),在各项收入的排名中也跃居第二,参见表3-5。从实收数看,1937年的行政收入为40.4万元,仅占收入总数的0.53%,在各项收入中排名第七。经过近两年努力,1939年的行政收入实收数增加至728.75万元,约占总收入的16.6%,在各项收入中位居第三。1940年因卷烟公卖停止和浙江战时食盐收运处划归两浙盐务管理局接办,行政收入有所减少,为510.12万元,但仍占到全部收入的12.68%,高居各收入的第三位。③

(三)债款和补助款收入

七七事变后,全面抗战爆发,省地方收支,除沦陷省份各县市不计外,均呈

① 徐绍真编:《浙江财政概要》,杭州财务人员养成所1931年版,第91—92页。
② 贾德怀:《民国财政简史》,上海商务印书馆1946年版,第660页。
③ 施养成:《中国省行政制度》,上海商务印书馆1947年版,第339页。

大量膨胀之势,其成因亦由于军事有关各项支出之繁重,遂使各省地方财政日益困难。地方政府的支出迅速膨胀,而其税收收入因战地正常税捐的豁免、税务机构的失常及人民逃亡或规避不增反减,于是财政亏短,成为各省财政当局编造概算的难题。有的省份财政亏短数高达全部支出的80%以上,各省平均也将及全部岁出的半数,较全面抗战前约增一倍。[①] 各省弥补财政亏短的方法,主要是举债和请求中央补助。债款收入与补助收入合计占总岁出的比重,在1939年、1940年各省平均达到46%,详见表3-4。

表3-4　1937年、1939年、1940年各省债款收入与补助收入合计
占总岁出的百分比及与全面抗战前的比较表

年度 省别	1936	1937	1939	1940
江苏	20.51	16.02	72.06	96.80
浙江	20.26	53.89	35.12	不详
安徽	28.16	33.30	45.43	不详
江西	21.98	39.35	20.00	26.21
湖北	24.57	24.87	65.56	不详
湖南	16.92	39.31	39.51	20.67
四川	不详	18.20	23.11	30.61
云南	2.12	12.61	17.32	不详
贵州	34.68	79.00	81.60	63.38
福建	34.95	68.84	47.73	33.74
广西	15.38	18.72	47.19	17.49
山西	19.38	不详	86.31	84.68
河南	23.62	17.86	50.95	不详

---

① 潘国旗:《第三次全国财政会议与抗战后期国民政府财政经济政策的调整》,《抗日战争研究》2004年第4期。

续表

省别　　年度	1936	1937	1939	1940
陕西	26.70	18.62	13.42	不详
甘肃	26.13	40.54	32.71	27.85
宁夏	24.87	16.61	31.06	不详
青海	10.85	43.37	35.69	38.96
西康	不详	不详	81.94	81.94

资料来源:陈昭桐主编:《中国财政历史资料选编》第十二辑下册,中国财政经济出版社 1990 年版,第 86 页。

　　由表 3-4 可知,全面抗战前的 1936 年度,各省债款、补助二项收入最高的两个省份贵州和福建不过占总岁出的 1/3,各省平均约为 23%。全面抗战爆发的当年(1937 年)二项收入已有可抵总岁出 2/3 的省份(仍为黔、闽),各省平均约 32%。而到了 1939 年和 1940 年,最高可抵总岁出 80% 以上的省份达到了 4 个(黔、晋、康、苏),即此时期这几省全部岁出的八成要依赖借债与补助方可度日,最高的江苏省则达到了惊人的 96.8%,这充分表明这一时期省财政是很不健全的。就债款、补助两项收入占预算总岁入的比重而言,浙江的情况也大体如此,详述如下。

1. 债款收入

　　如前所述,自国民党在浙江的统治建立以后,省地方支出骤增,不得不乞灵于公债,而历年发行各债又必须按期清结,于是借新还旧,债累日增,至 1931 年发行总额已达 2750 万元。[①] 1932 年,时任省财政厅厅长的周骏彦曾与各债权人商洽整理办法,决定将以前所发偿还旧欠公债、公路公债、建设公债、赈灾公债、清理旧欠公债等,均照原定利率偿付利息,而将还本期限延长

---

① 徐绍真编:《浙江财政概要》,杭州财务人员养成所 1931 年版,第 142 页。

4 年至 9 年,以原指定之盐税附加、田赋建设特捐、建设附捐、普通营业税等四项,每年拨 440 万元为偿还基金,省库负荷稍减轻,但仍不足。至 1936 年又不得不再加整理,发行整理公债 6000 万元,予以换偿,省财政才免于破产。

全面抗战爆发后,为弥补战争造成的收入损失,因应军事费用的增加,浙江省政府沿续了全面抗战前的做法——以借债弥补财政亏空。从预算数据看,1937 年浙江省的债款收入为 500 万元,约占全部预算收入的 16.54%,在各项收入中排名第四。1938 年债款收入为 764 万元(半年),占预算岁入的比率高达 47%,在各项收入中居首位。1939 年债款收入比上年略有减少,为 1200 万元,占预算岁入的比率降至 30.4%,但仍稳居各项收入的第一。1940 年的预算表式有所改变,债款收入分列为"公债收入"和"长期赊借收入"两栏,如将此两项合并,则当年的债款收入为 1190 万元,与上年基本持平,占总收入的比率降至 14.5%,在各项收入中的地位退至第三,其他收入和营业税升至第一和第二。当然,全面抗战时的地方预算,因环境特殊,很多预算收入不能实现,这一时期的浙江省借款收入即为如此。从全面抗战时浙江省财政收入的实收数观察,仅 1937 年、1938 年列有债款收入,1937 年为 6032.75 万元,占到了岁入的 78.57%,足见该项收入在全面抗战时期浙江省财政中的重要地位;1938 年的债款收入大幅下降,仅 102.2 万元左右,约占全部收入的 4.13%,在各项收入中的地位由上年的第一降至第六。因为随着抗战的持续发展,地方公债的销售愈来愈困难,实募额下降明显。当年发行的"民国二十七年浙江省六厘公债",省政府原打算发行 2000 万元,但国民政府财政部以浙省过去负债已多,如再增加巨额新债,恐收支更难适合,即将债额减为 1000 万元,经呈奉核准于当年 5 月 1 日发行,年息 6 厘,以田赋为担保。但实际上,全部债票并未售出,而是以面额 250 万元拨充四行 125 万元押品,以面额 300 万元拨充地方银行 150 万元借款押品,以面额 200 万元拨交地方银行作洋米借款 100 万元押品,共计押出债票 750 万元,其余 250 万元存库未用。1942 年国民政府财政部地方公债司将库存债票接收销毁,抵押债票由浙江自行清偿借款后,收回销毁。[1] 到了 1939 年和 1940 年,实际收入中的债款一项已降为零。

2. 补助款收入

补助款系中央政府按地方政府之成绩及需要程度酌定的补助金额,以调剂各省财政。国民政府初期中央对地方的补助款每年仅 400 万元左右,后因裁撤厘金以及为从各省收回某些国税(如盐税、卷烟税)的税权,补助款不得不一再增加,逐渐成为地方岁入的大项。浙江省自 1931 年裁厘以后,收入骤减,而新创立之营业税一时又未能抵补,收支相较,缺额甚巨,不得已呈请国民政府中央拨款补助,后承财政部核准每月拨补 15 万元,全年共计 180 万元。从全国看,1931 后中央对地方的补助款逐年增加,根据杨格提供的数字,补助款的数额 1931 年为 1900 万元、1932 年为 2300 万元、1933 年为 2900 万元、1935 年达到了 5500 万元、1936 已近 1 亿元。[2]

1937 年七七事变后,国民政府为筹巨额军费,紧缩行政支出,对地方的补助逐渐减少。1937 年减至 8600 万元,而根据《财政年鉴续编》的数字该年更是减为 3000 余万元。1938 年半年(会计年度改为历年制)的补助款为 1900余万元。1939 年因推行新县制,中央对地方的补助款有所增加,当年和 1940年的补助款分别增至 5900 余万元和 11200 余万元。[3] 但当时国统区的通货膨胀已较为严重,以 1936 年为基数(100),1939 年的趸售物价指数涨至 200多,1940 年涨到 500 多,[4]故这两年的中央补助款的实值仍是下降的,且幅度

---

① 万必轩:《地方公债》,大东书局印行 1948 年版,第 21 页。
② 阿瑟·恩·杨格:《1927 至 1937 中国财政经济情况》,陈泽宪、陈霞飞译,中国社会科学出版社 1981 年版,第 483—489 页。
③ 财政部财政年鉴编纂处编:《财政年鉴续编》第十三篇,财政部财政年鉴编纂处发行1945 年版,第 134 页。
④ 秦孝仪主编:《中华民国经济发展史》(第二册),第 715 页。这几年的零售物价指数涨幅与趸售物价指数差不多,1939 年为 213,1940 年为 503,1941 年为 1294。详见该书第 716 页。

还不小。

从浙江的情况来看,根据预算书所列,1936 年补助款为 466.93 万元,约占岁入的 16.4%,在各项收入中位居第三;1937 年降至 303.52 万元,约占岁入的 1/10,在各项收入中的地位降至第五;1939 年再降至 186.13 万元,占岁入的比重不到 1/20,在各项收入中的排名仅列第六;1940 年的补助款及协款收入,从预算数字看虽略有增加,为 403.8 万元,但仍仅及岁入的 1/20 不到,在各项收入中的排名比上年再降一位(第七),况且此数的实值已大不如全面抗战前的 1936 年,详见表 3-6。

就全面抗战时历年浙江接受的中央补助款实发数目而言,表面看呈逐年增长趋势:1937 年为 107.6 万元,1939 年增至 129.6 万元,1940 年再增至 183.6 万元,1941 年更增长至约 2697.5 万元。[1] 但如果考虑到当时已出现的严重通货膨胀,1939 年至 1941 年补助款的实值分别仅相当于 1936 年的 6480元、3672 元和 20910 元,其占岁入的比重已经是微不足道。

尽管如此,就整体而言,举债和请求中央补助仍是 1937 年至 1940 年浙江省弥补财政亏空的重要手段。如果把债款和补助款两项收入合并计算,其占预算总岁入的比重是相当高的:1937 年约占岁入的 26.6%,1938 年占比高达 60.4%,1939 年为 35.12%,1940 年为 19.54%。除 1937 年[2]外的其余各年,这两项收入合计后在各项收入中的排名都高居首位,其重要性不言而喻。

(四)其余收入[3]

除上述三大主要收入体系外,全面抗战时期浙江的财政收入还包括地

---

[1]　财政部财政年鉴编纂处编:《财政年鉴续编》第十三篇,财政部财政年鉴编纂处发行1945 年版,第 137 页。

[2]　1937 年度这两项收入合计在各项收入中位居第二。

[3]　根据 1931 年国民政府颁布的修正预算章程,省(市)预算收入共列 12 项,其中有"其他收入"一栏,兹将浙江战时三大收入体系外的其他收入称为"其余收入",以示区别。

方营业收入、地方财产收入、地方事业收入和其他收入等,都可归纳为其余收入。

1. 地方营业收入

浙江的地方营业收入原属有限,1927 年后因省营交通事业日益发达,收入才渐渐增加,其中以浙江省公路管理局各路段之收入为最多,浙江省电话局收入次之,杭江铁路工程局江诸段收入又次之,其他还有地方银行收入、中国农工银行浙江分行收入及武林铁工厂三款,但其收入额,远不如前三者多。全面抗战爆发的 1937 年,战事的摧残和破坏对浙江的交通与通讯影响很大,省公路局纯益减少,省电话局等机关无纯益,故当年的预算地方营业收入仅列15 万元,比 1936 年的 85.82 万元减少了 70 多万元,占预算岁入的比重从上年的 3.01%降至 0.5%。为弥补战时预算之不足,当时未沦陷省份和地区都大力发展以盈利为主的公营事业,浙江也不例外,故至 1939 年,地方营业收入增至约 68.13 万元,占全部收入的比重虽未恢复至全面抗战前的水平,但升至1.73%。1940 年的预算表式将"地方营业收入"和"地方事业收入"合并为"公有营业及事业之盈余收入",列 573.66 万元,占预算岁入的比重升至7.03%,但其实值比全面抗战前已明显下降。

2. 地方事业收入

地方事业收入,系浙江省提倡实业,因办理公益事务或其他行政上之必要而经营的种种业务之所得,其目的并不在营利,故其收入性质与营业收入略有不同,在 1940 年前的预算中单列。依浙江 1931 年度预算所列,全年地方事业收入共 177476 元,主要有省立棉业改良场收入(每年 14400 余元)、省立蚕丝改良场收入(每年 62000 元)、省立水产品制造厂收入(每年 11100 元)、省区救济院收入(每年 25100 元)、省区救济院附属机关收入(每年约 4000 元)、省立农事试验场收入(每年约 2300 元)等。1937 年的预算列 503.23 万元,比全面抗战前 1936 年的 304.7 万元还增加了 198.52 万元,主要是蚕丝统制委员会收入增加所致,占岁入中的比重为 16.65%,被列为当年的主要收入(在各项收入中居第三位)。但此后其在岁入预算中的地位逐年下降,1938 年和 1939 年,地方事业收入占岁入的比重大致在 0.31%—0.35% 之间,在各项收入中的排名降至第九和第十,详见表 3-5。从全面抗战时期地方事业收入的实收额来看,从 1937 年的约 5.17 万元,至 1939 年增加到约 12.73 万元,其占岁入实收数的比重大多在 0.06%—0.07% 之间,在岁入实收中的地位基本排在第九(1939 年排第八),可谓是无足轻重。

3. 地方财产收入

全面抗战前浙江省的地方财产为数不多,每年收入也不甚巨,据 1931 年度预算所列,仅为 33534 元,主要有浙江省国货陈列馆收入(每年 3456 元)、浙江省钱塘江义渡办事处收入(每年 1000 余元)、钱塘江塘岸工程处收入等。此后地方财产预算呈逐步增长之势,至全面抗战爆发前的 1936 年增至 61.01 万元,1937 年达到其峰值(63.33 万元)后开始回落,1938 年半年约 12 万元,1939 年约 26.6 万元。全面抗战时期地方财产收入在预算岁入中的比重大约在 0.7% 左右,只有 1937 年达到 2.1%,而 1940 年改名"财产及权利售价收入"后,列 1 万元,占岁入的比重仅为 0.01%,详见表 3-5、表 3-6。而从实收数看,1937 年的预算数明显为虚列,当年地方财产实收仅 9.98 万元,1939 年和 1940 年实收都在 24 万元左右,基本与预算数一致,其占岁入实收数的比重大都在 1% 以下,[1]排在地方事业收入之前,位居第八(1939 年排第七)。

4. 其他收入

"其他收入"就其通常意义讲,应该是不属于主要收入项目的一些零星尾

---

① 施养成:《中国省行政制度》,上海商务印书馆 1947 年版,第 339 页。

数收入,如杂税、摊派、捐款等。既系零星尾数收入,就很难会有压倒其他主要收入的庞大数字出现。① 但事实上,在 1937 年至 1940 年的财政收入中,无论是预算数还是实收数,其他收入都是一个不容忽视的项目。先从预算数看,1937 年的其他收入数为 13.11 万元,比全面抗战前 1936 年的 22.76 万元下降了近 10 万元,但此后呈逐年上升趋势:1938 年(半年)为 96.03 万元,1939 年涨至 434.75 万元,1940 年更是升至 1517.22 万元;其他收入在预算岁入中的比重从 1937 年的占 0.43%升至 1940 年的占 18.6%,其在全部收入中的排位也从 1937 年的第十相应的升至第一,详见表 3-5、表 3-6。从其他收入的实收数看,其规模更大。1937 年仅约 514.38 万元,1938 年为 1296.94 万元,1939 年升至峰值 1721.07 万元,1940 年略有回落,为 1341.28 万元。其他收入在岁入实收中的比重,从 1937 年的仅占 6.69%升至 1938 年的占 52.36%,其后的 1939 年和 1940 年占比略有回落,但都在 30%以上,分别为 39.19%和 33.34%。从其他收入在各项收入的排名来看,只有 1937 年排第三位,1938—1940 年各年都稳居第一,②足见该收入在浙江财政中不可或缺的地位。

表 3-5　1937—1939 年浙江省地方岁入预算表

单位:元(法币)

年度 项别	1937			1938			1939		
	数额	%	位次	数额	%	位次	数额	%	位次
田赋	8829854	29.21	一	2413248	14.85	二	5800000	14.69	三
契税	900000	2.98	六	173750	1.07	七	500000	1.27	八
营业税	5685000	18.80	二	1980,000	12.18	四	5728860	14.51	四
船捐									
地方财产收入	633389	2.10	八	119983	0.74	八	266000	0.67	九

① 杨荫溥:《民国财政史》,中国财政经济出版社 1985 年版,第 82 页。
② 施养成:《中国省行政制度》,上海商务印书馆 1947 年版,第 339 页。

续表

年度项别	1937			1938			1939		
	数额	%	位次	数额	%	位次	数额	%	位次
地方事业收入	5032316	16.65	三	50800	0.31	九	137600	0.35	十
地方行政收入	835584	2.76	七	741202	4.56	六	8151156	20.65	二
司法收入									
地方营业收入	150000	0.50	九				681274	1.73	七
补助款收入	3035237	10.04	五	2173866	13.38	三	1861332	4.72	六
债款收入	5000000	16.54	四	7640000	47.01	一	12000000	30.40	一
其他收入	131118	0.43	十	960300	5.91	五	4347521	11.01	五
合计	30232498	100.00		16253149	100.00		39473743	100.00	

资料来源:财政部财政年鉴编纂处编纂:《财政年鉴续编》第十三篇,财政部财政年鉴编纂处发行 1945 年版,第 20—21 页。因会计年度改为历年制,1938 年预算数为半年。各年度合计数系经重新计算得出,其中 1937 年总数与原书一致,1938 年总数原书为 16253150 元,1939 年总数原书为 39474543 元。

表 3-6　1940 年浙江省地方岁入预算表

单位:元(法币)

项别		数额	%	位次
税课收入		18900000	23.18	
	田赋	5400000	6.62	6
	契税	1100000	1.35	9
	营业税	12400000	15.21	2
其他捐款				
专卖收入				
特赋收入				

续表

项别	数额	%	位次
惩罚及赔偿收入	355700	0.44	11
规费收入	5757964	7.06	4
代管项下收入			
代办项下收入			
物品售价收入	12000	0.01	13
租金借用及特许费收入	259630	0.32	12
利息及利润收入	509851	0.63	10
公有营业及事业之盈余收入	5736643	7.03	5
补助及协助收入	4038016	4.95	7
财产及权利售价收入	10000	0.01	14
公债收入	3900000	4.78	8
长期赊借收入	8000000	9.81	3
收回资本收入			
其他收入	15172292	18.6	1
总计	81552096	100	

资料来源:财政部财政年鉴编纂处编:《财政年鉴续编》第十三篇,财政部财政年鉴编纂处发行 1945 年版,第 20—21 页。总计数系经重新计算得出,原书为 62652096 元。

二、1937—1941 年的浙江省财政支出

　　全面抗战爆发后,全国财政从平时财政转向战时财政,财政一切收支活动都是为了集中人力、物力和财力支持抗战,军费(需)开支成为战时财政支出的最大项目,无论是中央政府还是地方政府均是如此。就中央而言,军费占总

岁出的比重从 1936 年的约 30%,升至 1937 年的 66.4%,最终增至 1945 年的 87.3%,①可见军事开支数之庞大。就省地方财政而言,虽然 1928 年的国地收支划分案中明确规定军费由中央政府开支,但地方财政支出中仍有"公安费"一项。在全面抗战爆发后的地方岁出预算中,各省的公安费普遍增多。以 1939 年为例,广东等省的公安费要占到岁出总数的 34% 左右,位居岁出的第一位;福建省的公安费虽位居岁出的第二位,但也占到岁出总额的 25.08%。② 而且各省实际支出之数大都超出预算,特别是接临战区的省份,所有政务都围绕办理军事供应运转,军事费用(公安费)常居地方支出之最大项目,而后方各省,为办理防空、军训及救济等费,为数亦巨,成为地方财政之重累,此乃全面抗战时期财政支出的一大特点,浙江省也不例外。兹将 1941 年以前浙江省的 16 项财政支出归纳为政务费、事业费、杂项支出三大类,分别论述。

(一)政务费

所谓政务费包括党务费、行政费、司法费、财务费、公安费五项,而以公安费比重最大,其余四项的排序各年略有不同。

1. 公安费

按照 1928 年公布的《划分国家支出地方支出标准案》,凡各省市保安处、公安局与其所属水陆公安队、保安队、警备队等及其他关于公安各机关设施之各项经费均属公安费。

1937 年,杭嘉湖地区沦陷后,浙江在"全面抗战""持久抗战"的口号下,开始大力发展地方自卫武装,广泛开展游击战,以配合国军在正面战场上的作

---

① 杨荫溥:《民国财政史》,中国财政经济出版社 1985 年版,第 103 页。
② 贾德怀编:《民国财政简史》下册,商务印书馆 1946 年版,第 661—662 页统计。

战。按照国民政府军事委员会颁布的《国民抗敌自卫团组织法》①,1938 年 6 月底在金华成立了"浙江省国民抗敌自卫团"总司令部,下设支队,专区设总队,县设大队,不能编足大队的县设独立中队,总司令由黄绍竑兼任,副总司令由省保安处处长宣铁吾兼任。总司令部所隶的部队有 8 个支队,各专区设立的总队共有 9 个,各县设立的大队或中队数量不等。组建之初全省抗敌自卫团总计约 2 万人,到 1939 年发展到近 10 万人,在浙江形成了一支强大的地方武装力量。但抗敌自卫团队是地方武力,照例不能享受中央的补给,"关于武器、被服等等的装备,须由抗卫总部出费自置,全部的装备费和薪饷,最高的预算,年约 800 万元,在浙江省库中算是负担最大的一笔",②这极大地增加了省财政的负担。从全面抗战时期前几年的预算支出看,公安费无论是支出规模还是占比都是逐年增加的。1936 年浙江的公安费为 342.33 万元,1937 年升至 435.66 万元,增加了近百万元,至 1939 年已增加到 1019.35 万元,1940 年再增至约 1731.4 万元。公安费占各年岁出总数的比重,从 1937 年的 14.41% 增至 1940 年的 27.64%,占比几乎增加近一倍。其在各项岁出中的排位,也从第三升至第一,详见表 3-9、表 3-10。从公安费的实支数看,其发展趋势基本与预算一致。1937 年公安费的实支额为 347.32 万元,1939 年升至 1175.18 万元,1940 年再增至 1730.18 万元。其占岁出的比重增速更快,从 1937 年的占 16.73% 增至 1940 年的约占 40%,增加一倍有余。公安费在各项岁出中的排名也从 1937 年、1938 年的第二和第四,升至 1939 年、1940 年的第一。③

---

① 该法规定:战区或失陷各省成立"国民抗敌自卫团",由省主席兼任国民抗敌自卫团总司令,以统一指挥全省抗敌自卫工作。

② 魏思诚:《关于浙江国民抗敌自卫团的回忆》,杨长岳主编:《金萧地区抗日战争史长编》(中卷),人民日报出版社 2009 年版,第 1052 页。

③ 施养成:《中国省行政制度》,上海商务印书馆 1947 年版,第 339—346 页。

2. 行政费

行政费指省政府(市政府)、民政厅、各县(市)及其他关于普通政务设施之各项经费。前文已指出,全面抗战时期的浙江省政府自撤退到永康后,遵照国民政府中央关于地方战时支出力求撙节的指示,对行政经费采紧缩办法,规定:不论文武官员,其最高薪水不能超过 140 元,最低为 30 元。同时规定各机关对于不必要之开支,应竭力节省,政务费按三成至对折发放,停止一切不急之务。在此原则下,浙江全面抗战时期的行政经费呈逐渐减少趋势。就预算支出而论,1937 年的行政费列 188.84 万元,比全面抗战前(1936 年)的 290.98 万元减少了百万余元,1938 年减至 32.44 万元,因当年为半年预算,暂且不论。1939 年比 1937 年再减 35 万余元,为 153.63 万元。1940 年省预算支出按《财政收支系统法》所列科目编造,行政经费分列为"政权行使支出"与"行政支出"两目,如将此两科目合计,则 1940 年的浙江省行政费为 282.87 万元,与全面抗战前的 1936 年基本持平。然则此时的物价指数已比全面抗战前上涨 500 多,其实值已少得可怜。行政费占预算总支出的比重也从全面抗战前的 10% 降至 1939 年的 3.89% 和 1940 年的 4.51%。其在预算各项支出中的排名从 1936 年的第六降至第八,详见表 3-9。从浙江全面抗战时期行政费的实支数看,除 1937 年外,其余年份与预算数相差不大:1937 年约 74.96 万元、1938 年(半年)34.54 万元、1939 年 132.47 万元、1940 年约 240 万元。[①] 其占岁出的比重,最高的 1940 年占 5.5%(在各项支出中排第六位),最低的 1938 年占 2.23%(在各项支出中排第九位)。

全面抗战时期浙江省最初制定的压缩行政经费和限薪措施,对当时筹措军费、解决财政困难起了较大作用。但随着战事的延长,物价剧涨,行政费的持续降低是导致全面抗战时期行政效率低落的重要原因之一。省主席黄绍

---

① 施养成:《中国省行政制度》,上海商务印书馆 1947 年版,第 339—346 页。

竑后来指出：当时各级行政人员的待遇，实在太微薄了，微薄的程度，几乎使每一工作者不能维持他个人必需的生活的水准。"他们终日为自己的生活而分心而愁闷，他们或亲自去经营副业，或由他的家属去经营副业，赚几个钱来弥补他们一家生活费用的不足，这比较是最正当的。有些不肖的人，就会利用机会与职务上的便利，去违法牟利。他们的精神是分散了，他们的身体，也弄成歇斯底里的样子。要他们精神振作，要他们工作迅速有效，又何从谈起呢？"①

3. 党务费

党务费即关于省、市地方党务机关党务设施之各项经费。中国在1927年后进入"以党治国"的时期，"国家一切的政纲政策，都是由中国国民党中央党部决定，再透过各级政府，分别执行。省政府一切的行政措施，皆秉承中央的政策与法令办理"。② 全面抗战爆发以后，国民党中央为了加强各省的党政合作，在许多省份实行了党政合一的措施，即省政府主席兼任省党部主任委员。浙江省虽没有实行党政合一，但省县党部的存在却是无法回避的现实。有了省党部的机构与人员就需经费开支。1937年至1940年浙江省的党务费规模变化不大，大多在15万元至60万元之间，具体为：1937年约14.8万元，1938年（半年）为6.4万元，1939年约42.4万元，1940年为56.26万元。③ 虽然从绝对数看，上述经费不是很大，但在战争的艰难岁月这也是一笔不小的开支。

此外，政务费还包括司法费与财务费。司法费指省高等法院、地方法院、地方监狱、各县承审员及其他关于司法机关设施之各项经费。从预算看，1937年至1940年浙江省的司法费大都在100万元至240万元之间，最低的1938

---

① 黄绍竑：《黄绍竑回忆录》，广西人民出版社1991年版，第468页。
② 黄绍竑：《黄绍竑回忆录》，广西人民出版社1991年版，第424页。
③ 施养成：《中国省行政制度》，上海商务印书馆1947年版，第339—348页。

年(半年)为 43 万元,最高的 1937 年约 238.4 万元。其占预算岁出的比重从 1.96% 到 7.88% 不等,详见表 3-9、表 3-10。财务费指各省财政厅、各市财政局与其所属各财务征收机关及其他关于财务机关财政设施之经费。① 从预算支出看,1937 年至 1940 年浙江省的财务费从 100 多万元至 300 多万元不等,其占支出总数的比率大多在 4%—5.3% 之间,基本排在各项支出的第六至第八位,详见表 3-9、表 3-10。

(二)事业费

所谓事业费包括教育文化费、实业费、交通费、卫生费、建设费、营业资本支出六科目,以教育文化费比重最高,建设费次之。

1. 教育文化费

教育文化费指省教育厅、各市教育局与其所属省市立学校及其他关于地方教育、文化机关教育、文化设施之经费。浙江自古就有尊师重道的传统。全面抗战前浙江的教育文化支出就居全国前列,如 1936 年教育文化预算支出约 313.07 万元,超过岁出总额的 1/10,"其金额冠于各省"。②

全面抗战爆发后,浙江的教育受到了严重的影响。因杭、嘉、湖是浙江教育文化的中心区域,很多大学(如浙江大学、之江大学)、专科学校(艺专、医专)及各种职业学校(工、农、商、蚕桑、助产等)、师范学校皆聚集于此,即使是普通中学及中等以下的学校亦比浙东各地发达。自杭、嘉、湖沦陷后,这些公、私立中等以上的学校,大多随着军队与政府撤退了。但 1939 年后浙江的教育又逐渐恢复起来,并随战事的延长而继续发展。如中学(包括普通中学、师范、职业)由 1937 年的 86 所增至 1944 年的 182 所,学生数由 1937 年的 17087

---

① 施养成:《中国省行政制度》,上海商务印书馆 1947 年版,第 317 页。

② 张一凡:《民元来我国之地方财政》,朱斯煌主编:《民国经济史》,银行学会、银行周报社 1948 年版,第 185 页。

名,增至 1944 年的 64717 名;小学由 1937 年的 13699 所,增至 1944 年的
15740 所,小学生由 1937 年的 893942 名,增至 1944 年的 1014509 名。还创办
了一所省立大学——英士大学。① 相应地,全面抗战时期的浙江教育文化支
出逐年有一定的增加。从实支数看,1937 年约 169.11 万元,1939 年增至
234.65 万元,1940 年再增至 339.68 万元。② 教育文化费占岁出的比重,从
1937 年的 8.15%增至 1939 年的 6.04%和 1940 年的 7.78%,其在各项支出中
的排名通常在第四五位之间。当然,由于通货膨胀的原因,全面抗战时期教育
经费的增加是表面的,如将 1939 年、1940 年的货币数字,以 1936 年为基数折
算成实值,无论是预算数还是实支数都会大幅下降,这也是造成教育效果、学
生程度下降的重要原因。③

2. 实业费、交通费、建设费

实业费为本省专管农、矿、工、商事务之机关及其所属不含营业性质之机
关、事业所需之经费;交通费为本省专管交通事务之机关与及其所属不含营业
性质之各交通机关、交通事业所需各项经费;建设费为本省管建设事务之机关
及其所属建设事业所需之各项经费。为谋经济行政的统一,浙江省在南京国
民政府成立后,于 1927 年成立建设厅总司其事,此后直至全面抗战爆发的 10
年间,浙江的建设事业进展较快,"以言交通:则公路之兴筑共长 3376 公里;长
途电话达 8804 公里。以言农业……以言工商:则工厂之登记达 588 所;商店
之登记达十万余家;商会及同业公会之登记为一千余;他如新制度量衡器之检
定亦达六十余万件。至水利之开发,渔业之改良,病害虫之研究与防治,亦均
有重要之进展。总此十年来本省用于建设事业之经费,已达 5900 余万元",④

① 黄绍竑:《黄绍竑回忆录》,广西人民出版社 1991 年版,第 481—483 页。
② 施养成:《中国省行政制度》,上海商务印书馆 1947 年版,第 339—348 页。
③ 黄绍竑:《黄绍竑回忆录》,广西人民出版社 1991 年版,第 483 页。
④ 王征:《卷首语》,《浙江省建设月刊》第 10 卷第 11 期(十周纪念专号),《民国浙江史料
辑刊》第二辑第 4 册,国家图书馆出版社 2009 年版,第 173—174 页。

可见浙江省对建设事业之重视。

1937年7月,日本发动全面侵华战争,年底整个杭嘉湖地区沦陷,浙江经济遭受重大打击。为恢复和发展抗战的经济力量,浙江省政府颁布了一系列的政治经济纲领,如《浙江省战时政治纲领》、两个《浙江省三年施政计划》、《十二项施政原则》等,提出在后方加紧经济建设的方针,先后建立了浙江省农业改进所、手工业指导所,成立省县合作金库、物产调整处,建立战时交通体制,改组或成立水陆联运管理处、驿运管理处、交通管理处,实行三处联合办公,以加强其执行力。上述经济行政组织的设立和各项建设事业的开展,导致全面抗战时期浙江的交通费、建设费、实业费三项经费总体呈逐渐增长趋势,详见表3-7。

表3-7　1938—1941年浙江省建设厅所属交通费等三项经费表

单位:元(法币)

科目 \ 年度	1938	1939	1940	1941	合计
建设(行政)费	180626	228624	513360	493344	1415954
交通费	1476971	1126322	1465994	2130839	6200126
实业费 农业经费	252908	293217	404526	1340020	2290671
实业费 工业经费	116324	50616	132811	450409	750160
实业费 合作经费	20010	21600	43600	247560	332770
总计	2046839	1720379	2560291	4662172	10989681

资料来源:根据浙江省建设厅编:《浙江省五年来建设工作报告》,浙江省建设厅印1942年铅印本,《民国浙江史料辑刊》第一辑第7册(国家图书馆出版社2008年版)第568页表改制。总数系经重新计算后得出,原表题为"浙江省建设厅及所属各机关五年来经临各费表"。

综计自1938—1941年的4年间,浙江省建设厅及所属各机关经临各费暨投资于各项事业之资金(由省库拨给),共约1098.97万元。其中以交通费最巨,为620.01万元,占总数的56.42%,次为实业费337.36万元,占总额的

30.7%,建设费最少,仅约141.59万元,占比12.88%。从经济建设的效果看,虽然没有全部实现《浙江省三年施政计划》等提出的目标,但对增强浙江全面抗战时的经济还是起到了重要作用。[①]

3. 地方营业资本支出

凡由省库拨付营业资本及增加营业之支出皆属地方营业资本支出。前已提及,为弥补预算之不足,全面抗战时期各省都大力发展以盈利为主的公营事业。杭嘉湖等地区相继沦陷,浙江省政府为适应战时需要,决定利用原有工业基础,提倡发展小型工业及手工业来补救。同时,省政府对一些基本工业或规模较大、需要资本较多的工厂,决定由政府办理,如浙东电力厂、浙江铁工厂、浙江炼油厂、浙江锯木厂、浙东纺织公司、浙江省化学工厂、浙江造纸厂等,都是由省政府全部或部分出资在全面抗战时期新建、改建而来。此项支出对省库而言也是一笔不小的开支,但在国民政府公布的地方财政预算表中,浙江省只有1939年、1940年列有此项支出,分别为19.89万元和290.93万元(参见表3-9、表3-10),其余年份空缺。经过广泛爬梳,笔者在浙江省建设厅编的《浙江省五年来建设工作报告》(1942年)中找到了1938年至1941年4年间浙江省政府投资省营企业的详细清单,如表3-8所示。

---

① 参见浙江省建设厅编:《浙江省五年来建设工作报告》(1942年),《民国浙江史料辑刊》第一辑第7册,第570页。该报告曾列举一系列数字说明五年来建设厅所取得的成就:"如粮食增产,以三十年(1941年)推广纯系稻麦,扩种冬作,及兴修农田水利结计,当可增收食粮580余万担……就工业方面言,现各大工厂次第开工,以其每月最高生产能力,铁工厂月造各种农工生产机械九十至一百单位,所属木工场月出木料三万余方英尺,所属炼油厂月出松香汽油三千加仑,柴油三万七千五百市斤,机油七百五十加仑,黄牛油千五百加仑。化学工厂每日出硫酸两吨,盐酸一吨,烧碱半吨,造纸厂日产白报纸,道林纸,牛皮纸共三吨,纺纱厂日产纱三件半,染织厂日可出布五百匹。此不过荦荦大宗,可以数字表出,且为本省自力创造者。如再以其他范围较小之生产单位,一并计入,为数当不止此。至于农工技术改进及合作事业发展后,在经济上所起之增强作用,更无法形诸数值。而本省特产运销及农贷等工作对农村经济之助力,更未计及。"

表 3-8 1938—1941 年浙江省营支出一览表

单位:元(法币)

项别 ＼ 年份	1938	1939	1940	1941	合计
一、工矿业投资	367200	1302610	1256500	2940625	5866935
二、农业改进所各项实验场(厂)资金			199400		199400
三、工业改进所各项实验场(厂)资金	42600	35000	163400	173869	414869
四、合作事业投资	600000	700000	250000		1550000
合计	1009800	2037610	1869300	3114494	8031204

资料来源:浙江省建设厅编:《浙江省五年来建设工作报告》(1942 年),《民国浙江史料辑刊》第一辑第 7 册,国家图书馆出版社 2008 年版,第 568 页。总数系经重新计算后得出,原表题为"浙江省建设厅五年来各项特殊支出表"。

由表 3-8 可知,从 1938 年至 1941 年的 4 年间,浙江省经建设厅下拨的省营资本支出总数为 803. 12 万元。从四个项别的比重看,以投资工厂、矿业的规模最大,为 586.69 万元,约占总数的 73.05%,主要投资于浙江造纸厂、浙东纺纱厂、浙江省化学工厂和浙江铁工厂等;占省营支出第二位的是投资合作事业的经费,为 155 万元,约占总投资的 19.3%,主要是两项支出:浙江省合作社物品供销处 65 万元和浙江省合作金库 90 万元;排省营支出第三位的为投资于工业改进所各项实验场(厂)的经费,约 41.49 万元,占总额的 5.17%,主要用于各项工业实验、纸业改进场、面粉厂、植物油等;省营支出中投入农业改进所各项实验场(厂)的资金最少,仅 19.94 万元,只占总数的 2.48%,主要用于有机肥料厂、经济农场、林产制造和雪茄烟制造厂等。这 4 年中省营支出的总额(803.12 万元)并不算很大,但它对全面抗战时期浙江经济的发展还是起了重要作用,电力厂、炼油厂、锯木厂、纺织公司、化学工厂、造纸厂等工厂的创设有利于保障战时的民生需求,而铁工厂的设立不但增强了浙江的工业能力,还为浙江和全国的抗战提供了大量的步枪及轻机关枪、火药手榴弹等军事物资,为抗战的最后胜利作出了自己的贡献。

4. 卫生费

卫生费为浙江省专管卫生事务之机关及其所属卫生事业所需之各项经费。南京国民政府成立后,于 1928 年成立卫生部,号召各省发展医疗卫生事业。1929 年浙江省在民政厅下设第五科,掌管全省卫生行政事务。1931 年因省财政困难,裁撤机关,民政厅第五科被第并入第二科。全面抗战爆发后,省政府鉴于战时卫生事业的重要性,于 1939 年在民政厅下重新设立卫生处,并于次年对其进行改组,成立浙江省卫生处,受省政府直接领导。

虽然浙江的卫生事业在南京国民政府成立后有了一定的发展,但全面抗战前的卫生经费支出占省财政总支出的比重还是很低的。如 1936 年全省财政预算支出总数为 2893.85 万余元,而卫生经费仅 10.68 万余元(占全年岁出的 0.37%),[①]可谓是微乎其微。全面抗战爆发后,省卫生经费预算有所增加。1937 年增至约 24.47 万元,1939 年再增至 40.34 万元。其占支出总数的比重,也从战前的 0.37%升至 1939 年的 1.02%。但随着 1941 年 5 月日军进攻浙东,宁绍地区沦陷,导致省财政收入锐减,当年卫生经费预算被迫从 100 万元缩减至 71.948 万元。但随着浙江省立医院、省会卫生事务所等卫生机构的增设及业务的扩大,随后浙江省的卫生费有所增加。虽然从表面看,自 1939 年浙江省卫生处成立后,卫生经费相比之前有了较大的增长,但考虑到当时的通货膨胀因素,其增长的实值就要大打折扣了。

(三)杂项支出

所谓地方杂项支出,包括债务费、协助费、抚恤费、其他支出及预备费,以债务费比重最大,次为协助费。

---

① 财政部财政年鉴编纂处编纂:《财政年鉴续编》第十三篇,财政部财政年鉴编纂处发行 1945 年版,第 22 页。

1. 债务费

凡省债募集及赊借等债务之还本、付息及其折扣等支出均属债务费。第二章已简单提及,全面抗战时期浙江省的巨额债务费是全面抗战前省政府年复一年的借债累积的结果,因为全面抗战前浙江所发公债中,有的期限长达10年、14年,甚至20年。除了还本外,愈滚愈大的利息付出也是省财政一笔不小的负担。从预算看,1937年至1940年的4年中,债务费支出呈逐年膨胀之势,且常居各项支出的第一或第二位,成为全面抗战时期省财政的最大负担之一。1937年、1938年债务预算支出额分别为588.41万元、703.6万元,各占当年总支出的19.46%和43.29%,均排在当年各项支出的第一位;1939年、1940年,债务预算支出额分别为975.61万元、1455.13万元,各占当年总支出的24.71%和23.23%,均排在当年各项支出的第二位,详见表3-9、表3-10。

2. 协助费

协助费即省协助中央及补助地方公私团体之各项经费。首先,省对中央的协助,实则为军费之一部分。因1928年后军费归中央负担,地方仅负担公安费,公安费以外之地方军费,即充协助中央之款项,而列为协助费支出。①其次,省对县地方的补助为协助费的重要组成部分。从预算看,全面抗战时期浙江的协助费呈逐年增长之势。全面抗战前的1936年协助费一项为103.52万元,仅占当年预算岁出的3.59%。全面抗战爆发后,从1937年的278.89万元增至1939年的715.3万元左右,增长2倍有余,1940年再增至878.15万元。其占预算岁出的比重也从1937年的9.22%增至1939年的18.12%。协助费在预算各项支出中的排名从1936年的第九位升1937年的第五位,最后升至1939年、1940年的第三位,详见表3-9、表3-10。从实支数看,与预算数

① 张一凡:《民元来我国之地方财政》,朱斯煌主编:《民国经济史》,银行学会、银行周报社1948年版,第185页。

相差不大。如 1937 年,虽然当年的协助费支出数为 105.08 万元,但另列有"经付国家各款"一栏 262.06 万元,两项合计为 367.15 万元,已超过预算近百万元。再如 1940 年的协助费实支 810 万元,比预算数少 60 多万元,但该年协助费占岁出的比重为 18.56%,比预算数高出 4 个百分点,其在当年各项实支中位居第二,与预算数相差一个位次。[①]

3. 其他支出

全面抗战爆发后,浙江支出方面的各种临时费用大幅增加,主要如自卫团队的增编、民众的组织和训练、防空设备的增设、国防工事之建筑、伤兵之收容、难民之救济,以及其他有关战时的各种费用,无法在预算科目中编列的,只能归入"其他支出"一栏,为数颇巨。虽然在国民政府公布的地方预算表中,浙江只有 1938 年、1940 年列有"其他支出",分别为 200 万元和 18.95 万元,各占当年预算支出的 12.31% 和 0.3%,详见表 3-9、表 3-10。而从实际支出看,"其他支出"的规模远远超过预算。1937 年浙江的"其他支出"实数为 407.57 万元,占岁出总数的比重几达 20%。此后,其规模居高不下,1938 年(半年)为 246.24 万元,占比为 15.88%,1939 年全年升至 630.53 万元,占比为 16.23%。1940 年的规模略有下降,为 351.24 万元,[②]占比为 8.05%。1937 年的"其他支出"在各项支出中排名第一,其余年份都位居第三。

从 1942 年起,国民政府以改善公教人员生活为目的,开始实施公粮配给制度,统一通过中央政府拨发,生活补助费及公粮增添了巨大开支,被列入"其他支出"科目,导致该项支出更形膨胀。

此外,杂项支出还包括抚恤费和总预备费。抚恤费即由省库发给文武官员、兵警等的各项抚恤金,[③]从预算表上观察,各年度大多在 10 万元上下浮

---

① 施养成:《中国省行政制度》,上海商务印书馆 1947 年版,第 339—346 页。
② 施养成:《中国省行政制度》,上海商务印书馆 1947 年版,第 339—348 页。
③ 施养成:《中国省行政制度》,上海商务印书馆 1947 年版,第 318 页。

动:1937 年为 10.4 万元,1938 年(半年)为 5.09 万元,1939 年为 11 万元,1940 年的预算表式中抚恤费被"公务员退休及抚恤支出"代替,列 11.14 万元。抚恤费在预算总支出中的比率大多在 0.18%—0.4% 之间,在预算中的地位无足轻重,详见表 3-9、表 3-10。总预备费也称第二预备金,主要是为了应对突发事件的发生而准备的。从预算上看,1937 年至 1940 年浙江的总预备费呈逐年增加的态势:1937 年为 89.25 万元,1938 年(半年)43.6 万元,1939 年为 318.19 万元,1940 年为 429.59 万元,其占预算总支出的比重基本在 3%—8% 之间,在各项支出中大都排在第四至第九位。但从实际支出看,仅 1937 年有总预备费,其他年份未列该项支出。

表 3-9 1937—1939 年浙江省地方岁出预算数与各项支出所占比重及位次表

单位:元(法币)、%

科目\年度	1937			1938			1939		
	数额	%	位次	数额	%	位次	数额	%	位次
党务费	306000	1.01	十一	45900	0.28	十四	436980	1.11	十
行政费	1888421	6.25	七	324438	2.00	九	1536298	3.89	七
司法费	2383832	7.88	六	430266	2.65	八	1077260	2.73	八
公安费	4356658	14.41	三	2694695	16.58	二	10193578	25.82	一
财务费	1423210	4.71	八	609801	3.75	六	2104463	5.33	六
教育文化费	3796919	12.56	四	908351	5.59	五	2598579	6.58	五
实业费	5239604	17.33	二	203940	1.25	十	508497	1.29	九
交通费	63408	0.21	十四	9963	0.06	十五	99101	0.25	十五
卫生费	244668	0.81	十二	47014	0.29	十二	403404	1.02	十一
建设费	860358	2.85	十	46530	0.29	十三	116340	0.29	十三
协助费	2788945	9.22	五	1409235	8.67	四	7153072	18.12	三
抚恤费	104000	0.34	十三	50999	0.31	十一	110000	0.28	十四
债务费	5884150	19.46	一	7036000	43.29	一	9756100	24.71	二

续表

年度 科目	1937			1938			1939		
	数额	%	位次	数额	%	位次	数额	%	位次
总预备费	892525	2.95	九	436028	2.68	七	3181927	8.06	四
地方营业资本支出							198944	0.50	十二
其他支出				2000000	12.31	三			
合计	30232698	100		16253160	100		39474543	100	

资料来源:财政部财政年鉴编纂处编:《财政年鉴续编》第十三篇,财政部财政年鉴编纂处发行 1945 年版,第 21—23 页。各年度合计数系经重新计算得出,其中 1937 年总数原书为 30232498 元,1938 年总数原书为 16253150 元,1939 年总数与原书一致。

表 3-10　1940 年浙江省地方岁出预算数与各项支出所占比重及位次表

单位:元(法币)、%

科目	数额	%	位次
政权行使支出	661346	1.06	十一
行政支出	2167392	3.46	九
立法支出			
司法支出	1227854	1.96	十
教育及文化支出	4495192	7.17	四
经济与建设支出	2319212	3.70	八
卫生及治疗支出	138000	0.22	十三
保育及救济支出	190048	0.30	十二
营业投资及维持支出	2909306	4.64	七
普通补助及协助支出	8781537	14.02	三
保安支出	17313935	27.64	一
移植支出			
财务支出	3300000	5.27	六
债务支出	14551350	23.23	二
公务人员退休及抚恤支出	111413	0.18	十四
第二(总)预备金	4295937	6.86	五
特种基金			
信托管理支出			

续表

科目	数额	%	位次
其他支出	189574	0.30	十二
总计	62652096	100	

资料来源:财政部财政年鉴编纂处编:《财政年鉴续编》第十三篇,财政部财政年鉴编纂处发行1945年版,第21—23页。

三、1941—1945年的国地收支系统改制及其对浙江省的影响

随着战争的延长和持久,国民政府中央的财政困难日益严重,各省地方政府的战时财政也窘态尽现。为平衡财政收支计,各省增加正常税捐税率和兴办各种新税成为当时普遍的现象。增加正常税捐税率,以提高屠宰税率为最多,其他的如普通营业税在川、浙、陕等省都有提高税率之举。开征新税,以通过税为最普遍,如广东的失地货物入口税等,云南的卷烟通过税,浙江的战时特种货物捐等,其他类似通过税的苛细捐税为数尤多。更有多数省份在中央税课上附征捐款,如各地对盐税的附加最为普遍,也最繁重,附加之重,超过正税许多,食盐自产区运至销区,中间经过数次征课,最后到消费者手中,竟有每斤涨至10元以上高价者,可谓骇人听闻,使普通百姓有淡食之虞。地方截留中央税款的事也时有所闻,还有的省份开征与中央税款冲突之捐税。针对此种地方财政的紊乱局面,中央政府也曾颁布命令加以限制,但地方政府以财源无所取、亏短无所补为由,对中央的政令不能奉行不悖。为扭转这种不利的局面,国民政府就有了改变国地财政收支系统,从财权上来控制地方政府的想法,这是国民政府召开第三次全国财政会议的重要原因。

(一)1941年第三次全国财政会议的召开

1941年3月,国民党召开了五届八中全会,会议通过了《积极动员人力物

力确立战时经济体系案》的决议,制定了战时经济体系基本纲领。但这次会议的重点在改革财政,以应当时日益扩大的赤字亏短。会议通过的决议案中,与财政直接有关的就有四个①,其主要精神可归纳为两点:一是各省田赋暂行收归中央接管并改征实物;二是改变1928年以来中央、地方财政划分体制,省一级财政并入中央财政之内,把原来的中央、省、县三级财政改为国家财政系统和自治(地方县)财政系统两级。随后,国民政府于1941年6月在重庆召开了第三次全国财政会议,参加会议的有各省市财政厅局长,财政主管机关人员,各有关专家等250余人,国民政府军事委员会委员长蒋介石,国民政府主席林森与会。会议由国民政府财政部部长孔祥熙主持。蒋介石指出,政府嗣后必须依赖土地税与粮食税为国家税收之主要来源,以代关税与盐税。政府将于本年秋收后立即实行粮食统制。政府现正努力推进新县制,以便早日实行地方自治,并对战事担负作公允之调整,使富有者代贫民负担税之主要部分。此外将努力加速实行国父所定之土地与粮食政策等。② 6月22日,蒋介石又在大会上作了《本届财政会议之任务与实施土地政策之必要》的训词。会议期间,国民政府军事委员会副参谋总长白崇禧、中美平准基金委员会美方代表福克斯博士等出席并讲话。会期历时9天,至6月24日闭会,共计开大会6次,各组审查委员会开审查会30余次。此次会议共收到提案148件,其中关于整理田赋的20件,属于改进财政收支系统的29件,属于新县制财政的13件,属于整顿地方税捐的有16件,综合大会通过之百余件提案,其主要内容归纳如下。③

---

　　① 这四个决议案为:《为适应战时需用拟将各省田赋暂行收归中央接管以便统筹而资整理案》《改进财政系统统筹整理分配以应抗战需要而奠自治基础藉使全国事业克臻平均发展案》《为平衡粮价调节民食拟利用并改善健全现有之民间粮盐交易基层机构及其经营方法以奠立粮盐专卖制度基础案》《筹备消费品专卖以调节供需平准市价案》。

　　② 《全国财政会议开幕》,《银行周报》1941年第25卷第24期。

　　③ 参见《全国财政会议宣言》,《银行周报》1941年第25卷第25期。

1. 改订财政收支系统及国、地收支划分标准

全国收支系统分为国家财政与自治财政两大系统,其应由全国统筹支配者,列入国家财政系统,其应因地制宜者,列入自治财政系统,省级财政并入国家财政,原来的省一级收支,纳入国家总预算,省级预算,不复存在;今后凡属国家财政的收入,应全部纳入国库,凡属国家财政的支出,应全部由国家各地金融机关,依法代理国库;统一征收机构,在全国各县设立税务局,征收国税,并代征自治财政之捐税,由中央直接管辖监督,以减少财务经费;统一各省政府的债权债务。各省债权债务,全部由中央接收,加以整理,各省原有基金保管机构,一律裁撤。

2. 树立自治财政系统

县为地方自治单位,下分乡镇保甲。简言之,县既为自治组织系统,同时又是政治基层机构。为改变过去县地方财政经费艰窘的状况,大会决定充裕县收入,以巩固县财政基础。关于县收入,除县各级组织纲要中已曾规定者外,并议定由中央划拨印花税三成,遗产税二成五,营业税由原定 20% 以上,改增拨为 30% 以上。又规定县可以推行营业牌照税,使用牌照行为取缔税,以增加新税源;考虑到贫瘠边远县份,收支不能平衡,会议决议还规定了补助制度:今后推行新县制,充实地方基层机构,经费将增加一倍或数倍,在富庶之县尚可支应,而贫瘠之县,即所需最低限度之行政费用也有无法筹措者,调剂的方法,今后将本着下列两原则办理:(甲)田赋由中央接管之后,将以一部分补助经费不足之县。(乙)人口稀少地瘠民贫之县,情形特殊,其所需经费不足之数由国库补助;确立自治财政制度,以增进效率;预算制度,以县总预算为主体,所有乡镇预算均附属于县预算内,其收支不能平衡的乡镇,由县统筹补助;征收制度,自治财政系统的租税,由中央设定的税务机关代为征收,分别划拨;县财务行政,仍采用分立牵制制度,即为行政出纳会计审计四权分立之制。

3. 改进税政税制

财政收支系统改制之后,旧有税政税制,不能完全与新县制符合,根据国民党五届八中全会既定的财政政策,对各项税政税制进行以下改进:田赋收归中央并改征实物,具体做法是,在各省市县分别成立田赋管理处,办理田赋征收及土地陈报事宜,而仍以各省财政厅厅长主其事。至于改善征收制度,推进土地陈报,厉行田赋征收,甄训田赋人员诸端,均分别议定方案;关于田赋改征实物的标准,规定以 1941 年度田赋正附税总额每元折征稻谷二市斗,产麦区征收等价小麦,产杂粮区则征等价杂粮。如有赋额较重的省份,可以报请财政部酌量减轻;至于征收程序,采用经征经收划分制度,经征属于税务范围,经收则归粮政机关办理。鉴于通过税性质之捐税对于全面抗战时期后方经济有诸多不良影响,决议一律取消,改为战时消费税,即由中央对具有消费性性质之物品,统筹课税,并规定明各地方因裁废税捐所产生的亏短,另由中央统筹弥补;对营业税,酌增税率,改定征收时间,规定征收方法。

(二)会议的影响与省地位的下降

国民政府第三次全国财政会议及所通过各决议案,对于争取抗战胜利及各省地方财政关系重大,下面详述其影响。

1. 财政收支系统的重新划分,不仅从经济上而且从政治上加强了国民政府的中央集权

国民政府成立后,至 1928 年 12 月张学良宣布"东北易帜",国家虽然在形式上实现了"统一",但中央政令所及不过数省,大小军阀各据一方,国家仍处四分五裂之态,拥兵割据之省区,时有所见。直到全面抗战爆发后,国民政府退居西南,蒋介石为了稳住这半壁河山,进一步采取措施强化集权统治。在抗战建国的名义下,他号召全国人民捐除成见,破除畛域,集中意志,统一行

动。他先将各省军队调往前线作战,然后对各省进行政治、军事和经济全面渗透。如四川省,川军出省以后被分散,刘湘死后,群龙无首,1940年蒋介石便派亲信张群为省长。① 再如云南,一方面,蒋介石派大批中央部队、特务进入,从政治上和军事上严密控制;另一方面,中央政府在云南设银行,办工厂,控制盐税、外贸等,使云南在经济上逐渐依赖国民政府。总之,通过抗战,国民政府利用全国上下一致对外的形势,逐渐加强了对后方各省的集权统治。但随着抗战进入相持阶段,战区扩大,国民政府所能控制的地区日渐缩小,半壁江山沦亡,临近前方各省与敌伪犬牙交叉,复杂之至,特别是在游击区内,国民政府中央与省时时脱节,省与县脱节更多,导致中央政府统率地方出现困难。为改变这一状况,从根本上控制处于战区各省,国民政府采取釜底抽薪之计,改订财政收支系统,"虚省实县",即"凡省内之国家行政悉受中央指挥,凡地方自治与建设悉归各县办理;省只为自治之监督,立于中央与县之间,以收联络之效"。② 通过财政收支系统的重新划分,中央最终掌握了对财政的绝对控制能力,也促进了中央与省行政上的密切联系,达到了中央集权的最高形式,因为它使以蒋介石为代表的国民政府不仅在军事、政治上占有绝对优势,而且在经济上也掌握了其他地方派系的饷糈来源,使他们不得不听命于中央。

2. 田赋收归中央并改征实物,这是中国近代财政史上的一个重大变化,它对抗战的胜利发挥了重要的作用

前已提及,田赋素为中国公共收入之主要财源,历来属于国家(中央)的财政收入。自入民国以来,因政局混乱,大小军阀拥兵割据,田赋落入地方军

---

① 张神根:《论抗战后期国民政府对国家与地方财政关系的重大调整》,陈红民主编:《中华民国史新论——经济·社会·思想文化卷》,生活·读书·新知三联书店2003年版,第23页。
② 荣孟源主编:《中国国民党历次代表大会及中央全会资料》上册,光明日报出版社1985年版,第639页。

阀手中,成为他们军饷财用的主要来源。国民政府成立后,实行关税自主和开办统税等措施,使关、盐、统三税成为国民政府三大主要税源,遂破天荒地将田赋划归地方收入。田赋这种税制,历来是征收实物的,直至唐宋才折收银钱,一直延续到近代。民国以后,沿用旧制,仍收银钱。全面抗战爆发以后,因国家财政收入锐减,特别是1939年以后,以粮价为龙头的各类物价,不断上涨,军粮民食顿受威胁。国民政府为谋对策,故在此次财政会议上出台了田赋收归中央并征实物的政策。财政部根据会议制定的原则,拟订了《战时各省田赋征收实物暂行通则》16条,自1941年7月23日公布施行。此后,各省田赋管理所先后成立,中央正式接管各省田赋,并同时着手征实物工作。与田赋征实相辅而行的还有随赋征购和征借办法。这是为解决田赋征实所得粮食不足而采取的措施。征购是采取定价随赋征购余粮的办法,按田赋数额的多少,依比例征购。具体办法是以所购额的三成按平价付给现金、七成付给粮食库券。粮食库券从征购后的第3年起,每年以面额1/5抵缴田赋应征之实物,5年全数抵清。由于粮价不断上涨,政府用现款支付征购粮食颇感困难,遂于1943年将征购改为征借,所有征借粮食一律发给粮食库券。通过田赋征实、征购和征借办法(简称田赋"三征")的推行,国民政府比较好地实行了粮食统制,政府征得大量粮食。从1941年到1945年6月,计实收谷、麦达24500万石。①此项谷、麦实物如把它折合成法币达16988700万元。田赋原应列作税项,但自征实以后,国民党政府财政部并未把它折成法币列入财政收支之内,如把它折成法币约数后与同期税项收入做一比较,其重要性可看得更清楚。各会计年度税项收入数字可参见表3-11,为便于比较起见,税收数字亦应随年度起讫的调整,而随加调整。

---

① 数字根据《财政年鉴》续编(第五篇),第107—122页和《财政年鉴》三编(第五篇),第32页、42页、46页及杨荫溥的《民国财政史》(中国财政经济出版社1985年版),第119页等资料综合而成。陆仰渊、方庆秋的《民国社会经济史》(中国经济出版社1991年版)第536页上的统计数字为260114059市石。

表 3-11　1941 年 7 月至 1945 年 6 月各年度税项收入与田赋
"三征"所得实物折合法币约数的比较①　　　单位:万元(法币)

年度	调整的税项收入	田赋"三征"折合法币约数	"三征"折合成税收的百分数
1941—1942	116000	511400	441
1942—1943	592800	1416900	239
1943—1944	1839600	4962800	269
1944—1945	3589400	10097600	281

注:* 1941—1942 年度的调整税项收入是这样得出的:以上年度收入的 2/3 与下年度收入的 1/3 相加,
即 66700 万元×2/3+280700 万元×1/3＝116000 万元。以后各年度计算相同。在急剧通货膨胀下,
以年度后半期作 2/3 计算,比各自折半计算要接近事实一些。

从表 3-11 可知,将国民政府通过田赋"三征"得到的实物折成法币,其数额逐年度都超过其通过各项税收征集的数目:高的年度几达其 4 倍半,低的年度亦几为其 2 倍半,平均则为其 3 倍多(307%)。如果把在计算中偏于保守这一因素估计在内,说它平均不低于税收的 4 倍,看来并不夸大。② 可见,田赋收归中央并改征实物的施行,不但大大增加了中央政府的财政收入,而且基本保证了国统区五六百万军队、成千上万公教人员和大批文化教育科技人员的用粮,使他们的生活给养尚能勉强维持,从而为当时的抗战提供了物质支持。同时,田赋"三征",使政府节省了向市场采购军粮的大量法币支出,对缓解 1941 年后国统区的通货膨胀、减少赤字起了较大作用。据此有人认为,田赋征实在 1941 年后"成为首要的单一的税源"③。因为有了田赋征实,所以军队和政府才能度过漫长艰苦的对日抗战,所以说,田赋收归中央并改征实物对保证抗战胜利起了至关重要的作用。

至于浙江省的浙江田赋改征实物,开始于 1941 年,分上下两期征收。下

① 杨荫溥:《民国财政史》,中国财政经济出版社 1985 年版,第 120 页。
② 杨荫溥:《民国财政史》,中国财政经济出版社 1985 年版,第 122 页。
③ [美]杨格:《1927—1937 年中国财政经济情况》,中国社会科学出版社 1981 年版,第 77 页。

期田赋被中央接管,即照粮食部所订《各省田赋改征实物暂行通则》办理。上期田赋,则照《浙江省田赋征收实物及米折办法》进行。征收标准,规定以原有各县田地山荡应征的上下期田赋、省县正附捐税,及比照田赋标准,或按数征收之税费,暨带征之征收公费总数,依照七七事变之前一年内,即 1936 年 7 月至 1937 年 6 月之平均米价折算之。但各县征收实物,如因事实困难,得将米额折合法币征收,以各县各期田开征 2 个月前 4 个月之内平均公定米价为折征标准。这是指征实县份而言。游击区和沦陷地区仍照旧征收田亩捐,地价税区亦仍旧征收地价税,均不改征实物或米折。由于法令上规定,征实或米折可以择一征收,各县就征币(米折)而不征物。所以这一年上期田赋,名为征实,而实际上是征收田赋米折的实价。浙江田赋自 1941 年开征实物,至 1945 年截止,其中还带征了征借和公粮。这 3 个项目的派额和实征数字如表 3–12 所示。

表 3–12　1941—1945 年浙江田赋征实、征借、公粮数额

单位:石

项目\年度	征实			征借		公粮	
	派额	实征数	实征数占派额的比例	派额	实征数	派额	实征数
1941	1351000	1384214	超额				
1942	1700000	1627072	96%			566600	
1943	1739000	1672873	96%	869500	836436	579600	557957
1944	1229600	1229810	超额	730200	超额	409600	409936
1945	奉令豁免						
合计	6019600	5913969	98%				

资料来源:魏思诚:《民国时期的浙江粮食管理与田赋征实》,《浙江文史集粹》经济卷上册,浙江人民出版社 1996 年版,第 21 页。

当然,由于 1941 年后国统区的腐败和各级官吏(特别是粮政人员)的贪污盗窃,加上田赋"三征"实本身的特殊困难,这一政策在实施过程也产生了

不少弊端,主要是国民政府不顾农民死活,无度征收,给国计民生带来了十分不利的影响。田赋"三征",名义上是由土地所有者负担,但实际上土地所有者都直接或间接地把一部分或大部分负担转嫁到农民头上,例如四川地主出粮完成征实任务者不到半数,而四川所交粮赋的总额仍是足额,有时还要超过,这部分粮食就是靠加重对农民的掠夺而来的。即使有的地主出了粮,也要比农民承担的轻得多,因为地主承担的田赋,又往往以提高地租的方式转嫁给农民。地主所交的田赋实际上是农民所交地租的一部分,即"赋出于租"。同时,地方豪强往往倚仗权势,勾结粮政人员瞒报田亩,逃避负担。而众多的小粮户或因天灾人祸、或因经营不善,深感负担加重,生活堪虞,甚至征购完罄,无法维持一家食用,只得自杀身亡的事也时有所闻。[1] 至于政府粮政人员营私舞弊的事,更是数不胜数,这些钱粮师爷都是弄钱的能手、鱼肉乡里的地头蛇,在征实征购中,他们超额催科,随意增加附加,验粮入库,从中勒索。当时四川曾有一民谚,谓"做官不如从良(即当粮政局长),从良不如当娼(即当仓库主任)"[2],即指经收田赋征实之下级人员之舞弊发财而言。另外,在货币信用制度日渐发达的时代,恢复田赋征实,违反社会经济进化的大趋势,因为恢复征实后,粮食的储运与库收成为一大问题。我国内地山岭重叠,交通险阻,农户纳粮必须送往指定之粮食集中点,有的远道挑送,遭沿途之征缴与收粮机构之勒索,往往送一斗要赔一斗。各地征存之粮食运输出境,所需运输费用极巨,往往超过粮食本身之价值,因此仓库存粮充溢,天时潮湿,霉败堪虞。"征实"的种种弊端,不一而足。抗战结束后,国民政府借口复员需要,延长征实时间,赋额也越来越重,田赋征实成为扰民的一项苛政,遭到人民的普遍反对,也为国民政府的覆灭埋下了伏笔。

---

[1] 陈昭桐主编:《中国财政历史资料选编》第十二辑(下),中国财政经济出版社1990年版,第268页。
[2] 陈昭桐主编:《中国财政历史资料选编》第十二辑(下),中国财政经济出版社1990年版,第269页。

3. 省公债由中央接收和整理,这在中国近代公债史上是一个值得注意的重大变化

中国各省地方发行公债,始于清光绪三十一年(1905年)之直隶公债,此后各省如法炮制,或为弥补收入,或为筹措军饷,或为赈济灾难,有具备担保按期偿还者,有从未偿还者,情形复杂,不一而足。国民政府成立后,各省地方为举办建设事业,弥补政费起见,发行省公债,总额达41774万元。这些地方公债的发行既干扰了中央债的推销,影响了中央政府的财政收入,又不能保证及时清偿而损害了政府债信,自有整理的必要。此次会议决议财政收支系统改订以后,各省财政收支,既由国库统一处理,省级预算编审办法,亦经改订,所有各省从前发行之省公债,其债权债务,统一由中央接管,以资整理。接着,财政部拟定"省公债接收及整理办法",自1941年起于财政部设置整理省公债委员会,办理各省公债之接收与整理事宜,并规定自1942年1月起各省不得再发行公债,所有已发行而未售出之余存债票,一律缴国库保管,其用于抵押之债票,也一并移缴。至于各省公债的本息基金,均改由国库拨发。但1942年1月以前所有到期应付未付本息,仍责成各省自行偿清。计已经财政部接收之省公债前后有广西、陕西、山西、河南、西康各1种,江西、浙江、广东各2种,甘肃、安徽、湖南各3种,湖北4种,福建5种,四川6种,计14省共有公债35种,总额达41774万元,经详加分析研究,其中大部分均系用以借款抵押品,实际发行者,为20481万元有余,除历年已中签还本者外,截至1942年底,核计尚负债额173677547元。① 这35种省公债之中,清偿手续,极不一致,清偿年限,有长有短,利率亦有大小;对于持票人之债权,自有重新予以确立的必要,为此故发行了1943年整理省公债债票17500万元,利率周息6厘。债票按清偿年限之长短,分为4类:计第一类5200多万元,清偿年限为1951年12

---

① 陈炳章:《五十年来中国之公债》,中国通商银行编:《五十年来之中国经济》,六联印刷股份有限公司1947年版,第134页。

月;第二类计 6600 多万元,清偿年限为 1961 年 12 月;第三类计 4100 万左右,清偿年限为 1971 年 12 月,第四类计 1400 多万元,清偿年限为 1981 年 12 月,①原有的各种省公债,照此整理办法,分别予以调换收回。浙江省历年发行的公债尚未偿还的 23056945 元,归入此次整理案中的第一类债票和第二债票中进行整理。

经过此次整理,各省公债名目划一,清偿手续趋于简便,信用提高。同时,通过整理,国民政府财政部完全垄断了公债的发行,加强了对地方政府的财政控制。然而展期偿付而不提高利率,在通货膨胀不断加剧的情况下,使债权人损失巨大。

4. 省地位的下降

根据会议的相关决议,财政收支系统改制后,省地方收支划归中央统筹分配,除县地方自治财政系统捐税外,其余税收均由中央直接设局办理,省财政厅仅秉承中央的命令执行预算,并协助中央推行税收政令。从此省财政只有支出而无收入,在支出时还得遵照如下原则:除保安、救济等紧急措置外,其余计划外的支出必须事前呈经行政院核准方可动支,省政府的财政权受到很大的限制。正如浙江省主席黄绍竑所说:"自从中央财政收支系统改变之后,省政府的地位,在实质方面好似已不复存在。"②直至 1944 年 7 月,中央政府才放宽了审核的尺度,将行政院核准权力下放给省务会议议决动支。

(三)1941 年后的浙江省财政

与全面抗战前两次财政会议相比,1941 年夏,国民政府召开的第三次全国财政会议所通过的两个主要决议案——改订财政收支系统和田赋收归中央并改征实物,都是当时战争环境下的特殊措施,都是以能与军事相互配合为前

---

① 马寅初:《财政学与中国财政问题——理论与现实》,商务印书馆 1948 年版,第 464 页。
② 黄绍竑:《黄绍竑回忆录》,广西人民出版社 1991 年版,第 427—428 页。

提的,它在全面抗战的非常时期,无疑具有积极的意义,即有利于全国财政的统一,有利于集中全国的抗战力量,去争取最后的胜利。但从财政在平时自身所固有的独立性来观察,此次改订财政收支系统具有一定的消极性,因将全国收支系统分为国家财政与自治财政两大系统,省级财政取消后,省政府失去了收入来源,在施政方面就难有作为,省级官员和公务员的工作积极性受到很大打击,甚至出现"地方官只有中央给多少钱就办多少事,不给钱就不办事"的现象。①

就浙江而言,财政收支系统改订后,省财政每况愈下。因为省财政只有支出而无收入,省政府的权限已经小得可怜,它所能自由动用的经费,只有六七十万元的第一预备金。这六七十万元"听上去好像惊人,实际照币值折算起来,在全面抗战前不到千元"。② 中央签发的支出数表面上看是逐年增加的:浙江省级财政支出从 1942 年的 8490.47 万元,增至 1943 年的 10347.67 万元,1944 年又增加到 21505.82 万元,1945 年再增至 45000 万元。③ 加上从 1942 年起国民政府以改善公教人员生活为目的、给浙江签发的省级公粮支出:1942 年为 1057.44 万元,1944 年增至 6480 万元。④ 两项合计,从绝对数字看,浙江的财政支出大幅增长了,但是如果考虑到物价指数的话,浙江省的实际财政支出是减少的,且幅度还不小。如果以 1937 年上半年作为基数(100),1942—1945 年的全国零售物价指数分别为 4027、14041、48781、190723,⑤然后再把各年的指数都除以 100,得出 1937 年的物价指数为 1,制成表 3-13。

---

① 《浙江省政府主席黄绍雄演词》,第三次全国财政会议秘书处编:《第三次全国财政会议汇编 第一编 会议之经过》,国民政府财政部总务司 1941 年版,第 37 页。

② 黄绍竑:《黄绍竑回忆录》,广西人民出版社 1991 年版,第 470 页。

③ 1942 年至 1944 年为支出签发数,参见财政部统计处编:《中华民国战时财政金融统计》,1946 年,第 42—43 页;1945 年为预算数,参见黄绍竑:《黄绍竑回忆录》,广西人民出版社 1991 年版,第 453 页。

④ 参见财政部统计处编:《中华民国战时财政金融统计》,1946 年,第 42—43 页。1943 年和 1945 年的数据不详。

⑤ 秦孝仪主编:《中华民国经济发展史》(第二册),(台北)"近代中国出版社"1983 年版,第 716—717 页。

表 3-13　1942—1945 年扣除物价指数后的浙江省财政支出表

单位:万元(法币)

项目＼年度	1937	1942	1943	1944	1945
支出签发数(含省级公粮支出)	3023.27※	9547.91	10347.67	27985.82	45000
物价指数	1	40.27	140.41	487.81	1907.23
实际支出数	3023.27	237.09	73.69	57.37	23.59

资料来源:财政部统计处编:《中华民国战时财政金融统计》,1946 年,第 42—43 页;黄绍竑:《黄绍竑回忆录》,广西人民出版社 1991 年版,第 453 页;秦孝仪主编:《中华民国经济发展史》(第二册),(台北)"近代中国出版社"1983 年版,第 716—717 页。※1937 年数为预算数,参见表3-9。

由表 3-13 可知,扣除物价指数后 1942 年的浙江实际支出仅相当于 1937年的 7.8%,1944 年更是降至 1937 年的 1.9%左右(1943 年、1945 年省级公粮签发数不详,暂且不论),1942 年后省级财政简陋不堪的程度可见一斑,对此,黄绍竑曾感慨道,"以分管全国四亿五千万人的各省政府,只此微薄的支出,……怎能应付余裕?"。[①]

1941 年后严重的通货膨胀与财政处置权的丧失,迫使浙江省政府不得不尽力减少支出,以保证广大公教人员的最低生活水平。省政府还通过省营贸易公司办理省级机关的物品供应,给公务员提供比市价低得多的日用品,以减轻他们的负担。[②] 但因为数量有限,也是杯水车薪,无济于事。

四、1941—1945 年的浙江自治财政

我国近代以来的地方行政区划,基本上分为省(市)、县(市)二级,但在

---

① 黄绍竑:《黄绍竑回忆录》,广西人民出版社 1991 年版,第 454 页。
② 黄绍竑:《黄绍竑回忆录》,广西人民出版社 1991 年版,第 510 页。

1934 年 6 月的第二次全国财政会议之前,县级财政无论名实都没有独立之地位,仅是省财政的附庸。直至 1941 年全国第三次财政会议改订财政收支后,将全国财政分为国家财政与县自治财政两大系统,省级财政并入国家财政,自治财政则以县市为单位,并包括县以下各级地方自治团体。至此,县级财政才规模粗具。浙江省的县级财政体制演变基本上是与中央的规定同步的,下面将从 1941 年前的浙江县财政概述、1941 年后的浙江县财政收入和县财政支出分别论述。

(一)1941 年前的浙江县财政概述

县财政是地方财政的重要组成部分,但自清末开始萌芽的县级财政长期以来并没有得到应有的发展。1928 年 6 月召开的国民政府第一次全国财政会议厘定了国家财政和地方财政收入和支出的权限,确立了中央、地方两级财政体制。但此所谓"地方财政",系以省级为主体,县"殊无独立地位可言"。[①]1934 年召开的第二次全国财政会议,议定"划分省县收支原则"五项,财政收支系统有采行三级制之趋势。1935 年国民政府颁布《财政收支系统法》,明确划分了中央、省、县的收入与支出的范围,形成了中央、省级、县级三级财政体制,但因全面抗战很快爆发,此法未及施行。1939 年《县各级组织纲要》颁布实施,重新确定了县的制度(一般称为"新县制"),县级财政才算是真正得到了独立。对于县财政的收入和支出,《纲要》有确实之规定,下面申论。

1. 财政收支系统改制前的浙江县财政收入

《县各级组织纲要》中规定:"县为法人",规定县之财政均由县政府统收统支,明确了县的收入来源为:土地税之一部(在土地法未实施前各种属于县有之田赋附加全额)、土地陈报后正附溢额田赋之全部、中央划拨补助地方的

---

① 财政部财政年鉴纂编处编:《财政年鉴三编》第十二篇"地方财政",中央印务局 1947 年版,第 1 页。

印花税三成、土地改良物税（在土地法未实施之前为房捐）、营业税之一部（在未依营业税法改定税率以前为屠宰税全额及其他营业税 30% 以上）、县公产收入、县公营事业收入、其他依法许可之税捐，[①]分述如下。

从国民政府公布的各省县地方岁入预算[②]分类表看，在财政收支系统改制前，田赋附加是县地方收入的重要来源，其占全部岁入的百分比，以各年度百分数平均计，高者占 60% 以上，如江苏、甘肃等省，大部分省份在 30%—50%，浙江为 21%，[③]属于占比较低的省份。

屠宰税在 1939 年新县制实施前一般全部归省（或由县加征附加），在县收入中不占重要地位。但自《县各级组织纲要》实施后，屠宰税一律划拨归县，1941 年屠宰又改按价征收，税收愈增，成为县地方第一重要税源。当年各省县预算中屠税收入所占全部县税课收入之百分数，高者占 40% 以上，如广西、四川，浙江占 30%。[④]

县税课收入除田赋附加、屠税附加外，还有契税附加、牙税附加和房铺捐，由于有的科目不能完成预算任务，为了弥补缺口，就要在正式的税外征收种种名目的杂捐杂税。如永康县有据可查的各种杂捐杂税前后有：建设附捐、田赋附捐、田赋特捐、教育附捐、治虫费、自治附捐、保卫户捐、壮训户捐、方岩签诗捐、旅客难民捐、改善士兵待遇献金等近 60 种。[⑤] 从全省的情况来看，1936 年各县杂税杂捐收数额为 771.78 万元，占当年岁入预算的比例高达 46.62%。[⑥]

县财产收入以公学款产租息为主，包括物品售价收入、租金使用费及特许费收入、利息及利润收入、财产及权利售价收入等，从其所占县总预算之百分

---

① 财政部财政年鉴编纂处编：《财政年鉴续编》第十三篇"地方财政"，财政部财政年鉴编纂处发行 1945 年版，第 6 页。

② 浙江各县预算的普遍编造，始于 1935 年，故下文县预算的相关数据一般从 1936 年开始。

③ 彭雨新：《县地方财政》，上海商务印书馆 1945 年版，第 66—67 页。

④ 彭雨新：《县地方财政》，上海商务印书馆 1945 年版，第 68 页。

⑤ 永康县志编纂委员会编：《永康县志》，浙江人民出版社 1991 年版，第 313—314 页。

⑥ 贾德怀：《民国财政简史》，上海商务印书馆 1946 年版，第 642 页。

数看,以各年度百分数平均计,浙江为4.31%,占比属于全国较高省份。

县补助费收入,包括省对县直接补助以及中央拨省间接拨县各款。就各省历年县补助费所占全部岁入的平均百分数观之,最高者为宁夏,达47%。大部分省份在10%—20%之间,如浙江为14.29%。

其他收入,凡不属于前述各项之收入,如特赋收入、规费收入、惩罚及赔偿收入、信证管理收入、公有营业及事业盈余收入、公债收入等统归入此类。此类收入各县情形极不一致,就浙江全省而言,1936年其他收入总数为323.12万元,占当年岁入的比重为19.52%,[1]综合1936年至1940年间,浙江各县其他收入占岁入总数的比重平均为22.48%左右。[2]

上述几类收入,浙江各县因县域大小、人口多寡与经济水平参差不一而各不相同,下面以永康县为例,列表如3-14所示,以窥见一斑。

表3-14 1936—1941年永康县地方岁入预算表

单位:万元(法币)

科目 \ 年度		1936	1937	1938	1939	1940	1941
岁入总数	数额	16.54	18.22	10.04	21.37	67.5	91.53
	%	100	100	100	100	100	100
田赋附加	数额	3.68	3.68	1.39	4.29	9.94	35.74
	%	22.24	20.20	13.84	20.07	14.73	39.05
各项捐税	数额	9.07	9.44	5.14	6.52	8.06	15.91
	%	54.83	51.81	51.2	30.51	11.94	17.38
地方财产收入	数额	0.62	0.62	0.35	0.81	2.85	4.86
	%	3.74	3.4	3.5	3.79	4.22	5.31

---

① 贾德怀:《民国财政简史》,上海商务印书馆1946年版,第642页。
② 彭雨新:《县地方财政》,上海商务印书馆1945年版,第73页。

科目 \ 年度		1936	1937	1938	1939	1940	1941
地方事业收入	数额	0.58	0.61	0.39	0.89		
	%	3.5	3.34	3.88	4.16		
地方行政收入	数额	0.57	0.19	0.08	0.53	2.48	4.5
	%	3.44	1.04	0.8	2.48	3.67	4.92
省补助收入	数额	1.22	3.06	0.93	4.93	18.34	25
	%	7.38	16.8	9.26	23.07	27.17	27.31
杂项收入	数额	0.79	0.62	1.76	3.4	25.83	5.52
	%	4.78	3.4	17.53	15.91	38.27	6.03

资料来源:根据永康县志编纂委员会编:《永康县志》,浙江人民出版社1991年版,第304页改制。

由表3-14可知,在全面抗战爆发前后的几年中,各项捐税、田赋附加和省补助收入稳居各项预算收入的前三位,直至1940年情况才有所改变,杂项收入和省补助收入上升至第一、第二位,田赋附加退居第三位,而1941年田赋附加又升至第一位,省补助收入和各项捐税分居第二、第三位。而且,从表面上看,永康县1936年至1941年的预算大都收支平衡,①但事实并非如此,预算表中有的收入是虚列的,往往无法实现,尤其在全面抗战爆发后情况更是如此。对此,浙江有的县干脆明列赤字,如临海县1940年岁出预算计6449929元,其中赤字107000元,占预算的16.6%。为了弥补赤字,县政府只好横征暴敛,加重人民负担。②

① 永康县1936—1941年各年的预算支出总数分别为:1936年16.79万元、1937年18.22万元、1938年10.06万元、1939年21.37万元、1940年67.49万元、1941年91.53万元,与预算收入数基本相同。参见永康县志编纂委员会编:《永康县志》,浙江人民出版社1991年版,第305页。

② 方新德:《国民政府时期浙江县政研究》,浙江大学出版社2012年版,第221页。

2. 财政收支系统改制前的浙江县财政支出

1931 年国民政府颁发《预算章程》，1933 年浙江省颁布《浙江省各县编制地方预算暂行办法》（下简称《办法》），1935 年按中央新规定试编预算，浙江对原有《办法》进行修正，并规定了各县地方预算岁入岁出科目。岁出具体科目共为十二项：党务费、自治费、公安费、保卫费、财务费、教育文化费、卫生费、建设费、救恤费、杂项支出、债务费、总预备费。1939 年国民政府公布的《县各级组织纲要》，规定"县为地方自治单位"，但同时又规定县政府职权除"受省政府之监管办理全县自治事项"外，并"受省政府之指挥执行中央及省委办事项"，即县虽为地方自治单位，同时亦为国家行政之地方行政组织，因此，县地方支出的内容，遂可分为两大类：一为基于县为地方行政单位而为之支出的行政经费；二为基于县为地方自治单位而为之支出的自治经费。

（1）行政经费。县政府的行政经费最初由省财政负担，如 1931 年浙江规定一等县年支出 21216 元、二等县 17988 元、三等县 15780 元。这笔经费对县政府来说，主要用于工作人员的薪俸开支。如 1929 年德清县的行政经费为 16320 元，其中薪俸支出为 12960 元，占了经费总额的近 80%，办公费仅 2160 元，①只占总额的 13.23%。但考虑到当时县政府大都没有先进的通讯和交通工具，也没有大量的出差、接待任务，所以这笔经费在全面抗战前基本能应付县府的日常开支。

全面抗战爆发后，省政府实行一系列的紧缩政策。自 1937 年下半年起，省拨补各县党务经费及废除苛捐杂税等补助费，分别核减为三成或七成发放，县行政经费从全部拨补减为月拨 700 元至 1000 元不等。1938 年 2 月，浙江省政府颁布《浙江省各县市地方支出紧缩办法实施条款》，规定：各机关薪给或生活费、警察机关员警薪饷按照新定标准减成支给。保安警察队、防空监视

---

①　方新德：《国民政府时期浙江县政研究》，浙江大学出版社 2012 年版，第 223 页。

哨、保甲侦探情报组及社训经费之薪给部分免予折扣,但办公经费应尽量减支。非必要之机关,或事业经费,一律停拨。[①] 1939 年实行"新县制"后,省、县财政分家,行政经费由县金库开支。表面上县具有了固定财源,但由于县预算编列渐趋完整,就 1941 年的各县预算行政费内容言,除县政府本身经费均已列入外,区乡镇公所及保办公处经费、会计室、合作指导室、兵役协会及其他行政机关经费,以及县行政会议费、人员训练费、户籍册报费、统计调查费,各种临时设备购置费等都包括在内,[②]导致行政经费内容庞杂,且此时的通货膨胀已开始,其直接结果是公务人员难以依靠原有薪俸度日。

(2)自治经费。县自治经费的支出,主要用在治安、文教卫生、建设、地方自治和救恤等方面,而以治安、文教为大头,下面以 1936 年浙江的部分县为例说明之。

表 3-15　1936 年浙江部分县除行政费外的财政支出表

单位:元(法币)

科目 县份	支出 总数	公安保 卫经费		党与自治 经费※		教育文 化经费		建设 经费	
绍兴	1122199	254748	22.70%	120585	10.75%	158685	14.14%	62707	5.59%
鄞县	1464719	449769	30.71%	191809	13.10%	332165	22.68%	67273	4.59%
临海	241712	64924	28.83%	68421	28.31%	66071	26.92%	13374	5.53%
寿昌	71565	21973	30.70%	21305	29.77%	13899	19.42%	2680	3.75%
龙游	186560	69333	37.16%	38641	20.71%	33816	18.13%	6871	3.68%
义乌	132478	42285	31.19%	22021	16.62%	47222	36.65%	3499	2.64%
崇德	304785	36196	11.88%	33494	10.99%	49890	16.37%	6088	2.00%

资料来源:浙江省政府公报,第 2934、2936、2943、2951、2952 期。李国祁:《闽浙两省制度、行政与人事的革新》,《中国史学论文选集》第五辑,幼狮文化事业公司印行,第 930 页。根据尹红群《民国时期的地方政权与地方财政(1927—1945)——以浙江为例》(博士学位论文,浙江大学,2005 年)第 39 页表 2-7 改制。注:※为区乡镇保甲行政费,时称地方自治经费。

---

① 《浙江省各县市地方支出紧缩办法实施条款》,《浙江省政府公报》法规专号第二辑,1939 年 4 月,第 245—250 页。

② 彭雨新:《县地方财政》,上海商务印书馆 1945 年版,第 45 页。

由表3-15可知,表中所列7县中,有5县的公安与保卫经费占岁出总预算数第一位,占支出总数的比重在20%—40%之间,仅义乌与崇德两县的公安与保卫费列第二(两县列第一的均为教育文化经费)。表中显示的另一个特点是,7县所列建设经费都很少,最高的鄞县为6.72万元,最低的寿昌仅为2680元,占预算岁出比重最高的5.59%(绍兴),最低的仅2%(崇德)。在此种预算安排下的县财政,只能是应付各种例行开支(供机构、养人),根本无力去扩大或深入进行自治建设。

县自治经费的来源,少量由省政府补贴。抗战全面爆发后,浙江省又对各县按其田赋省正税实收数额进行补助抗战经费,用于编练自卫团队,组织政工队,救济难民,储备食粮,征集夫役,及其他抗战事业费用。补助比例从实收的四成到全数补助不等。但即便有此补助,自治经费的绝大部分仍需由县自行筹集,其途径有对各种税收增加附加(主要是田赋附加)和开征杂税杂捐,进行各项摊派及县公款公产的收入等。① 但这种饮鸩止渴的做法只能是使基层社会本已有限的生产力遭到进一步的削弱。

(二)1941年后的浙江县财政收入

1941年6月第三次全国财政会议,将全国财政收支分为国家财政与自治财政两系统,自治财政以县市为单位,包括县市乡(镇)之一切收入支出。同年11月国民政府公布《改订财政收支系统实施纲要》(以下简称《纲要》),自1942年起在全国施行。《纲要》规定自治财政系统的收入有十五项:(1)税课收入;(2)特赋收入;(3)惩罚及赔偿收入;(4)规费收入;(5)信托管理收入;(6)财产及权利收入;(7)公有营业之盈余收入;(8)公有事业收入;(9)补助收入;(10)地方性之捐献及赠予收入;(11)财产及权利之售价收入;(12)收回

---

① 方新德:《国民政府时期浙江县政研究》,浙江大学出版社2012年版,第225页。

资本收入;(13)公债收入;(14)赊借收;(15)其他收入。① 自《纲要》实施后,县财政收入所发生变化者主要有二,简要分析如下。

1. 地方税制渐趋统一

财政收支系统改制前地方杂税名目繁多,或名称相同而内容互异,种种弊端,均由税制混乱而起。自财政收支系统改订系统后,县单独税源为房捐、屠宰税、营业牌照税、使用牌照税、筵席及娱乐税(行为取缔税改称)五种,为划一全国地方税制起见,国民政府先后颁布各税征收通则,以便各省遵照办理,一扫过去税法纷歧现象。

(1)房捐。房捐一般以城镇房屋为课征对象,按照房租或房价向房产所有人或典权人征收的一种税。房捐为地方税种之一,从民国初年到南京国民政府期间,历次国家收入与地方收入的划分方案及以后几次财政收支系统的划分,均将房捐列为地方税。但各地所订房捐征收章制繁简不一,分歧较大,形成省与省殊、县与县异。1941 年改订财政收支系统,定房捐为市县收入。财政部为解决以往房捐征收的混乱现象,统一制订颁布《房捐征收通则》,以后又三次公布和修正《房捐条例》,使房捐名称、征免范围、捐率、罚则及税收负担人基本趋于统一。

房捐的征课,主要是以出租房屋的租金收入为标准。捐税负担,除少数地区规定主客各半或由房客负担外,多数省市规定由房主负担,因此房捐应属收益税性质。以后由于课税范围扩大,自有自用房屋及无租金房屋均普遍按房价征捐,并统一规定房捐全部由房产所有人负担,房捐因而又具有财产税兼收益税性质。② 浙江省各县(市)的房捐预算数历年大多在 170 万元至 300 万元

---

① 中国第二历史档案馆编:《中华民国档案资料汇编》第五辑第二编,财政经济(一),江苏古籍出版社 1997 年版,第 211—212 页。
② 国家税务总局组织编写:《中华民国工商税收史—地方税卷》,中国财政经济出版社 1999 年版,第 168 页。

之间,1937 年为 200 万元左右,1941 年降至约 174 万元,1942 年又升至 287.84 万元。①

（2）屠宰税。屠宰税是对税法规定的几种牲畜在发生屠宰行为时,向屠宰单位或个人征收的一种税。此前各地征收屠税,税率不一,征收情形极为紊乱。1941 年 8 月行政院公布《屠宰税征收通则》,确定屠税为消费税,按照肉价征税,其税率范围为 2%—6%,此外,不得征收附加。从屠宰税划为县（市）地方独立税源后,收入逐年大幅度递增,在 5 种自治税捐中所占比重很大。1937 年浙江全省的屠宰税仅 42.65 万元左右,1941 年升至 107.37 万元,1942 年再升至 810.1 万元。②这一方面是由于屠宰税收入直接关系到县（市）财政情况的好坏,加强了征管。改定额税率为弹性税率,改以前的从量征收为后来的从价征收,充裕了税源。另一方面也由于通货加速膨胀,法币不断贬值,也是屠宰税收入增大的重要原因。

（3）营业牌照税。营业牌照税之前身,为特种营业执照税与普通营业牌照税,其课税范围与等级均甚纷歧。1935 年的《财政收支系统法》,将营业牌照税列为县税,但因影响省级收入甚巨,除桂、川、粤等少数省外,其余各省均未实施。1941 年第三次全国财政会议,以实施新县制需要经费甚切,决议举办,并明定为自治财政税收之一,财政部即拟订《营业牌照税征收通则》(以下简称《通则》)十六条,由行政院于同年 8 月公布施行。该《通则》中规定:"凡经营戏馆、酒馆、旅馆、饭馆、球房、屠宰户及其他应取缔之营业,均征收营业牌照税。"营业牌照税的税率:全年税额不得超过上年营业税收入之 2.5‰;其课税标准,依照全年营业总额划分等级征收,但至多不得超过六等。浙江省

① 财政部财政年鉴编纂处编:《财政年鉴续编》第十三篇"地方财政",财政部财政年鉴编纂处发行 1945 年版,第 116 页。
② 财政部财政年鉴编纂处编:《财政年鉴续编》第十三篇"地方财政",财政部财政年鉴编纂处发行 1945 年版,第 117 页。

1941年、1942年的预算额分别为129.3万元和311.08万元,①居各省前列。

（4）使用牌照税。使用牌照税由各省原有的船捐车捐改变而来,是对使用公共道路,河流的车、船等交通工具,按其种类、大小实行定额征收的一种税,在历次划分国地收支中均划为地方税。1935年,《财政收支系统法》中始改称为使用牌照税,并定为县税。第三次全国财政会议决议后,1942年2月行政院公布施行《使用牌照税征收通则》,以为各省市县制定单行章程之根据。该《通则》规定,凡使用公共道路河流之车、船、肩舆及其他交通工具,除汽车及以机器行驶之车辆另照《汽车管理规则》办理外,一律向所在县市缴纳使用牌照税,税率按照下列规定分四季缴纳:车——人力驾驶者,每辆全年不得超过36元;兽力驾驶者,每辆全年最高不得超过72元。船——人力驾驶者,每只全年不得超过80元;机器行驶者,每年每吨最高不得超过5元。肩舆——每乘全年不得超过24元。兽力驮驮——每驮全年最高不得超过18元。浙江省1941年、1942年预算所列使用牌照税收入分别为47.26万元和56.5万元。②

（5）筵席及娱乐税。筵席及娱乐税即行为取缔税,财政系统改制前,各省市县政府间有征收。1935年公布的《财政收支系统法》,曾有行为取缔之规定,即以筵席及娱乐为课征范围,属于县地方税,但迄未订定税法、划一整理。第三次全国财政会议有划一征收行为取缔税之决议,因此,国民政府于1942年4月颁布《筵席及娱乐税法》,省政府同时拟定《浙江省各市县行为取缔税征收规程(草案)》,规定凡应取缔的行为,一律按价征收行为取缔税,由顾客负担之。其征收标准是:筵席按其费用总额征收10%;戏剧、马戏场及其他娱乐场所按票价征收30%;其他应取缔之行为,拟征收税款由当地市、县政府会

① 财政部财政年鉴编纂处编:《财政年鉴续编》第十三篇"地方财政",财政部财政年鉴编纂处发行1945年版,第117页。

② 财政部财政年鉴编纂处编:《财政年鉴续编》第十三篇"地方财政",财政部财政年鉴编纂处发行1945年版,第121页。

同经征机关依照监督地方财政办法,酌定税额,呈请省政府核准征收之。浙江省1941年、1942年此税的预算数分别为12.01万元和131.41万元。[①]

2. 实施中央补助县(市)制

在1941年以前,中央对县市之补助(除以印花税三成辅助县市外)概由省库支发。自实施改订财政收支系统后,省财政并入国家财政系统,中央对自治财政系统之补助款,径由中央拨支。1941年后中央补助县款,可分为两大类:一为国税拨补,二为特别补助。前者系根据《改订财政收支系统实施纲要》第四条所规定之种类及成数,予以拨补,后者则系按各省县市财政经济实况,以库款酌予补助。1942年度中央划拨县税款,除印花税按纯收入30%、遗产税按纯收入25%分配外,营业税系按纯收入30%,土地税(地价税或田赋)按各县市1941年度预算原额照拨;契税照原有附加率估计照拨。

1942年财政部制定《中央分配县市国税处理办法》和《编审县(市)预算办法》,规定中央对县税款划拨,除印花税及遗产税依照上面标准外,营业税按中央纯收入三成列入县预算;地价税或田赋均按各县1941年度预算原额列出,不得变更;契税照各县原有附加率估计编列;1942年度县补助收入,照1941年度预算所列本省补助费原额列为中央补助收入,其在贫瘠县市,收支不敷,由中央于1941年度给予特别补助费者,应照数列为中央特别补助收入;此项特别补助费应由省政府就中央核给该省总额斟酌各县财政状况与施政情形统筹分配。此外,准各县于中央1942年度田赋征实以外,带征县公粮三成列入预算。就实际情况而言,中央拨补县市之各项国税,以田赋及营业税数额最巨,约占全部税款总额90%以上。

上述办法对1941年后县收入的影响如何呢? 详见表3-16。

---

① 财政部财政年鉴编纂处编:《财政年鉴续编》第十三篇"地方财政",财政部财政年鉴编纂处发行1945年版,第122页。

表 3-16　1942—1945 年浙江所属县市地方岁入分类预算表

单位:元(法币)

科目 \ 年度		1942	1943	1944	1945
总 计	数额	105519935	337720710	965271979	3468209597
	%	100	100	100	100
(自治)课税收入	数额	53955407	44477020	214019535	524750377
	%	51.13	13.17	22.17	15.13
分配县市国税收入	数额		45367500	95164762	131172051
	%		13.43	9.86	3.78
其他税捐收入	数额		27601937		
	%		8.17		
国税附加收入	数额		17067670	3376000	6130000
	%		5.06	0.35	0.18
特赋收入	数额	—	1200	2000	17889179
	%		0.00036	0.0002	0.52
规费收入	数额	1535050	4511021	9646442	47010824
	%	1.45	1.34	1.00	1.36
惩罚及赔偿收入	数额	1097420	4869650	16237228	34894920
	%	1.04	1.44	1.68	1.00
公有事业收入	数额	9124430	729892	597798	6551936
	%	8.65	0.22	0.06	0.19
公有营(事)业之盈余收入	数额	686725	1407500	2004917	23175211
	%	0.65	0.42	0.21	0.67
财产及权利售价(孳息)收入	数额	4217394	18180507	44026780	194351579
	%	4.00	5.38	4.56	5.6
地方性捐献及赠予收入	数额	1234300	18919521	34404385	1307993368
	%	1.17	5.6	3.56	37.72

科目 ＼ 年度		1942	1943	1944	1945
信托管理收入	数额		1296200	454000	620000
	%		0.38	0.05	0.02
补助收入	数额	15017000	1005000	843000	1088000
	%	14.23	0.3	0.09	0.03
公债收入	数额		800		9600
	%		0.00023		0.0003
收回资本及基金收入	数额		51000	151000	3584000
	%		0.015	0.016	0.10
赊借收入	数额		—	—	
	%				
公产公款收入	数额			—	
	%				
各乡镇收入	数额		95651559	477141058	
	%		28.32	49.43	
其他收入	数额	18652209	56582735	40628208	43421433
	%	17.68	16.754	4.21	1.25
公粮收入	数额			—	1125567119
	%				32.45
地政收入	数额			9185255	—
	%			0.95	
积谷收入	数额			17389611	—
	%			1.80	

资料来源:根据财政部统计处编《中华民国战时财政金融统计》(1946年内部印行)第46—52页重新编制。※1942年的预算表式与其他三年的略有不同,"税课收入"科目以笼统列之,未区别"分配县市国税收入""国税附加"等名目。

观表3-16可知,1942年因预算表式中的"税课收入"科目以笼统列之,未区别"分配县市国税收入""国税附加"等名目,故列各项收入的首位,而"其他收入"和"补助收入"分列第二、第三位;1943年、1944年居县收入首位的均为"各乡镇收入",因1939年国民政府颁布的《县各级组织纲要》,规定乡镇为县自治之基层,乡镇财政有五项收入(依法赋予之收入、乡镇公有财产之收入、乡镇公有营业之收入、补助金、乡镇民代表会议决征之临时收入),实际上主要财源为公有财产收入与捐募收入;居各项收入第二位的这两年各不相同:1943年为"其他收入",1944年为"自治税课收入",这两年居第三位的均为"分配县市国税收入",可见该项收入在县财源中还是占有比较重要的地位,但到了1945年情况有了很大改变,"地方性捐献及赠予收入"占预算岁入的比重高达37.72%,上升至各项收入的第一位,"公粮收入"居第二位,"自治税课收入"从上年的第二位退至第三位,而"分配县市国税收入"更是退至第五位。再看中央对浙江各县市的特别补助:1942年为1501.7万元,占预算岁入的比重达14.23%,高居各项收入的第三位,而1943年、1944年的补助款分别降至100.5万元和84.3万元,占比各降至0.3%和0.09%,1945年的补助款数额虽然微升至108.8万元,但由于通货膨胀严重,其占岁入的比重降至0.03%,已经是微不足道了。

总之,由于财政收支系统改制后,田赋收归中央,县级田赋收入大减,加上营业税改归中央后,1942年后的营业税征收未能随税率增加、物价上涨而有显著之进步,县方应得收入又受重大之影响,种种因素导致中央对县的拨补收入明显减少。为了能更直观地观察这一情况,我们把表3-16中的各类收入归纳为县税收入、拨补收入、地方财产及事业收入和其他收入四大类,再与1941年进行比较,可一目了然。

表 3-17　1941 年、1945 年浙江所属县(市)预算收入分类百分比

年度 类别	1941	1945
县税收入	18%	15%
拨补收入	63%	4%
地方财产及事业收入	10%	6%
其他收入	9%	75%

资料来源:《抗战八年来浙江之财政》,浙江省档案馆藏,档号 L31-1-26。转引自尹红群:《民国时期的地方政权与地方财政(1927—1945)——以浙江为例》,博士学位论文,浙江大学,2005 年,第129 页。

　　从表 3-17 可看出,同 1941 年相比,1945 年的浙江各县收入中不但中央的拨补收入大幅减少(由 1941 年的 63%减至 4%左右),县税收入占岁入的比重也从 18%降至 15%,该年县收入的大部分属于"其他收入",其中又以"地方性捐献及赠予收入"占比最重。因 1942 年《财政收支系统纲要》核定税目之后,收入来源本感不足,而县事务往往临时有所变动,如后备队之编训,军粮之供应,局势突变因应费之支出,尤非原有财源所能支应,各县摊派筹款之风乃又盛行,虽为中央政令所限制,但地方政府以财源无所取、亏短无所补为由,在 1942 年后以"地方性捐献及赠予收入"的名义列入预算,实际上使摊派成为合法之收入来源。对此,黄绍竑曾指出:"现在县里唯一可靠的税收,就是屠宰税,其余的都是零星的收入,而(且)是极易取怨于人民的税收。此外则还有一种'人民捐献及赠予'(这是财政收支系统法上规定的自治财政科目之一)的收入,既非抽税,又非募债,简直就是摊派,捐献不过是一个好听的名词而已。现在各县预算,就以捐献的收入作弥补,中央则严禁摊派,而事实上各县则不能不变相摊派,县府遂变至为怨府,距亲民爱民之道远矣!"[1]

_____

[1]　黄绍竑:《黄绍竑回忆录》,广西人民出版社 1991 年版,第 454 页。

（三）1941年后的浙江县财政支出

按照1941年11月国民政府公布的《改订财政收支系统实施纲要》的相关规定,自治财政系统的支出有16项:政权行使支出、行政支出、立法支出、教育及文化支出、经济及建设支出、卫生及治疗支出、保育及救济支出、营业投资及维持支出、保安支出、财务支出、债务支出、公务人员退休及抚恤支出、损失支出、信托管理支出、协助支出及其他支出。① 浙江自实施国家财政与自治财政的划分后,县预算科目的编制与上述纲要中颁布的自治财政系统支出科目略有不同,共分为21项(政权行使支出1943年后未列),②其中增加的科目有乡镇临时事业费、预备金、新兴事业费、特种事业费、地政支出(设地政科县份编列)、县公粮支出、未分配数等,其减少的一项,即立法支出。详见表3-18。

表3-18   1942—1945年浙江所属县市地方岁出分类预算表

单位:元(法币)

科目＼年度		1942	1943	1944	1945
总计	数额	105519935	337720710	965271979	3468209597
	%	100			
政权行使支出	数额	1075400	—	—	—
	%	1.01			
行政支出	数额	27389270	42344404	75254216	392050679
	%	25.96	12.54	7.8	11.30
教育文化支出	数额	11030724	24225434	56435802	290841540
	%	10.45	7.17	5.85	8.39

① 中国第二历史档案馆编:《中华民国档案资料汇编》第五辑第二编,财政经济(一),江苏古籍出版社1997年版,第212页。

② 参见尹红群:《民国时期的地方政权与地方财政(1927—1945)——以浙江为例》,博士学位论文,浙江大学,2005年,第133页。

续表

科目 \ 年度		1942	1943	1944	1945
经济及建设支出	数额	22310316	8372198	14180073	87341187
	%	21.14	2.48	1.47	2.52
卫生及治疗支出	数额	2476013	6635903	14392135	49671147
	%	2.35	1.97	1.49	1.43
社会及救济支出	数额	1738141	4525947	13783602	38540250
	%	1.65	1.34	1.43	1.11
营业投资及维持支出	数额	16220	80000	1185000	6160000
	%	0.01	0.02	0.12	0.18
保安警察支出	数额	20498002	68360413	140356776	636183783
	%	19.43	20.24	14.54	18.34
财务支出	数额	2339068	9033553	20582910	76805694
	%	2.22	2.67	2.13	2.21
债务支出	数额	243158	281022	188555	2168095
	%	0.23	0.08	0.02	0.06
公务员退休及抚恤支出	数额	69238	283279	577143	2144316
	%	0.07	0.08	0.06	0.06
损失支出	数额	—	140500	—	
	%		0.04		
信托管理支出	数额	1521647	866803	1766807	5249876
	%	1.44	0.26	0.18	0.15
补助及协助支出	数额	—	—	3568051	12037048
	%			0.37	0.35
新兴事业费	数额	—	—		336335962
	%				9.7
特种事业费	数额	—		8696219	
	%			0.90	

续表

科目＼年度		1942	1943	1944	1945
其他支出	数额	2547321	56436679	65441238	329305329
	%	2.41	16.71	6.78	9.5
预备金	数额	6333519	22325976	45037556	120430427
	%	6.00	6.61	4.67	3.47
县公粮支出（积谷支出）	数额			17389611	1082944264
	%			1.80	31.23
地政支出	数额			9295227	
	%			0.96	
乡镇临时事业费	数额		93808599	477141058	—
	%		27.78	49.43	
未分配数	数额	5931898	—	—	
	%	5.62			

资料来源:根据财政部统计处编《中华民国战时财政金融统计》(1946年印行)第56—62页相关数字编制。

浙江省实施新县制后,县政府组织有了很大的扩展,机构增多,人员充实,地方事业也陆续启动,财政支出呈现膨胀趋势:1941年各县预算总额为59805475元,[①]1942年增为105519935元,1943年再增至337720710元,1944年更是增至965271979元,抗战结束时的1945年已经达到3468209597元。从预算数字看,1945年比1941年增长了50余倍,县支出的增长率是惊人的,但如果考虑当时物价飞涨因素的话,上述增长率就要大打折扣了。

如前所述,县地方支出可分为两大类——行政经费和自治经费,按此分类下面对表3-18进行分析。

首先,从行政经费看,1941年后的县行政经费虽然仍为三大经常性支出

---

① 财政部统计处编:《中华民国战时财政金融统计》,1946年印行,第55页。

之一,但总体呈下降趋势。1942 年的行政经费为 2738.92 万元,其占预算岁出的比重高达 1/4 多(25.96%,如果加上政权行使支出,占比则更高),在各项支出中居首位。1943 年行政经费的绝对数虽然增加至 4234.44 万元,但其占岁出总额的比重却降至 12.54%,下降了一半左右,在各项支出中的排位也降至第四。1944 年行政支出的占比更是降至 7.8%(排序仍为第四),1945 年的行政支出占比为 11.3%,略有回升。县行政支出总体呈递降的原因,主要是全面抗战爆发后,因战事影响,公安保安费增加很多,其占预算岁出的比重多在 15%—20% 之间,常居各项支出的第二位(仅 1942 年排第三),挤占了行政开支。另外,到 1941 年后,各项临时支出列入"其他支出"科目增多,致使预备金及其他支出所占县预算百分数突增(1942 年的"其他支出"仅占预算岁出的 2.41%,在各项支出中排第七,1943 年"其他支出"的占比骤升至 16.71%,排位也升第三。1944 年、1945 年的占比虽略有下降,但大都在保持在 5%—10% 之间),导致其他各项支出百分数之降低。

其次,从自治经费看,1941 年后的县自治事业处于膨胀状态。如乡镇事业费支出在 1943 年、1944 年均排在各项支出的首位,其占岁出的百分比在 1944 年几乎达到预算数的一半,这是实施新县制过程中对乡镇事业关注的结果。再如教育支出,其在预算岁出中的占比虽呈缓慢下降趋势,由 1942 年的 10.45% 降至 1944 年的 5.85%,但其在各项支出中的位置基本保持在第四至六位之间,加上有的县在统收统支之外,各显神通,拓展教育经费来源,使战时的浙江教育总体呈发展态势。对战时的教育,无论是省政府还是县政府都作出了一定的努力,使教育事业不致因战争而中断甚至有所发展。就经济建设支出论,虽然数额上逐年增加,但其所占预算支出的百分比呈下降趋势,1942 年为 21.14%,1943 年降至 2.48%,1944 年再降至 1.47%,其在预算各支出中的排序也从 1942 年的高居第二,降至后来的第八和第十,这当然与当时的战乱环境大有关系。其他支出方面,内容很多,如救济事业、卫生事业、地政工作、公有营业投资、特种事业、新兴事业等,在整个自治财政中虽不占重要地位,但反映出县所举办事业增多,支出的范围大大扩展了。

　　总之,我们在前文大略分析了全面抗战时期浙江县财政的情况,因战乱导致保存下来的财政资料很少,我们的分析大多数情况下只能基于预算数字。当然,预算是一个虚列收支的账面,这账面上的很多收入是无法实现的。如税课收入的征收是极不稳定的,有些情况下实际征收不能达到预算计划的要求。下列黄岩县1942年至1943年的税课收入预算与实征情况对比表就很好地说明了这一点。

表3-19　黄岩县1942—1943年的税课收入预算与实征情况对比表

单位:元(法币)

税种＼年度	1942		1943	
	预算	实征	预算	实征
房捐	294000	175150	441000	预算之86%
警捐			441000	预算之70%弱
自治户捐	588000			
屠宰税	358000	完成任务	107000	1190000
行为取缔税	31000	6280		
营业牌照税	50510	25255.8	100000	65308
使用牌照税		6253.7	33180	19373
筵席娱乐税				预算之70%

资料来源:《黄岩县政年鉴》,1947年,浙江省档案馆"资(二)735"。转引自方新德:《国民政府时期浙江县政研究》,浙江大学出版社2012年版,第236页。

　　由表3-19可知,除屠宰税外,其余税种均未完成预算任务。在基层的实际中,县财政收支的许多方面已经发生了很大的变化。就财政收支结构而言,实际合法租课收入在财政总收入中所占百分比一再减少,上级拨补数额增加有限。支出方面因物价飞涨而一再膨胀,县财政日益陷于严重的困顿之中。1941年的财政改制,中央政府的原意在于削弱省财政,确定和扶持培育县自治财政,使之独立,俾有益于发展地方建设事业。但实际上,省财政的削弱并没有使县自治财政得益,至少从浙江的情况看是如此。所以,财政收支系统改制的实际效果只是加强了中央财权。

综合全面抗战时期浙江省的财政收支实况,如表 3-20 所示,以见其概貌。

表 3-20　1937—1945 年浙江财政收支数比较表

单位:元(法币)

年度	收入	支出	余(+)或亏(-)
1937	24414495	22012322	+2402173
1938	36130444	10168811	+25961633
1939	40688208	34459312	+6228896
1940	46962334	41228643	+5733691
1941	59805475	59805466	+9
1942	109722043	111567220	-1845177
1943	337720710	198029206	+139691504
1944	965271979	513976345	+451295634
1945	3468209579	720358000	+2747851579

资料来源:浙江省财政税务志编纂委员会编:《浙江省财政税务志》,中华书局 2002 年版,第 163 页。

注:1938 年数字系根据国民政府的财政预算编列。

第四章　战时财政对浙江
全面抗战的贡献

　　1937 年七七事变爆发后，日军于同年 11 月在杭州湾北岸一线沿海登陆，直至 1945 年 8 月全国抗战胜利，在全面抗战期间，浙江儿女不屈抗战，用自己的血肉之躯、不可战胜的民族气节和惊天动地的英雄壮举，终于将侵略者赶出了家门，在中国人民抗日战争史上写下了辉煌的一页。八年全面抗战，浙江的经济并未崩溃，财政支撑了全省的战费与建设经费，主政者坚持抗战建设并重，全力筹措军需供应、国防工程、伤民救济、自治建设等巨额经费，为浙江抗战的胜利作出了重要贡献。

一、筹措抗战经费，保障浙江抗战胜利

（一）地方军费开支激增，渐至支出首位

　　如前所述，在 1928 年公布施行的《划分国家支出地方支出标准案》中，军费划归国家财政支出。但在国民政府前期，很多省份仍有军费负担。以浙江为例，在北洋政府时期，浙军为数甚众，拥有相当实力，由于反对孙传芳，响应北伐，故在 1926 年至 1927 年间大多数被收编为国民革命军，浙江的地方武装

已所剩无几。浙江临时政治会议为推行军队的中央化和维持地方治安所需，决定撤销全省警备队，设立省防军。在浙江分会主政时期，先后共编成地方武装 8 个团，归省府军事厅管辖。后浙江分会议定再建立警备独立团，"该团由政治会议浙江分会主席指挥，经费由浙江省政府拨给"，①具体在公安费中开支。关于全面抗战前浙江公安费的支出情况，第二章中已简单提及，1931 年为 5257299 元，占当年财政预算支出的第二位，1932 年和 1933 年的公安费略有所减少，分别为 4147661 元和 4731051 元，仍占该两年预算支出的第二位。从公安费在全面抗战前的实支数看，其在各项支出中的地位也大抵如此，请观表 4-1。

表 4-1　1931—1934 年、1936 年浙江省各项支出占岁出的百分比

单位:%

年度\\科目	1931		1932		1933		1934※		1936	
	%	位次	%	位次	%	位次	%	位次	%	位次
党务费	0.76	11	0.56	13	0.97	12	1.21	9	1.86	10
行政费	6.48	4	4.87	6	7.73	4	10.98	4	12.15	5
司法费	5.09	6	3.52	7	4.40	7	9.79	5	6.64	6
公安费	13.32	3	14.60	3	10.11	3	17.13	2	19.50	1
财务费	3.58	7	3.24	8	3.15	8	4.64	7	5.25	7
教育文化费	5.58	5	5.87	4	7.35	5	12.54	3	14.42	4
建设费	2.31	9	5.84	5	5.04	6	5.71	6	16.66	3
卫生费	0.22	14	0.28	14	0.32	13	0.53	11	0.55	11
债务费	28.79	1	24.53	2	26.94	2	32.31	1	16.81	2
协助费	3.08	8	1.67	10	1.37	10	0.77	10	3.60	8
抚恤费	0.64	12	0.68	12	0.30	14	0.38	12	0.48	12
箔类税项下拨付苏省及教育费	0.64	12	0.86	11	1.00	11			0.06	14

① 浙江省政府秘书处编印:《浙江省临时政治会议及中央政治会议浙江分会会议纪录汇刊》1928 年 5 月。转引自尹红群:《民国时期的地方政权与地方财政(1927—1945)——以浙江为例》,博士学位论文,浙江大学,2005 年,第 18 页。

续表

年度\科目	1931		1932		1933		1934※		1936	
	%	位次	%	位次	%	位次	%	位次	%	位次
上年度未付讫	27.36	2	31.56	1	27.92	1			2.82	9
总预备费							3.38	8		
杂项支出	1.61	10	2.41	9	2.96	9			0.20	13
总计	100		100		100		100		100	

资料来源:《浙江省政府公报》第 1686、1936、2245 期,《浙江财政月刊》1935 年统计专号,《浙江财政》第十卷第四、五期(1937 年 2 月 15 日)。根据尹红群《民国时期的地方政权与地方财政(1927—1945)——以浙江为例》(博士学位论文,浙江大学,2005 年),第 23—24 页表 1-4 重新制作。※1934 年为预算支出百分比例。

从表 4-1 可以看出,公安费用一直是全面抗战前浙江省财政支出中的一个大项,在财政上所占比例年有增加,从 1931 年的 13.32%,增至 1934 年的 17.13%,最后增至 1936 年的 19.50%,其在各项支出的位次也由 1931 年的第三跃居 1936 年的第一。公安费用的逐年增长,除稳定社会秩序的需要外,主要原因是上海一·二八淞沪抗战后,日本扩大侵略中国的野心暴露无遗,浙江的国防地位日趋重要,国民政府在浙江开始了较大规模的国防工事建设,主要是改善战略要地的交通和修筑乍平嘉国防工事。乍平嘉国防工事从浙江境内的乍浦镇起,“经平湖嘉兴两县,而至苏浙交界之王江泾镇,全长八十余公里,此线由我负责建筑。当时中央拨款一百万元,我以经费太少,殊难建筑强固工事,即由省府拨款一百五十万元,以资补充”。[1] 公安费的渐增,使浙江财政的实际收支额差距拉大,不足部分则举债弥补,致使债务累积至巨。

1. 全面抗战时期浙江地方武装的建立、发展及其参战

1937 年,抗日战争全面爆发后,浙江成为中国抗战的东南前哨。在浙江 1000 多里的海防、江防及数百里的陆防线,处处有被日军侵犯的可能。这么

---

① 黄绍竑:《黄绍竑回忆录》,广西人民出版社 1991 年版,第 307 页。

长的防线,如果完全要靠中央军来布防,是不可能的。因此,为巩固国防计,浙江的地方部队必须担负起协防的重任,直接参加战斗,担负作战的任务。因为有维持治安和协同中央军参加战斗两大任务,浙江的地方部队逐渐扩大,部队的经费自然随之增加。

浙江在全面抗战前,原地方武装有保安团、保安警察队、警察队以及国民抗敌自卫大队等,组织虽不少,但力量很薄弱、散漫,只能维持和平环境中的治安,担当不起战时保家卫国的重任。1938年初,国民党中央军事委员会颁布了《国民抗敌自卫团组织法》,规定战区及失陷地区成立"国民抗敌自卫团",要求省主席兼总司令,以统一指挥全省抗敌自卫工作。浙江是全面抗战的前哨,是最早沦陷的省份之一,因此于6月29日即在金华成立"浙江省国民抗敌自卫团总司令部"。下设支队,区设总队,县设大队,不能编足大队的县,设独立中队。总司令由黄绍竑主席兼,副总司令由保安处长宣铁吾兼;专员兼区总队长,保安队长兼副总队长;县长兼县大队长,副大队长由各县的社训副总队长或县抗日自卫委员会军事组主任兼任。总司令下设参谋长一人(张谓文),高级参谋若干人(裴时杰、陈适等)。总司令部设在金华成美中学,机关分7个处:秘书、参谋、工程、军法、总务、政训、经理。司令部总部所隶的部队编有8个支队:第一支队由原省会警察队改编,队长赵龙文;第二支队由各社训总队改编,队长王梦、韩治;第三支队由黄绍竑的卫士营扩编,队长黄权;第四支队是新编的,队长徐图远;第五支队由绍兴地方部队改编,队长郑器光;第六支队由余姚地方部队改编,队长徐志余;第七支队由内河水警改编,队长朱炳熙;第八支队由广西部队改编,队长胡云飞。各专区设立的总队,共有9个,基本上由原有的区武装力量改编。各县设立的大队或中队,数量不等,有设1个大队或1个中队,也有设2个大队或2个中队,根据各县需要及可能来定。乡(镇)再按实际需要,运用原有的壮丁队组织及其他民众编组成各种任务队,有工程、救护、谍报、纠察、破坏、宣传等队。总计抗敌自卫团全部人员约2万人左右,到1939年发展到近10万人,在浙江形成了一支强大的地方武装系统。"一省的区域里面增加了这许多队伍,自然要增加财政上的负担。"①从表3-9可以清楚地看出,全面抗战时期浙江的公安费无论是支出规模还是占比都是逐年增加的。1936年浙江的公安费为342.33万元,1937年升至435.66万元,增加了近百万元,至1939年已增加到1019.35万元,1940年再增至约1731.4万元。公安费占各年岁出总数的比重,从1937年的14.41%增至1940年的27.64%,占比几乎增加近一倍。其在各项岁出中的排位,也从第三升至第一。

根据其建立宗旨,"浙江省国民抗敌自卫团"的任务主要有五个部分:(1)与国军协同或单独作战;(2)在未失陷地区维持社会治安;(3)在失陷地区维持国家政权;(4)领导社会养成尚武斗争之新精神;(5)作全民动员参加抗战之核心。② 所以,国民抗敌自卫团除一部分担任维持地方治安、政权外,其余部分皆协同国民党正规军或单独作战。如第5支队,在队长郑器光带领下,首先渡过钱塘江,进入杭嘉湖地区展开敌后抗日斗争。随后,第六、第三支队,在徐志余、黄权的率领下,也过江深入海北的海宁、海盐等沦陷区进行游击活动,还曾几次破坏过沪杭铁路。第一支队守卫富春江南岸,也经常渡过富春江进行抗日游击活动。1940年春,钱江战役后,浙江省国民抗敌自卫团的8个支队整编为4个纵队(相当于4个师),以黄权、翁冀勉、裴时杰、劳冠英任纵队司令。不久,蒋介石深恐浙江变为"广西第二",决定将其收编拨归"国军",乃饬令第十集团军副总司令俞济时负责接收整编。于是,浙江省国民抗敌自卫团被改编为陆军暂编第九军(辖3个师),至1941年冬,浙江省国民抗敌自卫团总司令部正式撤销。在抗敌自卫团存在的3年时间内,它先后与日军展开了几十次战斗,其中最有影响的有东洲保卫战、坎门战役、海盐保卫战、温岭战役、"三进杭州"等,择要介绍如下。

---

① 黄绍竑:《黄绍竑回忆录》,广西人民出版社1991年版,第394页。
② 黄绍竑:《黄季宽抗战言论集》,江南出版社1940年版,第277—278页。

东洲保卫战

东洲沙位于富阳县城东郊,是富春江上的一个大沙岛,四面临水,面积20多平方公里,自 1937 年 12 月 24 日日军侵占富阳城后,这里与日军的驻地仅一水之隔,成为浙东军民抗日的前沿阵地。1938 年 11 月,浙江省国民抗敌自卫团第一支队派部分兵力驻防东洲沙,他们常常出其不意地潜渡过江予敌以沉重打击,他们还剪断日军的电线、破坏公路交通,扰得日军不得安宁。因此,日军是必欲除之而后安。同时日军也想利用这里的有利地形,以大沙岛为跳板,伺机突破富春江天堑,进一步进攻浙东地区。1939 年 3 月 19 日到 20日,日军先是连续炮击东洲沙。3 月 21 日拂晓,雾幕弥漫,驻杭州的日军土桥一次师团一部约 120 余人,在富春江北岸的周家浦一带乘橡皮船在炮火的掩护下从东洲的浮沙、紫沙一带强行登陆。守卫东洲沙的第一支队官兵虽经奋力抵抗,但由于日军施放毒气,并增兵至 500 多人,守军不得不撤退到富春江南岸,日军占领了东洲沙中部的陆家浦。陆家浦失守后,第一支队立即予以反攻,他们组织了约 100 多人的队伍从灵桥、里山一带渡过富春江,于当日夜晚占领了陆家浦前沿阵地,22 日凌晨便从东、南、西三面向陆家浦之敌发起突然袭击,面对第一支队的迅猛攻击,日军手足无措,稍加反击后便撤离陆家浦,退守浮沙。22 日上午,日军增加兵力至 800 多人,并在炮火的配合下向第一支队发起疯狂反扑,双方激战达 8 小时之久,自卫团官兵损失 60 余人,第一支队不得不再次撤出阵地,陆家浦二陷敌手。但第一支队马上又组织了第二次反攻。22 日深夜,他们在小沙、长沙两处分别设下伏兵,将主力布置在里山和茅庵,另外派出一部分绕道凌家桥以北地区袭扰日军后方,待夜幕降临后小沙伏兵潜渡过江,进入周家浦以北地区,长沙伏兵经东洲西端直到大岭脚,两股部队分别潜伏于日军之左右。午夜时分,主力部队强行渡江,向日军发起反攻,左右两翼也同时袭击敌人,遂使日军处于四面受敌之处境。为防后路被断,进犯东洲沙之敌于 23 日仓皇逃向余杭方向,第一支队乘胜挺进,将残余之敌逐出东洲,23 日下午 1 时,东洲沙再度光复。东洲保卫战历时 50 多小时,它是日军占领杭州后发起的第一次大规模的进攻。在这次战斗中,第一支队伤亡将士200余名,但是经过英勇战斗终于收复了东洲沙,粉碎了日军"扫荡东洲,强渡富春江",以配合对南昌进攻的图谋,巩固了敌我隔江对峙的局面。①

坎门战役

坎门位于玉环县东南角,与东北角之楚门隔海相望,是战时温台前线的一个军事要点。坎门以南就是乐清湾和温州港。温州港是浙江省战时重要的对外贸易港口。向南可以连接我国的马尾和香港,通到欧洲大陆;向北可以到达上海,转道欧亚各地,是浙江外航的枢纽。全面抗战爆发后,浙江省"国民抗敌自卫团"3个支队被调往温台前线,担任海防。1939年6月23日凌晨,日军第五舰队以航空母舰1艘、舰艇6艘,汽艇4只,潜水艇3艘为主力,前往坎门,企图进占温州港。26日,日军以密集火力为掩护,对坎门、车首台、膺东一线展开全面进攻,并派遣海岸登陆队强行登岸。抗敌自卫团发觉后立即出击,战斗持续约20分钟,日军死伤五六名,弃尸返舰,坎门战役由此展开。当时驻守坎门、黄大吞阵地的是抗敌自卫团第三支队第二大队,为加强前线防御力量,二大队抽调玉环县第一中队的两个分队,赴坎门增援;同时第三支队第一大队亦奉命赴坎门。自26日下午发动战争起,日军不断以多架飞机为掩护,派遣小汽艇、帆船载运陆战队向花岩礁、同安坑、膺东等处沿岸阵地进攻。自卫团各部对日军予以坚决还击。然双方兵力相差悬殊,日军炮火十分猛烈,自卫团阵地被炸毁,无险可守,被迫转到5里外的水孔口、塘垟等山隘,相机反攻。27日,日军派遣飞机侦察坎门,上午5时,日舰2艘进犯东沙,经自卫团官兵坚强防守,日军被迫退却。8时,停泊在坎门洋面的日舰增至7艘,日军军舰相继放下汽艇15只,向坎门各线进攻。第二大队以坎门阵地高突、花岩礁一带兵力薄弱,无法坚守,遂转入第二道防线,扼守砲台山、凤凰山等阵地,坎门失守。日军占领坎门后,即派遣400名陆战队员,四处掳掠,屠杀民众,并

---

① 袁成毅:《浙江通史·民国卷·下》,浙江人民出版社2005年版,第243—244页。

将坎门外洋面 200 多艘渔船击沉于大黄岙与瓯江水道中。7 月 1 日,日军原泊豆腐岩之军舰,移驻黄大岙,并派飞机多架,轰炸塘垟、陡门头我新阵地,几次以机枪掩护进犯,均被自卫团所属部队击退。是时第二大队一方面准备新阵地之反攻,一面挑选强干士兵数十人,化装难民,潜入坎门,作为反攻内应。7 月 2 日,第二大队派二中队由里奥、花岩礁、水孔口三路出击,日军仓皇应对,全线撤退。时驻守坎门外围之部队,趁势全线出击,坎门失而复得。① 坎门战役历时 13 天,日军伤亡 60 人以上,是全面抗战时期浙东前沿较为重大的一次战斗,它打退了日军企图进占战时浙江重要物资输出港口的企图,增强了沿海民众抗击日军的信心。

海盐战役

日军占领杭嘉湖地区后,除占据一些重要的据点外,广大的乡村大多仍为国民抗敌自卫团所控制,国民抗敌自卫团在沦陷区重建政权,征收赋税,破坏交通等行动,引起了日军的恐慌,为肃清沦陷区内的国民抗敌武装,日军先后发动了多次的扫荡,如 1939 年发生的海盐战役。1939 年 2 月 25 日,日军土桥部队一联队,伪军数十人,汽艇数十艘,水陆并进,骚扰海盐、海宁两地。并以沈荡、袁化和平湖的乍浦为据点,发动搜索,大肆扫荡。25 日下午,日军与自卫团第一纵队接战于信堂桥到丁桥一带;下午 2 时,又与第一纵第二大队一部遭遇于沈荡,经过激烈战斗,日军死伤 50 余人,击沉敌汽艇 1 艘,自卫团也死伤几人。26 日,日军进占海盐县城及沈荡。自卫团第一纵队被阻于海盐城以南地区,联络隔绝,日军不时以汽艇四处搜索,第一纵队为保存力量,化整为零,疏散于海盐城以南地区。27 日,自卫团第一大队第一中队疏散于钱家场一带,潜伏活动。27 日上午 10 时,探知有敌人 30 余名,由袁化大路向钱家场进攻,中队长周之普迅速集中兵力,埋伏于钱家场、打铁桥一带,给敌人以猛烈攻击,战斗持续约 10 分钟,日军死伤过半,后日军后续部队赶到,自卫团即迅

① 《一年来浙江省抗卫团队之战斗经过》,《抗卫》第 3 期(1940 年),浙江省国民抗卫总司令部政训处发行,第 29—30 页。

速撤出战斗。3月1日至3日,自卫团撤退至在钟埭休整,一面整理部队,一面侦察地形。同时第一纵队设法越过海盐城,得知日军正在黄湾、袁化、澉浦、乍浦4据点日夜赶筑工事,以图固守。部队就从钟埭回到嘉兴和第二纵队取得联系;3月6日,召集各纵队长,计划收复海盐城,决定召集民工,征集阻塞河道材料,阻断敌人交通。到9日下午,自卫团所属部队以迅雷不及掩耳的手段,攻击海盐城、沈荡之敌。他们一方面占据西塘桥到百苧一线,警戒平湖方向的敌人;另一方面掩护民工破坏沪杭公路、阻塞各主要河流。布置停当,于9日下午发动总攻,海盐、沈荡少数敌人见自卫团来势凶猛,不战而退,至下午6时,自卫团胜利收复海盐城、沈荡。①

从国民抗敌自卫团的上述对日作战的战绩来看,虽然无法与正规军相提并论,但它有效配合了正规军的正面作战,为抗战的胜利作出了自己的贡献。

2. 修筑军事工程,保障军需供应

浙江的地方军费中除供给地方武装的军饷外,还需支撑军事工程和军需供应。早在1938年春,浙江就开始构筑诸暨县安华、牌头、建德及瓯江洋湾附近的国防工事,虽然它的强度比不上全面抗战前的乍平嘉工事,但都是永久性的工事。全面抗战爆发后在财力、物力极度困难的情形之下,浙江省竭尽全力去地完成了这项工作。"至其他部队随时随地需要地方民众构筑的防御工事,可以说差不多遍布于全省各县,所耗的民力、财力、物力,的确难以计算。"②

1941年冬,太平洋战争爆发后,以美国、英国、苏联和中国为代表的世界反法西斯联盟开始形成,同盟国之间需要互相配合、彼此支援。浙江在反法西斯侵略战争中处于重要地位,因它是轰炸日本本土最好的空军基地。于是建筑衢县飞机场的重大工程开始了。浙江人民冒着敌机轰炸的危险,夜以继日

① 《一年来浙江省抗卫团队之战斗经过》,《抗卫》第3期(1940年),浙江省国民抗卫总司令部政训处发行,第28—29页。
② 黄绍竑:《黄绍竑回忆录》,广西人民出版社1991年版,第400页。

努力地工作,不到半年功夫,修筑机场的工程很快就完成了。为了确保这个重要机场的安全,防备敌人的进攻与扰乱,就需要巩固衢县以东至金华、兰溪、义乌、诸暨沿线的工事。因此,国防工事的构筑,就随着机场的完成而大规模开展起来。一时间,以衢县附近为核心的一线上,集结了成千上万的劳动民众与堆积如山的建筑材料。由于所需构筑材料太多、太大(单就所需的竹木而言,就要 20 公分中径的大木 360 万根、竹子 90 万根),不是邻近几县所能办到的,必须到很远的县份征运,从数十里以至数百里远的地方,把这几百万根木竹搬运到衢州来。在政府与民众的共同努力下,这些东西,在短短的 1 个多月内,都集中到了衢县城的附近。为此,政府付出了 200 多万元的"代金",而地方上的人民为了抗战的胜利所付出的种种损失,恐怕要 20 倍于此。省主席黄绍竑对此十分感慨:"四百五十万根木竹(含验收时剔除的数字——引者注),数目是何等的惊人! 衢县城的人口,不过四万多,然堆在城区附近的竹木,就比它的人口数多出十倍以上。……真不胜其沉痛与悲感哩!"①

1942 年后国统区财政经济出现严重衰落的情况,国民党军队的官兵营养不足,体力、战斗力以及军纪风纪都急剧下降。为此,省主席黄绍竑在 1943 年命令当地的县政府要办好驻浙国民党军队的供应,切实做好对军队副食的供应工作,要求从当年 5 月起,每月每个士兵供应青菜 30 斤、黄豆 1 斤、猪肉 1 斤、食油 1 斤。此举措实施后,国民党士兵的身体健康确有一定的保障,但人民负担自然加重了,地方政府也增加了一项极繁重的工作。②

(二)利用财政资金和政策,建立兵工厂

浙江地方武装力量建立起来后,便需要武器装备。当时国民党中央只配给正规军枪械,各地自卫武装人员的枪械要求各省自己解决。于是,浙江就计划自己设厂制造,把原先从杭州撤退出来的一批机器制造技术人员和熟练工

---

① 黄绍竑:《黄绍竑回忆录》,广西人民出版社 1991 年版,第 401 页。
② 黄绍竑:《黄绍竑回忆录》,广西人民出版社 1991 年版,第 405 页。

人,以及二三十部残缺不全的机器集中起来,于 1938 年 1 月在丽水大港头设立浙江省铁工厂,派富有机器制造经验的黄祝民为厂长。经过 3 个月的试验,才造出 1 支步枪,1 挺机关枪与若干个手榴弹,而且外表还土头土脑,实弹射击效果也不佳。但大家并未灰心,又坐在一起,共同商讨,以作改进。经过一番努力,终于在七、八月间,取得了成功,只是数量稍少些。1938 年 9 月,位于丽水大港头的浙江省建设厅铁工厂与位于云和县的小顺铁工厂正式合并,组成新的“浙江省铁工厂”,以小顺厂为第一分厂,生产步枪为主,以大港头厂为第二分厂,工厂进入了发展壮大时期。1939 年 5 月,浙江省铁工厂原有炼药室扩充改组为第三分厂,设在丽水县玉溪村,以制造火药和弹药为主。同年 10 月,大港头第二分厂迁往丽水县塘头村(临近大港头)新厂址,以制造机枪为主,大港头厂区重新部署,成立第四分厂,生产机床设备和试制新武器。至此,在丽水、云和两县,浙江省铁工厂形成了 4 个分厂的布局,能够制造步枪、轻机枪、手榴弹、枪榴弹筒及各种爆炸品。同时又成立 1 个实验室,专门从事兵器研究与实验工作。这时,工厂规模已相当完备,做到研究、设计、试验与生产结合起来,使生产量逐日增加,制造了一些新的武器,黄绍竑分别将其命名为“七七式轻机枪”“七七式步枪”“七七式枪榴弹筒”。1941 年春,各厂共拥有 4000 多工人,机器增至 1000 多部,每月可产 1000 多支步枪,50 多挺轻机枪,五六万枚手榴弹、枪榴弹筒。产品除满足本省需要外,还远销到广西、贵州、福建、广东、安徽、甘肃等地。[①] 浙江的兵器制造工业,除浙江铁工厂外,还有浙赣铁路副局长吴竞清在龙泉创办的工厂,利用火车上的轴钢,来制造迫击炮和重机枪。当时的瓯江上游,无形中就变成了一个军事工业区。

在浙江省铁工厂筹建和扩建期间,云和县政府和省财政厅为工厂提供了很大的帮助。1938 年 4 月,宁波各工厂迁入云和县,勘定小顺镇地方为厂基,云和县县长密令长顺乡乡长“就近切实协助进行”。5 月,为准备建厂所需的

---

① 黄绍竑:《黄绍竑回忆录》,广西人民出版社 1991 年版,第 398 页。

砖瓦,云和县政府命令所属乡镇"速即转知各砖瓦窑户尽量赶烧,并仰克日将遵办情形具报,以凭转知该厂派员前往购办毋延"。浙江省铁工厂需要铁砂"化验备用",云和县政府即派人"检送铁砂二百斤"。浙江省铁工厂为建造厂房进行招标,云和县政府通知各乡建筑商"凡有意承包上项工程者,依限前往长顺乡小顺村该厂筹备处接洽"。6月,云和县政府令一乡长挑选枪支"最优良者一枝"借给浙江省铁工厂仿制,还多次派员送生铁、铁块到工厂,垫付铁价和运费,并要求当地铁炉业主改进工艺,"以资试炼"。1939年1月,云和县政府致函浙江省财政厅,呈请浙江省铁工厂圈购民地的交易免予缴纳契税,得到批准;3月,云和县政府又致函财政厅,呈请浙江省铁工厂圈购民田豁免赋税,也得到批准,铁工厂直接使用的土地准予免赋。[1] 由此可见,浙江省铁工厂能在较短的时间内创办开工,云和县政府发挥了积极作用。而省财政在浙江铁工厂的创建中不但提供政策支持,更是给予了资金资助。从1938年至1941年的4年中,省库拨给浙江铁工厂的资金共计100万元。[2] 在全面抗战这样艰苦的环境下,浙江省政府自力更生创办兵工厂,并利用十分简陋的机器设备,制造出数量众多的武器,为国家解决了部分武器困难,减少了进口外国货,节约了不少军费开支,同时,兵工厂的创办,还给失业工人以就业的机会,并培养了一批熟练技工,为抗战作出了积极的贡献。1939年春,周恩来视察浙江期间,在黄绍竑的陪同下,专程考察了浙江铁工厂。当时担任军政部兵工署署长的俞大维在抗战胜利后发表的一篇文章中,也肯定了大港头兵工厂的成就。但兵工厂同样受到了国民党内"反共顽固派"的抵制和攻击,说黄绍竑此举是破坏中央兵工统一政策,是想准备造反,要求中央接收。蒋介石对此举也存有疑虑。1942年3月,国民党中央军政部就以"兵

---

① "浙江省财政厅指令田字第3547号,据呈铁工厂圈用民地民田赋税应否豁免等情核饬知照由",《铁工厂勘定小顺厂基》,云和县档案馆藏,档案号L007-001-053。转引自林心雨:《抗战时期浙江省铁工厂研究》,硕士学位论文,浙江大学,2018年。

② 浙江省建设厅编:《浙江省五年来建设工作报告》(1942年),《民国浙江史料辑刊》第一辑第7册,国家图书馆出版社2008年版,第568页。

工统一""制式统一"为理由,将浙江铁工厂及 3 个制造兵器的分厂全部收归中央管理。

二、筹集建设资金,促进浙江经济社会发展

全面抗战前浙江省历届政府就对经济建设十分重视,积极推动交通、能源、水利等基础设施建设,发展农业、林业建设,取得了比较显著的成效。表现在财政支出上是建设费用逐年递增,其占岁出实支数的比重从 1931 年的 2.31%增至 1936 年的 16.66%,其在各项支出中的地位相应的从第九升至第三,可参见表 4-1。当然,对于浙江省来说,表 4-1 所列建设费仅仅指建设行政费用,建设事业费用另设有建设专款制,或通过公债的形式来募集建设资金。但建设行政费的增加至少从一个侧面反映了浙江省的建设进程。全面抗战爆发后,浙江经济遭受了战争所带来的农业、工业、金融财政等各方面的惨重损失。省政府迁移至永康后,着手从交通运输、工业、农业和金融等方面采取一系列措施,以恢复和发展浙江的战时经济。

(一)交通建设

交通,是国民经济发展的基础性设施。浙江作为江浙财阀集团的基地、国民政府的"财赋之区",其交通发展受到相当重视。就公路建设而言,从 1928 年到 1937 年的 10 年间,浙江省共增加通车里程 3307.38 公里。1928 年至 1931 年建成的公路主要有:海宁至袁化、杭州市内拱宸桥至三廊庙、绍兴五云门至蒿坝、鄞县至奉化、杭州至长兴父子岭等线,共 583.61 公里;1931 年至 1935 年主要修筑的有乍浦至金丝娘桥、金华至永康及武义支线、华埠至婺源、丽水经云和至浦城、江山至浦城、丽水至永嘉等 10 条干支线,4 年增长 2343.65 公里。1936 年至 1937 年营运公路又增加了吴兴至平望、松阳至碧湖、永嘉至平阳等线,共 380.12 公里,浙江初步形成了以省会杭州为中心的公

路交通运输网络,可通江苏、安徽、江西、福建及上海等省市,省内除少数县份外均有汽车可通。[1] 全面抗战前浙江公路建设的经费来源除省政府的拨款外,采取了多渠道筹措,主要有:田赋附捐——浙江省原以卷烟特税为建路专款,1927 年因南京政府实行卷烟公卖,税收改归中央,省道经费因此无着,工程遂陷停顿。1928 年开始征收田赋附捐,以充建设专款,此为省款拨助,数额约为 230 余万元;发行公路公债——1928 年 4 月,浙江省政府颁布了《浙江省公路公债条例》,决定发行公债 500 万元,充作公路建设经费;营业收入——省营公路之业务收入,除管理行车修养必需之开支外,其余均须拨充筑路之用。此外,还有借款、公路股款募集等,多种渠道的经费来源,使得浙江省的公路建设有了坚实的物质保障,从而确保了浙江省各个地区公路建设的有序进行,取得了不错的成绩。

全面抗战爆发后,为防止日军机械化部队的深入,国军曾对浙江境内的公路干线进行有选择的破坏。全面抗战前浙江公路有 3700 余公里,因战事的摧残和破坏,共毁公路 2154 公里(其中沦陷里程 879 公里,破坏里程 1546 公里),[2] 至 1942 年底能通车的仅剩 1275 公里。在省会杭州沦陷后,浙江军政中心南移至金华(永康)、丽水一带,这里与外界的交通主要靠汽车公路运输,它担负着频繁的军运和客货运输任务。为此,省政府加强了对公路的改善、修复和新建工作。

公路改善工程约分为桥梁加固与逾龄重修、渡口加强与增进渡船设备、路线上坡度调度之减小、路面路基之加宽等。因省政府在全面抗战期间财政艰涩,无法拨发工款,只得在车主应得运费内酌量提取工程改善费以谋挹注。1938 年至 1942 年共改善丽长段、丽浦段、丽温段、衢寿段、衢浦段、衢淳段、杭

① 袁成毅:《浙江通史》民国卷(下),浙江人民出版社 2005 年版,第 73 页。
② 浙江省建设厅编:《浙江省五年来建设工作报告》(1942 年),《民国浙江史料辑刊》第一辑第 7 册,国家图书馆出版社 2008 年版,第 546 页。

淳段、碧游段、金威段、兰浦段等路段,共耗资951202元。① 浙江省的各公路路线,因地理上之关系,每年被大水冲击,小者坍土,大者毁路,而桥梁涵洞受损尤巨,已成经常现象,此种路段之修复,被称为修复水毁工程。自1938年到1942年,共修复丽长、丽温、衢浦、杭淳、金威、兰浦等多处路段。工程经费来源,除专案拨发外,大都以工程改善费移充,共耗资344649元。

自杭嘉湖沦陷后,丽水(旧称处州)、衢州的地位日显重要,为沟通衢、处两区,省府新建了溪遂路(龙游溪口至遂昌金岸)、遂湖路(遂昌县城至湖山镇)、龙庆路(龙泉至庆元)、云景路(云和至景宁)、衢县飞机场沿线工程、永康至长乐间全段路基路面桥梁涵洞修复工程等路段和工程,共耗资2151584元。②

据不完全统计,自1938年至1942年的5年间,浙江省投资于各项交通事业的费用为798.01万元,③对军运、民运和战时经济建设都发挥了重要作用。

(二)实业建设

要坚持浙江的长期抗战,发展工农生产等实业至关重要,同时对工农业方面的有效管理事关战时经济的有序进行,因此,战时工业、农业的生产建设和管理始终是省政府高度关注的问题。如《浙江省战时政治纲领》第四条提出:"调整物产,保证战时生产品自给……振兴民间手工业,以救济失业,增加生产。"为此,浙江在全面抗战爆发不久就有了省物产调整处的成立。

1. 成立浙江省战时物产调整处

浙江省战时物产调整处(以下简称"物调处"),是全面抗战爆发后浙江省

---

① 浙江省建设厅编:《浙江省五年来建设工作报告》(1942年),《民国浙江史料辑刊》第一辑第7册,国家图书馆出版社2008年版,第546页。

② 浙江省建设厅编:《浙江省五年来建设工作报告》(1942年),《民国浙江史料辑刊》第一辑第7册,国家图书馆出版社2008年版,第559—560页。

③ 浙江省建设厅编:《浙江省五年来建设工作报告》(1942年),《民国浙江史料辑刊》第一辑第7册,国家图书馆出版社2008年版,第568页。

政府为适应战时浙江经济需要而特设的一个机构。1938年1月成立,1940年1月裁撤。在它存在的两年时间内,在调剂浙江民用百货流通,收购、运销特产,改善民众生活,增加生产,对抗敌伪经济封锁,动员群众参加抗日救亡等方面起了积极的作用。

全面抗战前浙江盛产的油、茶、棉、丝等大宗物产远销国内外,在国家对外贸易中占相当重要地位。自杭嘉湖地区沦陷后,交通阻塞,致使特产困于产地。商人为自身安全和经济利益,不敢冒险经营,政府又不能尽数收购,大大影响了特产的销路。而人民群众生活急需的食粮、食盐、日用品又供不应求。这不仅直接影响到农村经济,使原来以特产为生的农民陷于绝境,而且还影响创汇,使政府收入减少。为适应战时经济需要,改善民众生活,防止特产资敌,粉碎敌人"以战养战"阴谋,中共党员张锡昌、骆耕漠等向浙江省建设厅厅长伍廷飏建议,在省建设厅下设置物调处。经省政府同意后,省物调处于1938年1月在金华成立,任廷飏兼处长,冯紫岗任副处长。设置省物调处,是为使物产的生产、储存、运销、分配以至消费,皆有计划,尤其是使物产的运销、分配机构加强联系。所以,它不仅仅只是为了调整物产,还在于发展生产,而发展生产是调整物产的根本。① 所以,省政府对物调处提出的工作要求主要有:增加生产,储备及供应物产;管理物产的运销、分配及消费;调查及统计物产。关于增加生产方面:要求使全省食粮、日用品自给自足,改善农民生活。途径是通过垦殖荒山荒地,扩大耕地,推广改良品种。改进栽培方法,疏散都市工业,发展乡村手工业及副业,设置中心农场、繁殖场、示范场等方法,来增加食用作物的栽培面积与单位面积生产量,增加手工业品、农副产品。关于储备方面:要求设立全省仓库网。在各县乡村设简易仓库;在交通便利处设运销仓库;在比较安全地方设储备仓库,储存食粮、食盐、日用品、工业原料及应用药品等。关于运销及分配方面:运用现有的商业机构,组织联合公会,各种特产出口公司

---

① 黄兰英:《"浙江省战时物产调整处"述评》,《浙江学刊》1996年第6期。

和粮食、日用品等入口公司,经营各项特产的运销、加工,输入米谷杂粮、工业原料及各种日用必需品等,选择一些经济中心地点先设交易公店,使供求适应;颁布战时合作社暂行办法,派遣合作指导人员分赴县乡,促使普遍成立乡合作社及县区合作社联合社;筹设省县合作金库,发展金融,便利运销;会同交通处,实施交通管理。关于消费管理方面:拟定限制酿酒、制粮、制糕饼等办法,以及碾米成分标准,宴会费用标准等,公布于众,严令遵守;提倡食糙米、杂粮等各种节约运动,制订糖坊、糖厂、糕饼店、碾米厂等营业规则。关于调查统计方面:整理省内原有的调查统计资料;组织调查队,深入农村,实地调查处属各地木材、木炭等特产运销和粮食产销情形,调查社会经济情况,选择主要物品的储存地点;组织经济情报网,报告重要物产及日用必需品的市价变动与储存消费情况。

全面抗战爆发后,交通阻隔,销路断绝。同时,处属民众又缺乏食粮、食盐及日用必需品,迫切需要调剂。故物调处最急迫的工作,就是集中力量从事特产的运销和食粮、食盐的储备。为此,在物调处的组织下,1938 年先后成立各种运销处,计有茶叶、桐油、棉花、蚕茧、食粮等 16 处,投入的资金总额 180 余万元。各种运销处成立后,工作很有起色。运销产值:1938 年为 29506634.39元;1939 年为 28179307.36 元。收购量值:1938 年,桐油 140349 市担,箱茶280509 市担,棉花 82968 市担,鲜茧 18907 市担;1939 年,桐油 212133 市担,箱茶 233037 市担,棉花 163093 市担,鲜茧 63405 市担。①

由于上海、天津、广州的沦陷,使温州、宁波一度成为对外贸易的重要吐纳口。物调处抓住时机,在浙江沿海一些重要经济地区,运用现有商业机构,采用股份有限公司的组织形式,以商办为原则,扩组成立了特产出口公司及粮食、日用品等进口公司,办理浙江省的特产和民众所需的食粮、生活日用品的输出输入。省政府对物产进出口公司的工作很重视,专门颁发了《浙江省战

---

① 楼子芳主编:《浙江抗日战争史》,杭州大学出版社 1995 年版,第 106 页。

时物产出入口管理规则》,规定本省物产之出口,货物之入口,都要依照该规则之规定办理。对商人运货出省或入省实行严格控制,需先填申请书,呈交物调处各出入口办事处查核。经登记,准予出入,发给许可证,方可起运。如有发现私运禁止出口或入口货物者,除将其私运货物没收外,还要依法论处。

根据《浙江省物产出入口管理规则》的精神,物调处相应地制订了《浙江省应行组织入口公司之主要入口物产品名表》《浙江省应行组织出口公司之主要出口物产品名表》《浙江省禁止及限制出入口货物种类品名表》,对出入口公司禁止或限制出入口之货物,作了明确规定:食粮、五金(包括金属矿类及金属废材)、麻袋为禁止出口物品;牲畜、食盐、罐头食品为限制出口物品;日货、酒类为禁止入口物品,卷烟、肥田粉、化妆用品及其他奢侈品为限制入口物品。凡是本省缺乏的日用必需品,先由物调处决定货物品名、数量,再委托出口商代为采买,但不是任何货物都可以采买。可以由出口公司代办的日用必需品,食物类为米、谷、杂粮;燃料类为煤油、火柴、蜡烛;纺织类为棉纱、布匹。此外,还有医药用品及卫生用品类,其他日用必需品类等。为使这些规定能真正落实,物调处在温台宁设立了出入口货物查验处,对所有出入港口的货物,按以上规定进行严格查验。主要是防止日货输入、严禁特产及一切有关军用物品输出资敌,同时也是为打击唯利是图的奸商走私。出入口公司成立后,由进口公司办理的进口物品有食粮、煤油及其他液体燃料、纱布、五金、电料、医药、卫生用品等。这解决了民众对粮食和日用品的需求,充实了抗战资源。由出口公司办理的出口货物有桐油、木材、木炭、木板、烟叶、茶叶、棉花、蚕丝、竹、竹笋、绍兴酒、火腿等,分别从温州、宁波、鳌江、海门4个港口出口。出口公司把大量的特产分期分批地运销出口,既为国家创了外汇,增加了政府收入,又活跃了农村经济,改善了农民生活。

1938年7月前,浙西到后方的交通严重阻塞,导致物产无法外运,敌人趁机高价诱购或大肆掠抢。因此,抢运浙西物产成为燃眉之急。物调处配合省建设厅,在浙西组织了"战区物产运销处",专门负责运销浙西物产。该处成立后,首先对物产进行收购。1939 年,春茧、茶叶、桐油这 3 种特产收购量为春茧 9000 余担,茶叶 20000 担左右,桐油 23000 余担。① 然后组织输出这些收购的特产。1939 年 3 月至 9 月输出货物的价值为 2390233 元,输入货物价值为 790789 元,出超 1599404.25 元。②

2. 加强对工业建设的资金支持

(1)设立工业改进所。为适应全面抗战需要,弥补战事给浙江工业所造成的损失,省政府决定利用全面抗战前的工业基础,提倡发展小型工业及手工业来进行补救,于 1938 年 7 月设立了浙江省手工业指导所,以统筹全省手工业及小型工业的研究指导与推广工作。手工业指导所成立后,就旧有工业基础、原料分配、地理环境等不同条件,划分若干工业推广区,每个推广区以一种主要手工业为对象,设中心示范场和示范场,在中心示范场督导下,组织民众,成立工业合作社,普遍推广手工业。1941 年,鉴于手工业推广已无法满足工业发展的需要,特将手工业指导所改为工业改进所,以期推广各地的小型工业。至 1941 年底,各地已设立的工业推广机构有:龙泉纸业改进场、云和染织改进场、碧湖农产制造场、温州造纸示范场等。为了从事比较大量制造日用必需品及文化用具,还设立了印刷厂、整染厂、面粉厂、文具厂及工具制造厂等,其创立时间及资金来源等详见表 4-2。

表 4-2　浙江省工业改进所各场(厂)创办日期及资金来源一览表

单位:元(法币)

场(厂)名称	创办日期	地址	资金来源及金额
染织改进场	1938.7	云和孔庙	省拨创业资金 52200
农产制造场	1938.7	碧湖采桑	省拨创业资金 17790、补充资金 34400

① 张作周:《抗战三年来浙江经济建设鸟瞰》,《浙江潮》1940 年第 115 期。
② 夜鸣:《浙江敌我经济封锁线》,《浙江潮》1939 年第 90 期。

场（厂）名称	创办日期	地址	资金来源及金额
纸业改进场	1938.7	龙泉宫头	省拨创业资金 29900、补充资金 21000
印刷厂	1938.9	丽水城内	省拨创业资金 28000、补充资金 6500
面粉厂	1938.9	碧湖瓦窑埠	省拨创业资金 25000、复兴资金 5000
染织厂	1939.4	云和狮山	省拨创业资金 115610、补充资金 109000
文化工具制造厂	1939.3	丽水岩泉	省拨创业资金 10000、补充资金 10000
工具厂修造部	1938.5	丽水岩泉	省拨创业资金 10000、经济部农本局拨补 12000、贸易委员会设备费拨补 10000、中央赈济会拨补 30000、农促会拨补 6000
龙泉皮纸示范场	1939.10	龙泉西平镇	农促会拨创业资金 6000
遂昌竹纸示范场	1939.10	遂昌新路湾	省拨创业资金 6000
植物油灯厂	1940.3	丽水水南	中新工厂投资 20000 元、经济部农本局拨创业资金 30000
丽水纺织示范场	1940.6	丽水	不详
温州造纸示范场	1940.12	瑞安仙居	中央赈济会拨补 8000
石灰窑	1940.7	丽水沙溪	中央赈济会拨补 4000

资料来源：浙江省建设厅编：《浙江省五年来建设工作报告》（1942 年），《民国浙江史料辑刊》第一辑第 7 册，国家图书馆出版社 2008 年版，第 342—343 页。

（2）对重要工厂的资助。在恢复和重建浙江全面抗战时期的工业中，省政府特别注重对事关民生的重要工厂的扶持和资助，先后创办了浙江铁工厂（见前文）、浙东电力厂、浙江省化学工厂、浙东纺织公司、浙江炼油厂、浙江锯木厂、浙江造纸厂等，为全面抗战时期的浙江经济建设作出了重要贡献。

浙东电力厂

1938 年 2 月开始筹设，由经济部资源委员会与省政府合办，额定资金 40 万元，省方投资占 5/8，计 25 万元，资委会投资占 3/8，计 15 万元。创立之初，先设碧湖、丽水两分厂，采取最经济合理的方式，利用旧料旧机，从建设小型电厂供给电灯着手,逐渐推及供给电力。至 1940 年,浙东电力厂共有金华、龙泉、丽水、松阳、碧湖、小顺、大港头 7 个分厂。七厂发电容量扩至 797 千伏安,用户数量由 1938 年的仅 68 户增至 2439 户,截至 1941 年 2 月,用户数量共 2524 户。①

浙江省化学工厂

1939 年,省政府为谋化学原料的自给自足、促进大后方工业的振兴,在第 1096 次省府会议上通过创办浙江省化学工厂的决定,拨省款 25 万元及浙江省铁工厂商股 5 万元作为创业资金。浙江铁工厂的 5 万元商股,因该厂董事会未能通过,改由省政府于 1940 年拨发资金 15 万元。后因扩充生产需要,省政府又于 1941 年增拨资金 40 万元,故该厂省政府前后共拨资金为 80 万元。② 择定松阳堰头为厂址,主要从事生产三酸、碱及少量化学物品。1940 年底该厂试机出酸,结果满意,至 1941 年 2 月正式开始制造硫酸,各公私营企业及文化机关纷纷函电订购。1942 年 5 月开始制造盐酸及烧碱,至当年 12 月,该厂共分为 4 个工场:第一工场制造硫酸,第二工场制造盐酸及烧碱,第三工场制造硝酸及化学品,第四工场制造耐火砖及耐酸陶器。

浙江造纸厂

1940 年 5 月,省政府在龙泉成立浙江造纸厂筹备处,8 月初选定厂址碧湖十八都。由于当时沿海口岸被日军封锁,在上海购办的大批重要材料难以输入,委托浙江省铁工厂制造的造纸厂机械也存在材料配置和设备制造能力的限制,直到 1942 年 5 月才缴货,至当年 6 月筹备才告结束。该厂设计生产能力为每日制造新闻纸 2 吨—3 吨,创办资金前后共计 104 万元,其中 1940 年省

---

① 浙江省建设厅编:《浙江省五年来建设工作报告》(1942 年),《民国浙江史料辑刊》第一辑第 7 册,国家图书馆出版社 2008 年版,第 385—387 页。

② 浙江省建设厅编:《浙江省五年来建设工作报告》(1942 年),《民国浙江史料辑刊》第一辑第 7 册,国家图书馆出版社 2008 年版,第 394 页。

拨创业资金 50 万元,1941 年省拨补充资金 34 万元、建设厅垫拨资金 10 万元,并向第三战区经济委员会借款 10 万元。[①]

浙东纺织公司

1940 年 4 月,由浙江省政府及国民政府经济部农本局合资创办。在公司正式成立前,先筹设备处,直接隶属于农本局。所有机器运输、物料采购、建筑工程各事,则先后成立驻沪办事处、驻闽运输处等分别负责,统隶属于筹备处之下。其创办资金原定为 150 万元,从 1939 年浙江省府与农本局合作管制浙棉运销盈余项下拨充。嗣以机器改道运输,运费倍增,同时物价腾涨,各项费用均超过原定预算,经浙江省政府与农本局几次增资、拨款,前后资金总额共为 400 万元。截至 1942 年 3 月底,省方已拨 140.06 万余元,局方已拨 190 万元,两共 330.06 万余元。[②] 该厂分为二厂,设第一厂于衢州的湖南村,第二厂于松阳裕溪,主要生产 10 支或 12 支棉纱,年可产棉纱 6000 件。

浙江省染织厂

浙江省手工业指导所于 1938 年 7 月在云和成立染织实验场,以“实验各种棉织物之制造及漂炼染整,并研究手工技术与工具之改进,以推广本省一般手工纺织染色工业”,后于同年 10 月间改称为染织改进场。嗣于 1939 年 2 月间,筹设染织厂,于是年 4 月开始筹备,在丽水水南附近择定厂址,收买民地,招商营造厂屋,不料于同年 8 月遭敌机投弹轰炸,机件房屋,损毁颇多,旋即奉令迁移云和复建厂屋,于 1940 年 4 月间完成。至 1941 年 1 月间,遵令将手工业指导所染织改进场与染织厂合并改组为浙江省染织厂,于同年 3 月成立,直隶省建设厅。该厂创办资金来源,一为手工业指导所染织厂原有资金,计法币 215610 元,暨染织改进场原有资金,计 52200 元;二为 1941 省建设厅拨补充资

---

① 浙江省建设厅编:《浙江省五年来建设工作报告》(1942 年),《民国浙江史料辑刊》第一辑第 7 册,国家图书馆出版社 2008 年版,第 413—414 页。

② 浙江省建设厅编:《浙江省五年来建设工作报告》(1942 年),《民国浙江史料辑刊》第一辑第 7 册,国家图书馆出版社 2008 年版,第 416—417 页。

金计 75000 元;三为手工业指导所染织厂与染织改进场自 1938 年至 1940 年的官息红利公积金转入之资金,计 140500.78 元,暨上年度该厂盈余拨添资金计 116659.22 元,以上资金共为 60 万元。[①] 该厂产品,以卫生用口为最大,故产量以纱布药棉绑布为多,盖因战时抗敌激烈,进出口被封,医疗物资输入艰难,而此类用品,为医药上所必需。该厂还生产各种服装用布,品质也佳,加之售价较廉,为社会人士所称许,求过于供。染织改进场在 1938 年为适应各方需要,日夜开工,以增加生产。产品除畅销本省外,还由手工业指导所丽水发行处分销至闽、赣、湘、桂、川、滇等省。全年营业数,超过预算 4 倍,占整个手工业指导所各场(厂)营业总额半数以上。[②] 该厂产品不但直接有助于抗战,对于调剂盈虚,平抑物价,亦裨益良多。

浙东印刷厂

1937 年冬,省城沦陷后,各机关学校相继内迁,印刷事业之发展倍感需要,省府筹拨资金,令由省手工业指导所派员赴温接洽机件,于 1938 年 1 月正式成立浙江省手工业指导印刷厂,厂址设于丽水药王庙。1941 年夏,日寇窜扰浙东,该厂暂疏散于碧湖松阳,迫残寇退后,处州局势转稳,于 5 月初仍迁回丽水复业。未及半月,敌机狂炸丽城,该厂丽水药王庙厂址中弹,又迁丽水苏埠复业,8 月间迁至丽水吕埠坑,大加整顿改进,工务部分,计设立铅印、石印、排字、划线、装订、铸字六部。自此规模粗具,营业渐复原状。从 1942 年度开始,增拨资金,以增加生产能力。同年 5 月间日寇又来扰,深入松阳、丽水,待敌寇撤退后,于同年 10 月搬迁至云和乡间复工。该厂创办资金经省建设厅和手工业指导所数次增拨,截至 1942 年 10 月共计 253500 元。[③]

---

① 浙江省建设厅编:《浙江省五年来建设工作报告》(1942 年),《民国浙江史料辑刊》第一辑第 7 册,国家图书馆出版社 2008 年版,第 427—428 页。

② 浙江省建设厅编:《浙江省五年来建设工作报告》(1942 年),《民国浙江史料辑刊》第一辑第 7 册,国家图书馆出版社 2008 年版,第 434 页。

③ 浙江省建设厅编:《浙江省五年来建设工作报告》(1942 年),《民国浙江史料辑刊》第一辑第 7 册,国家图书馆出版社 2008 年版,第 438 页。

浙江省樟脑厂

抗战军兴,樟脑油粉之需要激增,市场供应失衡,价格飞涨,省政府鉴于天然资源之亟待开发,并得回浙台胞熟习制脑技术者之协助,于 1939 年 9 月择定丽水水南筹建工场,试验蒸制。经二次试验,利用樟树根干部分蒸馏,平均生产率在 35% 以上,品质亦较前改进。试用点灯结果,与煤油毫无轩轾,试代汽油行车,亦有相当成效。爰于 1940 年 11 月成立浙江省樟脑厂筹备处,拨给创业资金 3 万元,将原有试验工场设备加以扩充,使成立正式粗制工场,并在丽水苏埠设置料工场,采料供应。1941 年三四月间省府续拨扩充资金先后共 2.5 万元,在丽水白口、九龙筹设第一、第二工场。同年 9 月,省交通厅再投资 6 万元,在松阳设立第三、第四工场。经数月经营,产量既逐渐增加,品质亦一再改良,是项原油全部售予第二公路运输公司代替汽油行车。①

据不完全统计,自 1938 年至 1942 年间,浙江省建设厅投资于实业建设中的工业部分共 191.36 万元,加上省官营投资中用于工矿业的 939.59 万元及投资于工业改进所各项实验场(厂)的资金 177.48 万元,三项共计约 1308.43 万元,②虽然数额不算大,但对支撑全面抗战时期的浙江工业还是发挥了重要作用。

3. 对农业的扶持

全面抗战前的浙江农业建设,一向以浙西为重心。浙东虽处交通便利之区,却固守陈法,不知改进。抗战军兴,浙江省的农业建设转以处属(丽水)为据点,浙东为重心。浙江粮食向来不足,自浙西产米各县被日寇占领后,全省的军糈民食,都要取给予后方,这自然增加了浙省粮食问题的严重程度,为此,

---

① 浙江省建设厅编:《浙江省五年来建设工作报告》(1942 年),《民国浙江史料辑刊》第一辑第 7 册,国家图书馆出版社 2008 年版,第 443—444 页。

② 浙江省建设厅编:《浙江省五年来建设工作报告》(1942 年),《民国浙江史料辑刊》第一辑第 7 册,国家图书馆出版社 2008 年版,第 568 页。

在浙西的农业机构纷迁浙东开展业务。1938 年 1 月,在松阳成立省农业改进所,以开发浙南山区农业为主要任务。该所成立后,先在处属 10 县建立工作试点,成立推广机构,每县设一个中心农场,以后向永康、永嘉、金华等地推广,至 1939 年底,全省农业推广机构已有 13 个中心农场、19 处繁殖场和 100 余处示范场。另在一些特产区域设农业推广区,如在黄岩设改良柑橘推广区,在嵊县、遂安设改良茶叶推广区,在宁绍台、金衢严、温处等设茶叶检验场,在宁波设棉花检验处,在萧山、上虞、绍兴、新昌、诸暨等 6 县设立蚕业改进所。① 这些机构的设立对粮食和经济作物品种的改良和产量的提高起了积极作用。

全面抗战爆发后,浙江省对农业提出两大目标,即增加粮食生产和发展特产。1938 年 1 月,省政府发出了开垦荒地的号令,7 月,公布了《浙江省战时开垦荒地暂行办法》,规定代垦的私荒地,在 3 年之内一切收益归承垦人所有,期满后有永佃权,承垦公荒地,在抗战期间免交赋租,战争结束后,可以承佃。由于政府对垦荒者实行了优惠政策,提高了开荒者的积极性,使大量的荒地得到了开垦。1938 年到 1939 年全省开垦荒地 20 余万亩,栽种了水稻、番薯、玉蜀等作物。1938 年农改所动员了 70 名技术员下到各县进行指导和督促,原冬作栽培最少、最贫的处属 10 县取得明显效果,利用冬闲耕地达 80% 以上。1938 年至 1939 年,全省扩种面积为 135 万亩,1939 年至 1940 年为 200 万余亩。

提高单位面积产量主要是采取改良品种、改善栽培、增加肥料、改进灌溉排水条件、防治病虫害等措施。农改所在本所和五夫稻麦繁殖场进行了纯系育种工作,选若干优良品种,在各县中心农场试验。另外选择过去在浙西已试验成功的适应性较强的几个品系试行推广。计 1938 年推广种植水稻 10200余亩,小麦 300 余亩。日军封锁浙江海口后,化学肥料很少进口,农改所便提倡农民制造堆肥、家畜栅饲和合理施肥。

————————

① 楼子芳:《浙江抗日战争史》,杭州大学出版社 1995 年版,第 115—116 页。

　　总之,全面抗战爆发后的浙江农业建设,几倾全力于粮食之增产,省政府对此投入了不少的人力、物力和财力。就资金投入而言,自 1938 年至 1942 年的 5 年间,浙江省建设厅投资于实业建设中的农业部分共 492.13 万元,加上省官营投资中用于农业改进所各实验场(厂)的资金 29.94 万元,两共约 522.07 万元。① 所取得的成效,就粮食生产而言,共增产 16626662 担,参见表 4-3。

表 4-3　1938—1942 年浙江省粮食增产统计表

工作项目	推广面积(亩)	增产数量(担)	备注
扩种冬作	12789410	12789410	每亩平均生产粮食一担计
垦荒	265113	121556	以可种粮之面积占 1/2,每亩新垦地产粮 1 担计
推广纯系稻	172726	103636	以每亩平均增产粮食 20 斤计
推广纯系小麦	311759	92788	1942 每亩较土种(黄锈病影响较大)约可增产 92 斤计,其余每年每亩约可增产 30 斤计
防治病虫害	1879184	756674	以平均每亩减少损失 40 斤计
兴修农田水利	189320	102598	每亩增产至少 60—300 斤
减糯改籼	700000	2660000	籼种稻每亩平均产量以 350 斤计,又籼粳稻较糯稻每亩增产以 30 斤计
合计	16307512※	16626662	

资料来源:浙江省建设厅编:《浙江省五年来建设工作报告》(1942 年),《民国浙江史料辑刊》第一辑第
　　　　7 册,国家图书馆出版社 2008 年版,第 318 页。※推广面积总数系重新计算得出,原表数为
　　　　·16285522。

　　表 4-3 所列粮食增产成绩可能有夸大的成分,因为前述发展战时农业生产的措施实施后,虽然取得了一定的成效,但浙江粮食的短缺问题依然严重。为此,省政府颁布了《浙江省战时食粮调整暂行办法》,成立了省粮食管理处(1941 年改为省粮食管理局),以调节全省粮食供求,平定价格,详见前文。

---

　　① 　浙江省建设厅编:《浙江省五年来建设工作报告》(1942 年),《民国浙江史料辑刊》第一辑第 7 册,国家图书馆出版社 2008 年版,第 568 页。

（三）资助战时合作事业

为了实施战时统制经济，增强抗战实力，浙江省还大力发展各级合作组织，普遍推进战时合作社。

1. 浙江省合作事业发展概况

浙江省的合作组织始于 1929 年，归建设厅所属合作事业室办理，当时各县派有合作促进员者计达 22 县。1935 年《合作社法》公布后，浙江的合作组织，逐渐划一，并取得法人的地位，受国家法律之保障。这极大地推动了合作运动的发展，合作组织一时风起云涌，浙西之组织尤见迅速，当时浙西之蚕丝，与浙东之油棉，大半归由合作社经营。全面抗战爆发后，不数月浙西杭嘉湖一带陷落敌手，原有合作组织，全被摧毁，省政府迁永康办公后，鉴于人民经济生活缺乏组织，管理困难，不能适应抗战之要求，特订《浙江省战时合作社暂行办法》，积极推进战时合作社。其实施步骤，以处属丽水、龙泉、遂昌、青田、缙云、景宁、庆元、松阳、云和等 10 县为中心，渐次推进其他各县。战时合作社之组织，采四级制，单位合作社以乡（镇）为原则，乡（镇）以上为区联合社，区以上为县联合社，县以上为省联合社，均以各县行政区域为标准，每股金额定为 2 角，以期合作事业，普及于全民，仅处属 10 县中，已成立乡（镇）单位合作社者，计共 608 乡（镇）。截至 1940 年底，依法成立之合作社共达 3344 社，其分布地域除德清、于潜、分水、昌化、汤溪、江山、南田、龙泉、景宁、庆元、云和、宜平等 13 县外，其余 64 县市均已设立。1941 年起，遵行政院颁布《县各级合作社组织大纲》之规定，重加调整旧社，组织新社。据不完全统计，1938 年，全省成立的合作社仅 646 所，入社人数达 244721 人，股金总额 244073 元，①以后逐年增加。截至 1940 年 5 月底，全省战时合作社有 2934 个，社员人数 903222

---

① 浙江省建设厅编：《浙江省五年来建设工作报告》（1942 年），《民国浙江史料辑刊》第一辑第 7 册，国家图书馆出版社 2008 年版，第 464 页。

人,股数 2266512 股,股金总额 114727739 元。[①] 至于战时合作社的业务,据省建设厅统计,截至 1939 年 11 月,信用业务 400 万元,生产业务 146 万元,运销业务 17 万元,消费业务中,进货 109 万元、销货 84 万元,储押业务 31 万元。在训练合作人才方面,1939 年,训练合作指导干部约 200 人,处属各县合作社干部 300 余人。云和、遂昌、景宁、龙泉、庆元、青田、松阳等县举办合作讲习会,参加者共约 700 余人。[②] 金融方面,成立了省县合作金库,活泼的农村金融,促进了合作事业的发展,前文已有详论,兹不赘述。

在战时的合作运动中,值得一提的是浙江的特产合作社,颇有特色。它是为适应战时需要,抢运资源,对敌展开经济斗争而组织的。1939 年 4 月,先成立战时合作工作队,分茶叶、蚕丝、棉花、桐油 4 个分队,到农村各地指导组织油、茶、棉、丝 4 种特产合作社。随后于 4 月至 12 月间,组织了茶叶合作社 171 个,社员 20360 人;蚕丝合作社 105 个,社员 1734 人;桐油合作社 158 个,社员 19490 人;棉花合作社 45 个,社员 9613 人。共计全省这 4 种特产的合作社有 479 个,社员 51197 人。[③] 集散的特产产值达 20 万元以上。及时抢救了油、茶、棉、丝 4 大特产,加强了对日经济封锁和对这 4 大特产的管理。为了把生产者组织起来,完成一切制造与运销过程,将过去自由放任的经济纳入组织化的轨道,以巩固自给自足的抗战经济,省物调处[④]在全省大力推进合作事业,以合作社作为经济运行的中心,逐渐实现浙江省的战时经济政策,"调整物产,保证战时生产品自给,活跃社会金融,逐步推行公营及管理贸易,振兴民间手工业,以救济失业,增加生产,禁绝日货,取缔奸商投机操纵"。[⑤]

---

① 张作周:《抗战三年来浙江经济建设鸟瞰》,《浙江潮》1940 年第 115 期。
② 黄兰英:《"浙江省战时物产调整处"述评》,《浙江学刊》1996 年第 6 期。
③ 浙江省建设厅编:《浙江省五年来建设工作报告》(1942 年),《民国浙江史料辑刊》第一辑第 7 册,国家图书馆出版社 2008 年版,第 464—465 页。
④ 1938 年浙江省战时物产调整处成立后,为谋合作事业与物产调整密切配合,已将建设厅第二科合作事业部分完全划归该处办理。
⑤ 黄绍竑:《黄绍竑回忆录》,广西人民出版社 1991 年版,第 412 页。

2. 战时合作事业经费情况

为配合各项合作事业的发展,浙江省的战时合作经费逐年增加。分省、县两方面分别述之。省级方面之合作经费,计有两部分:一为建设厅所列之合作事业经费,包含合作训练经费、督导经费及辅助各县合作经费等,1938年度总额为15500元,至1941年增至300000元,几增20倍。行政经费,则列入整个建设行政经费中,不在合作事业经费之内列支,详见表4-4;二为建设厅合作事业之投资,此为扶助金融、供销等合作机构业务之发展经费,共计1450000元。①

表4-4 浙江省建设厅历年合作事业经费概算统计表(1938—1941)

单位:元(法币)

科目＼年度	1938	1939	1940	1941
各县合作事业补助费	10000	24600	96030	131760
合作训练经费※	3800	155000	22000	27000
合作服务部开办费	1700			
合作工作队经费			77580	
合作事业督导经费			8460	24000
合作事业辅导经费				50400
省合作事业讨论会经费				5040
合作宣传教育经费				8000
合作专修科经常费				47680

---

① 浙江省建设厅编:《浙江省五年来建设工作报告》(1942年),《民国浙江史料辑刊》第一辑第7册,国家图书馆出版社2008年版,第449页。此处所指建设厅对合作事业之投资总数1450000元,疑有误。根据该报告"结语"中所列3年对合作事业的投资分别为1938年600000元、1939年700000元、1940年250000元,合计总数应为1550000元,参见前文第三章表3-8。

续表

科目 ＼ 年度	1938	1939	1940	1941
奖励经费				2520
印刷经费				3600
总计	15500	179600	204070	300000

资料来源:浙江省建设厅编《浙江省五年来建设工作报告》(1942 年),《民国浙江史料辑刊》第一辑第 7 册,国家图书馆出版社 2008 年版,第 464 页。各年总计数经重新复核,1938 年原表数据 176600 元有误,其余年份无误。※合作训练经费包括讲习经费。

　　至于各县的合作经费,根据全面抗战时期的统计(包括建设厅补助费),各年增加之比率较快,全省各县除游击县份外,1938 年合作经费总额为 3068060 元,1940 年总额增至 14772390,几乎达 1938 年的 5 倍。1941 年,省政府颁令各县编列地方总概算时,合作事业经费应占 6%建设经费的 20%。关于省财政辅助各县合作事业经费具体做法,过去偏向于在后方各县实施,尤以第九区十县①为最,如 1940 年度补助全省各县经费为 96030 元,第九区十县即占 21600 元,几及 1/3,主要考虑第九区各县为浙江的最后方,有加强发展之必要,且第九区地穷民贫,筹款较难。但从 1941 年起,补助方式有所变更,其标准在于求各县合作事业之平均发展,以配合新县制之推行。同时为推进战区各县合作事业,加强对敌经济斗争,亦于浙西各县中择定十县予以补助。省方除对指定之各区中心县每月补助 300 元之外,其余各县每月拨助 150—200 元。战区十县则每月补助 100—200 元。省建设厅历年补助各县合作事业经费,1938 年为 10000 元、1939 年 21600 元、1940 年 96030 元、1941 年 131760,4 年总计为 269396 元。②

──────────

　　①　按照浙江省战前实施的行政督察专员制,1936 年 5 月,丽水、龙泉、遂昌、青田、缙云、景宁、庆元、松阳、云和、宣平 10 个县被列为第九区。
　　②　浙江省建设厅编:《浙江省五年来建设工作报告》(1942 年),《民国浙江史料辑刊》第一辑第 7 册,国家图书馆出版社 2008 年版,第 449—450 页。

三、压缩行政开支，力保省、县政府正常运转

如前所述，全面抗战前的浙江财政本就困难重重。全面抗战爆发后，向称富庶的杭嘉湖等地的失陷，使浙江财政收入几乎减少一半，再加上军费的大量支出，浙江财政几近崩溃，采取财政整理措施是唯一的出路。为此，《浙江省战时政治纲领》对战时财政政策作了具体而明确的规定："对于战时人民之负担，以有钱出钱，务求公平为原则，严禁一切籍名苛派。……减免战区田赋，另筹战时费用，并节减行政经费至最低限度"。在1938年的首次省政府会议上，省主席黄绍竑就强调："不论文武官吏，最高薪水，不得超过140元"。规定公务员实行最低限度的生活费20元。"节流"与"开源"的双管齐下，使浙江省的财政整理收到了相当的效果，缓解了战时浙江财政的困境，这对保证省、县两级政府的正常运转，以坚实的财政基础争取抗战胜利起到了十分重要的作用。

（一）节省行政开支，行政费比例逐年下降

全面抗战前的行政经费是浙江省财政的重要支出之一，且随着浙江省政府机构的逐渐庞大，行政经费所占的数额不断上升。从预算看，1928年行政费列161万余元，1929年度行政费增至293万余元，1930年又增至306万余元。该年行政费实支347.57万元，占岁出总额的11.5%左右，在各项支出中排列第三位。1931年由于省财政极度困难，只得厉行节约，裁撤机关，故1931年行政费预算所列为210万余元，较上年减少几及1/3，在各项支出的排位退至第四位。1932年行政费支出为181.51万元，在当年总支出的比重下降到第五位以后。1933年的行政支出费为230.56万元，比上年有所增加，重回各项支出的第四位。1934年的行政费预算支出占岁出的比重约11%，仍居各项支出的第四位。1936年行政费支出占岁出的比重与上年相差不大，约

12.15%,退居各项支出的第五位,详见表4-1。

全面抗战爆发后,浙江财政转入战时状态,地方财政支出大增,自1938年至1941年,支出总额累有增加,较之全面抗战前增加几达4倍。收入方面,因杭嘉湖富庶县份之沦陷,以及整个社会经济之动荡而大受影响,导致财政收入骤减。为此,省政府一方面积极整顿税捐,开辟新财源。同时,极力樽节,压缩行政开支,使战时的行政经费呈逐渐减少态势。1937年的行政费预算列188.84万元,比全面抗战前(1936年)的290.98万元减少了百万余元,其占预算岁出的比重从上年的12.15%降至6.25%,1938年再降至2%,1939年行政费预算占岁出的比重虽略有回升,也仅为3.89%。按1940年省预算支出科目,行政经费列"政权行使支出"与"行政支出"两目,如将此两科目合计,其占预算总支出的比重约4.51%。就行政费在预算各项支出中的排名看,1936年排第六,1937年降至第七,1938年再降至第九,1939年、1940年分别排在当年的第七位和第九位,可参见表3-9和表4-5。

表4-5　1938—1940年浙江省地方普通预算岁出百分比分类表

单位:%

年度 项目	1938	1939	1940
总计	100	100	100
党务费	0.28	1.11	
行政费	2.00	3.89	3.46
司法费	2.65	2.72	1.96
公安保安费	16.58	25.82	27.64
财务费	3.75	5.33	5.27
教育文化费	5.59	6.58	7.17
实业费	1.25	1.29	
交通费	0.06	0.25	
卫生费	0.29	1.02	0.22
建设费	0.29	0.30	3.37

续表

项目 ＼ 年度	1938	1939	1940
协助及补助费	8.67	18.12	14.02
抚恤费	0.31	0.28	0.18
债务费	43.29	24.72	23.23
军事费	12.3		
总预备费	2.69	8.06	6.85
地方营业资本支出		0.50	4.64
政权行使支出			1.06
保育及救济支出			0.30
其他支出			0.30

资料来源:浙江省财政厅秘书室编订:《浙江财政参考资料》(1941年5月),浙江省档案馆藏,档号L31-1-7350。

自1937年底浙江省会杭州沦陷,省政府迁至永康,至1942年5月临时省会再迁云和。在这4年中,日伪军队不时窜扰,社会经济动荡,但浙江的财政状况尚属良好,省政府采取的压缩行政经费措施可谓功不可没。战时地方政权对地方财政的控制与变革既是地方政权行政的基础,同时也是其执政能力的体现。

(二)全面抗战时期浙江省政府的行政举措

黄绍竑第二次来浙主政后,想干一番事业,在政治上采取了比较开明的政策,如坚持国共合作的抗日民族统一战线,制定与颁布《浙江省战时政治纲领》,组建战时政治工作队,积极发动和组织全省民众参加抗战等。同时,为适应战时形势的需要,浙江省政府在行政上也实行了一些新举措。

1. 制订施政指导思想

在施政指导思想方面,黄绍竑制定了两个《浙江省三年施政计划》、《十二项施政原则》等,在这些纲领和计划中,集中体现了全面抗战时期浙江省的施政思想。

第一个三年施政计划,是黄绍竑于 1939 年 11 月召开全省专员县长会议时提出的。这个计划以"民主精神之培护""民生主义之实施""攻势政治之展开"为政治上的原则,制定了十二条纲领:"(一)以建设浙东,收复浙西,完成抗战建国之各项基本工作,实现三民主义之新浙江,为本省三年施政计划之总目标;(二)转移社会风气,创造新的政治环境,强化人民之国家民族意识,使共同了解国家至上、民族至上之真义,为完成三年计划之基本精神;(三)根据军事第一、胜利第一之原则,一切政策措施,以配合军事需要为主;(四)从人民之日常生活上,加以科学经济之指导与管制,使养成卫生科学知识,以保育民族之健康,破除迷信倚赖观念,提高创造奋斗精神,实践战时生活,以适合于现代之生存竞争;(五)政治建设,以实施县各级组织纲要,完成地方自治,实现民权主义为中心;(六)经济建设,以发展国民经济,实现民生主义为依归;(七)军事建设,以完成征兵自卫充实国防为目的,以提倡社会尚武奋斗精神,促进军民切实合作与完成国民兵组训为基础工作;(八)教育文化之建设,以扫除文盲,普及国民基础教育为中心;(九)财政建设,首将省县财政之基础,清理公款公产,以增加地方收入,举办公营公卖事业,以裕库收,发展地方经济,以培养税源;(十)游击区城各项设施,应针对敌伪一切阴谋,运用全力,从政治经济军事文化各方面,予以有效之打击,以争取民众,收复失地;(十一)严格实施人事管理,规定行政人员异动时期,以保障事业进展,并收人尽其才之实效;(十二)按照实施三年计划之实际需要,培养必需之人才,分期训练,以提高各级干部质量"。① 这十二条纲领是确定三年计划的准则。

浙江第二个三年施政计划的拟订,继续了第一个三年计划有关精神与政治建设各部分未完成之任务,制定于 1943 年 2 月,确定了十一项中心工作:

---

① 黄绍竑:《黄绍竑回忆录》,广西人民出版社 1991 年版,第 438—439 页。

"(一)建设乡镇,充实组织,发展生产,以巩固新县制之基础;(二)整理地方税捐款产,以充实自治财政;(三)普及国民教育,加强师范及职业教育,注意社会教育,使人人识字明理,知礼守法;(四)灌输人民之科学知识,提倡研究,奖励发明;(五)垦殖荒地,推广良种良法,力求粮食之自足自给;(六)增加生产,节约消费,掌握物资,合理分配,以达到物价管制之实效;(七)强化运输组织,增加交通工具,以增进运输之力量;(八)充实自卫武力,加强民众组织,以确保社会之安宁;(九)普及卫生常识,改善人民营养,以保证健康而促进其生存乐趣;(十)鼓励出征,优待征属,以充裕抗战之兵源;(十一)赈恤灾难,抢救游击区青年壮丁儿童"。①

1944年,为应对全面抗战日趋恶化的局势,浙江省主席黄绍竑邀集党、政、军、民意、金融、税务各机关的首长,在临时省会云和举行座谈会,拟定十二项施政原则,由省政府命令公布。这十二项原则是:"(一)浙江省在抗战建国现阶段之一切措施,确定以统一意志集中力量,争取军事最后胜利为最高准则;(二)凡有利用因交通阻滞致中央政令未能普及深入之新形势,而冀图作遂行其个人意志与个人利益之蠢动者,党政机关不特对于此种行动应加绝对之镇压制止,尤须对于今日最艰苦时期之情况及中央之方针,与人民应有之负担,加强宣导,使其明了当前形势与本身责任,以杜绝此种离心心理之发生,进而巩固其对中央之向心力量;(三)党政机关之行动,必须轻便敏捷,俾与军事行动相配合,尤须领导人民,加强其对于军队物质之供应与精神之鼓励,俾由军民之密切合作,以期民气发扬,士气旺盛,作共同最后之奋斗,彻底消灭省境内之敌人;(四)党政军各级机关,对于本身业务之责任,与应守之纪律,必须更加注意,随时检讨,尤责彼此互相督责,养成自动自发自立自强之风气;(五)各级政府人员,对于中央饬办之兵役、粮食、储蓄、公债等战时要政,务须深体中央意旨,国家需要,及本身责任,加强其努力,以期政令贯彻,成绩进步;

---

① 黄绍竑:《黄绍竑回忆录》,广西人民出版社1991年版,第440—441页。

(六)各级民意机关,在此艰难时期,对于人民,须尽其积极领导之责任,并积极匡正政府之措施;(七)中央驻省之税收金融等机关,除加强其本身应有之努力外,遇有困难时,地方各级政府与人民,必须尽力为之协助,并予监督,使税收旺盛,金融稳定;(八)各级行政机关,对于本身机构,须加调整,组织力求简单,人员力求减少,俾能适存于最艰困之环境;(九)各级行政干部之选用,以具有行政经验富于冒险斗争精神而体格健全能耐劳苦者为上,除现任干部须力加锻炼外,尤须鼓励并训练青年奋发向上,任最后斗争之工作;(十)政府为改善各级公务人员之生活,必须掌握实物,作合理之分配,以免受物价之影响,而减低其工作效能,尤须实行集体生活,集团生产,以减轻其担负;(十一)各级政府对于税捐之征收,须注意不苛扰,不中饱,款项之开支,须注意不浪费,能公开;(十二)省县区之团队武力,须力加充实,认真训练,以期素质坚强,切合实用。军风纪之整饬,尤须特别注意,各区自卫武力,并应统一指挥。"①

2. 实行战时施政举措

在上述施政计划、原则的指导下,浙江省政府在行政上实行了一系列新举措。如对部分县长进行调整,重新任命或提拔部分先进青年为新县长;逐步实行以自治为核心的新县制;完善督察专员公署;健全地方行政机构、设立浙西行署等,详见前文。1942 年时,黄绍竑施政的"三件宝":政工队、抗敌自卫团、兵工厂,已先后被改组、改编或接收了。他说:"我到浙江四五年来所办的认为与战有益的几件事——组织青年、扩充团队、办理兵工厂,样样都被接收了,我只好办办省政府日常公事,或者是填填词,写写回忆录。"②大有英雄无用武之地之慨,表露出对蒋介石强化专制统治、实行个人独裁的不满。加上前述财政收支系统的改制、货币贬值与物价高涨、特产滞销、国统区人民生活痛苦不

---

① 黄绍竑:《黄绍竑回忆录》,广西人民出版社 1991 年版,第 442—443 页。

② 政协文史资料研究委员会编:《文史资料选辑》第 7 辑,中华书局 1960 年版,第 108 页。

堪,要支撑浙江的半壁江山十分不易。但为历史责任感所驱使,省主席黄绍竑,依然想重振浙江、为争取抗战胜利而采取了种种措施。

首先,在政权政纪建设方面,省政府十分重视县政建设,这是前述《浙江省第二个三年施政计划》中提到的一项中心工作,也是其他各项工作的基础。1940 年普遍实行新县制后,浙江省政府建立了集体的综合性县政检阅制度,具体以省主席兼全省保安司令黄绍竑亲自率领,省政府各厅处各调派高级职员一人或二人充任团员,并由省党部、省训练团、省田粮处、高等法院及军管区司令部等机关派员参加。检阅项目分为行政管理、民政、财政、教育、建设、兵役、田赋、粮政、治安、卫生、社会、会计、国民兵组训、军法、行政干部训练、军民合作等。凡是县级的全部行政活动,都在检阅范围之内。检阅的过程是,首先开座谈会,听取县长及其他主管人员的工作报告;其次按照预定检阅纲要,分组详细检阅;最后作综合的讲评,如发现错误及缺点,即予指导改正,成绩优良有特殊表现者,颁发奖状。如有贪赃枉法,一经查明属实,即予扣押法办,以明赏罚。① 对各县人事,实行县长定期异动制度,也奖励久任,如分水县长钟诗杰任职达 14 年,是全国县长中任期最久的一个。又如政绩卓著的武义县县长蔡一鸣,在乡区恢复政权,抚辑流亡,整顿教育,与敌人作游击战,一直坚持到抗战胜利前夕,因积劳成疾才辞去县长职务。有的随时被免职,如永嘉、乐清、桐庐、龙游、丽水、永康 6 县县长,因办理兵粮不力受到免职处理。② 前三次县政检阅安排在 1941 年 2 月至 1942 年春天之间。1943 年秋的全省行政会议改变过去的形式,分别在天目山、衢县、临海、丽水 4 区举行,省政府为考核各县行政实施状况,分成 4 个县政检阅团,由省政府主席和各厅长委员分别率领,历时 2 个多月,全省普遍检阅一遍。黄绍竑认为,在行政考核方面,县政检阅制度"是一种相当有效的方式",是值得推广的。

其次,推行"法纪年"活动。鉴于行政效率降低,尤其是违法贪污败坏法

---

① 黄绍竑:《黄绍竑回忆录》,广西人民出版社 1991 年版,第 463 页。
② 楼子芳:《浙江抗日战争史》,杭州大学出版社 1995 年版,第 272 页。

纪的事情屡有发生而提出的。① 1945年2月5日,黄绍竑在省会扩大纪念周报告中正式宣布"今年是本省的法纪年"。关于法纪年的意义,黄绍竑希望"全省的党政军教人员及全省同胞不可再蹈着过去的覆辙,此后必须更进一步地去认识法纪,认识时代,认识国家的需要,认识盟邦的企望,认识民主的基础,也更认识多多少少因为法纪不张而蒙到损失受着侵害人的呼声,时代不许我们再玩忽,国家不许我们再凌乱,社会不许我们再因循"。② 至于法纪年的推行要点,黄绍竑提出10项奉行准则:(1)在法律面前,人人平等;(2)法律的常识是民主国家公民所必备的;(3)全省的学校,除公民课程中已有的部分外,对于法律的知识还要多多讲授;(4)各级训练机关,都应当加授法律课程,主要的是要融法治精神于军事管理之中,使其养成法治的习惯;(5)个人的身体自由以及依法保障的权利应当尊重,中央已有详细的保护法令;(6)在法纪年中,对于贪污的铲除,也是一项重要内容,中央所设的监察机关与司法机关此后定能负起其应负的责任,中央所订定的各项检举控告办法都也已很完备;(7)保障人民,惩治贪污,都是法院的职权,各级法院此后一定能积极执行职务,各方面要尊重法院,协助法院;(8)法院询问案件,原则上是公开的,看守所以及监狱,原则上也是任人参观的;(9)在一般人民法律知识尚未完全普及的时候,凡是具有法律知识的人,都应当以扶助他人为快乐的服务,律师是人民法律的先生,尤其要注意是非,指导人民;(10)古人说法之不行,自上犯之。尤其是在此"训政"时期,党政人员的一言一行,动为人民的表率,此后务须口非法不道,身非法不行。风行草偃,视听一新。而在全面抗战时期,军事第一

---

① 黄绍竑认为,全面抗战时期出现的行政效率低落主要表现为办事迟缓与贪污事件的发生。究其发生的原因,可分为内在的与外在的两方面。内在的原因是当事人本身——近八年来各级行政人员的待遇,实在太微薄了,微薄的程度,几乎使每一工作者不能维持他个人必需的生活的水准;外在的原因很多,但主要是制度、交通和电讯。详见黄绍竑:《黄绍竑回忆录》,广西人民出版社1991年版,第468—472页。

② 黄绍竑:《黄绍竑回忆录》,广西人民出版社1991年版,第477页。

的口号之下,军职人员尤当处处以法律为重。① 浙江省政府正式实施法纪年,是在 1945 年 3 月教育年(下详)结束后开始的,由于实施不久抗战就胜利了,省政府忙于复员杭州,因此没有像实施教育年那样有始有终。

四、兼顾教育经费,实施战时教育

教育事业是关系到整个国民素质的大事,民国以来的历届浙江省政府相对于其他省份而言还是比较重视的。特别值得称道的是,在全面抗战这样艰难的时期,浙江的省、县两级政府对教育还是作出了一定的努力。因此全面抗战时期浙江的教育事业并未因战事而中断,甚至还有所发展。下面从教育经费的变化和战时教育的发展两方面论述。

(一)浙江教育文化经费的演变

浙江素称文化之邦,历来有尊师重教的传统。在北洋政府时期浙江省对教育文化方面的投资相对于其他省市要多。国民政府统治前期,浙江的教育与文化在全国具有相当的影响,省政府对教育的投入总体呈增长趋势,高等教育、中等教育和初等教育都得到了较快发展。1927 年,浙江实支地方教育费 148.88 万元,1929 年度预算所列浙江地方教育费增至 243.88 万元,1930 年达到 318 万余元,1931 年度,各种特设之训练学校一律停止招生,故 1931 年浙江的文化教育费比上年略有减少,经临合计共 2955456 元,②其占岁出的比重为 5.58%,此后,文化教育费占岁出的比重逐年上升,至全面抗战爆发前的 1936 年已升至 14.42%,其在各项支出的位次,基本排在第四、第五之间,排位最高的 1934 年为第三位,详见表 4-1。

① 黄绍竑:《黄绍竑回忆录》,广西人民出版社 1991 年版,第 478—479 页。
② 徐绍真编:《浙江财政概要》,杭州财务人员养成所 1931 年版,第 127 页。

全面抗战爆发后,地方军费骤增,而全面抗战爆发前所累积的巨额债务费为保全债信又不能停付,两项合计要占到全部预算岁出的半数以上(1938年59.87%、1939年50.53%、1940年50.87%),其他各项支出受到挤压。与全面抗战前相比,浙江战时教育经费总体呈下降态势。1937年教育经费预算列379.69万元,占预算岁出的比重为12.56%,1939年在物价上涨的背景下,教育经费预算降为259.85万元,相应的比占也降至6.58%,1940年的预算数449.51万元虽较上年增加不少,但此时的通货膨胀已较严重,其占岁出的比重7.17%,比全面抗战前1936年的14.42%下降一半多。聊可自慰的是,战时教育文化支出在各项支出中的排名仍保持在第四和第五之间(参见表3-9、表4-5),与全面抗战前基本相同,为战时教育事业的发展奠定了经济基础。

与全国大部分省份相同,全面抗战前浙江省内各县教育经费的筹措实行专款制度,教育经费多由某项收入指作专款。一使经费来源经常可靠,一使经费支出不致被挪移。如1931年5月,教育部订定《地方教育经费保障办法》,由行政院令各省遵行。依照此项保障办法之规定,教育经费无论何人及何项机关均不得挪移或移作别用,在某项统征之捐税中,地方教育经费定案所占成数,永远不得减少,总征额数增加时,教育经费成数应按比例数同时增加;教育捐税,因特种关系,主管政府拟行变更时,如因捐率或办法变更而收入减少者,应由主管政府预先指定确定相当之款项抵补;教育经费由财政局征收者,应按照所得数随收随交当地教育行政机关,不得挪用延欠,遇必要时,教育行政机关得呈准主管政府派员协同财政局办理教育专款之征收事宜。① 但这种专款制度既不利于县税制的统一,也造成整个县政的分割局面。全面抗战爆发后这种专款制度在事实上已难以维持。国民政府统治前期所规定的,地方教育经费由政府指定税源和税率、于收入范围内自编预算、发放之权归教育机关、

———————
① 彭雨新:《县地方财政》,上海商务印书馆1945年版,第54—55页。

征收之权归于政府的做法已无法继续实行。因 1937 年后省政府厉行预算制度,一律实行统收统支,教育经费除特种基金外同样处理。① 《浙江省各县战时教育设施纲要》中关于教育经费规定:在统收统支原则之下,仍应保持教育经费之独立精神。战区各县经费概由县款支出,如各区各乡镇原有之教育经费及地方公款尚能征收者,亦得提充,但不得向学生征收任何费用,县款不足时,得呈请省款补助。② 特别是 1939 年实行新县制后,各县财政统收统支,由于地方教育经费在地方经费中占有较大的比重,地方自治事业的发展又有经费上的需要,在统收统支的名义下,教育款产与其他公产合并管理,田赋附加并入正税征收,专税性质的教育税已换名为普通税收。

1937 年教育经费专款制被废除后,县政府为了移缓就急,往往挪用教育经费,使县教育经费的保障成为具文。为此,省教育厅于 1940 年在丽水碧湖省训练团召集督学班,研究如何根据各县实际情况挖掘教育经费来源。考虑的途径为:乡镇寺庙祀会财产一律拨归当地学校作基金;无主官荒土地及物产全部拨就地学校所有;整顿各校原有土特产捐;向富户捐募,等等。此外省政府、省教育厅还先后采取了一些措施:第一,征收学谷捐。1940 年,省教育厅决定将各县乡镇自收的亩谷捐改为学谷捐,每亩征谷 2 斤,佃户业主各半负担,由田赋征收处代征。第二,规定教育经费的百分率。1942 年规定,教育经费在县全部经费中应有固定百分比,具体比例视全部经费数额多少分别为18%—12%不等。1945 年又改为 23% 至 17%。第三,成立教育特种基金。1944 年 11 月,省政府公布《浙江省各县市教育特种基金收支处理办法》,将各县原有法令规定的教育款产及其收入,及自 1942 年自治财政独立后依法捐充

---

① 《本省厉行预决算制度纲要》,《浙江省政府公报》(1937 年 4 月 10 日)第 2913 期,第 19 页。

② 《浙江省各县战时教育设施纲要》(1938 年 12 月 15 日公布),《浙江省政府公报·法规专号》第四辑(1939 年 4 月),第 302 页。转引自尹红群:《民国时期的地方政权与地方财政(1927—1945)——以浙江为例》,博士学位论文,浙江大学,2005 年,第 137 页。

教育经费的收入,均拨入教育特种基金存款户存储,不得移用。① 即使采取了以上措施,教育经费往往仍不能得到满足,于是有的县也在统收统支之外,各显神通,对教育采取一些特殊措施。

(二)浙江战时教育事业的发展

全面抗战爆发后,浙江省的教育受战事影响遭到严重破坏,一大批公、私立中等以上的学校,大多随着军队与政府撤退了。但在省、县两级政府和广大教育工作者的努力下,1939年后,浙江的教育又逐渐恢复起来,并随战事的延长而继续发展。1938年8月,省政府订颁了《各县实施战时教育行政工作纲要》,规定各县教育行政人员,应经常赴境内各教育机关督察辅导,并协助地方与战事有关各项工作;各教育机关必要时的迁移合并或停办,应预定办法,以便随时执行;教育经费应按期发放,不得积欠;失业教员,失学学生,应设法救济。12月,又订颁了《各县战时教育设施纲要》《战区各县战时教育设施纲要》《接近战区各县战时教育设施纲要》3种,对学校行政、制度、师资、校舍设备、编制、课程与时间、教材、训育、经费、与各机关的联系、应变办法等项,都一一作了简明要求。② 总之,全面抗战爆发后,省政府及省教育厅对浙江的各级各类教育采取了一系列措施。

1. 实施流动教育

根据1938年3月省政府颁发的《浙江省流动学校设施大纲》要求,本省在村落散漫,交通不便,儿童不易集中,地方贫瘠,人口稀疏,无力设置学校;受战时影响,失学儿童较多,但又无校可入;儿童因交通、生活等关系,不能全日或半日就学的,设置流动学校,施行流动教学。③ 流动学校由各县自行办理或

---

① 方新德:《国民政府时期浙江县政研究》,浙江大学出版社2012年版,第244—245页。
② 楼子芳:《浙江抗日战争史》,杭州大学出版社1995年版,第111页。
③ 《浙江省流动学校设施大纲》,浙江省教育厅编印1938年版,第21页。

由省直接办理。经费由中央及省义务教育经费支出。流动学校的类型分两种：固定式的长期集合和流动式的临时集合。长期集合，是挑选一个比较适中的地点，招一个班，约 50 人左右，由教师全日或上下午轮流教学。临时集合，是利用各地的庙宇、祠堂或私人空宅，临时由教师集合一些学生来教学，招收学生人数不限。进入流动学校的儿童，免收一切费用，包括书籍用品。这种流动学校或流动教学，共办过三期：第一期有萧山、桐庐、富阳、诸暨等 16 个县，40 个学校。第二期有新登、临海、新昌等。第三期是战区各县，也有 40 个学校。这些流动学校的开办，正如战争中的游击战一样，发挥了灵活性、机动性和活泼性的作用。①

2. 组建临时中学

关于全面抗战时期非战区和战区各中等以上的学校和学生，浙江省教育厅在 1937 年 8 月 7 日作出详细规定，其中对受战事影响，暂行停闭学校的学生，高中程度二年级以上已经受过军事训练的学生，留在战地服务；高中一年级及初中程度学生，除自愿留在战地服务外，要通知其家属或保证人把学生领回家，对于领回的学生，学校发给借读证书，使学生今后能自由择校借读。此后，战区失学的学生，就凭借读证书在非战区各校借读。为了收容这些从战区逃出来的青年学生，1938 年 2 月 5 日，省教育厅颁布了《收容及处置本省战区各中等学校失学学生办法》，规定各个省立中学、初中在原定开课的各个班级人数上，尽量增加，实在不能容纳，可以增添班级。这样，各县高中又增添了许多班，如台州中学、金华中学、衢州中学、温州中学，都增添了 2—4 个班级。还有师范、职业学校也同样添设了班，以尽量收容战区学生。除设班收容外，还设校收容。除在丽水碧湖成立省立临时联合中学外，在战区也成立临时中学、临时师范。开始设立的省立临时中学有 3 所：天目山浙西第一临时中学、昌化

---

① 楼子芳：《浙江抗日战争史》，杭州大学出版社 1995 年版，第 112 页。

第二临时中学、孝丰第三临时中学。以后又在余杭增设浙西第四临时中学。①

3. 创办各类师范学校

鉴于全面抗战爆发后师资缺口巨大、师资素质低下的实际情况,1939 年 9 月,浙江省教育厅颁布《浙江省第一期师范教育实施方案》,将全省划为 5 个师范区,每区设省立师范学校 1 所。1942 年 6 月,省教育厅又拟定《浙江省第二期师范教育实施方案》,将全省改划为 10 个师范区,每一师范区设省立师范学校 1 所,培养该师范区内各县国民教育的师资。全省各师范区设省立师范 5 所、县立简师 30 所,省立中学附简师 7 所、县立中学附简师 9 所,共计 51 所。

为改变全面抗战时期各县师资普遍缺乏的情况,1942 年 10 月,省教育厅颁发《浙江省立中等学校附设简易师范科暂行办法》,规定分期在省立中学内轮流附设简易师范科 1 班,修业年限为 1 年。是年分别在新登、安吉、永康、乐清、玉环、庆元、温岭、瑞安设简师 8 所。1943 年又在青田、分水、东阳、宁海等新设简师 8 所,另外,临海、温岭县立简师均添设普通师范科,改办为县立师范学校。②

4. 创办英士大学

杭嘉湖地区沦陷后,浙江原有大专院校纷纷西迁内地,全省仅剩省立医学专科学校一所。为适应全面抗战期间亟须培养各项人才的需要,解决莘莘学子升学深造的困难,1938 年 11 月,浙江省政府决定筹设浙江战时大学,由省教育厅厅长许绍棣兼任校委会主任,设文法、理工、农学、医学 4 个学院,文法学院设教育社会、政治、经济 3 系;理工学院设数理、土木工程、机

① 楼子芳:《浙江抗日战争史》,杭州大学出版社 1995 年版,第 113 页。

② 张根福等:《抗战时期浙江省社会变迁研究》,上海人民出版社 2009 年版,第 140 页。

械工程、电机工程、应用化学5系;农学院设农艺、林垦、畜牧兽医3系;医学院设医学、药学2系。修业年限,除医学院为5年,其余均为4年。校本部在丽水,农学院在松阳,医学院在临海。1939年5月,为纪念反对袁世凯独裁统治而牺牲的革命先烈陈英士先生,把浙江战时大学改为英士大学。① 1943年9月改为国立英士大学。不久,教育部任命杜佐周为第一任校长。英士大学是在全面抗战的艰难环境中创办起来,为避战乱,数迁校舍,由于广大师生的共同努力,仍能在艰苦奋斗中茁壮成长,为全面抗战培养了各种专门人才。

5. 推广社会教育

1938年4月,省政府公布《浙江省推广战时民众教育计划大纲》,要求逐步推行战时民众学校(简称战时民校)、流动施教团等。接着,省政府颁布了《浙江省各县市办理战时民众学校暂行办法》《浙江省各县市战时中心民众学校设施纲要》等文件,规定:"战时民校,凡各县市区乡镇,各教育机关,各人民团体、文化团体,各工厂商店,及有关抗日自卫团等,均得分别设立"。② 战时民校很注意民族意识的发扬及爱国思想的培养,做到识字教育和抗战救国教育相结合,其课程有识字教育、公民训练、自卫训练、民众组织、歌咏5个方面。民校学生以招收16岁以上不识字的民众为原则,每期定为两个月,每日上午或夜间分班教学2小时。学员受业期满,成绩合格者,发给结业证明书。据统计,1938年底全省各地有民校2100所,学生118666人。③ 全面抗战时期,社会教育的发展,对发扬人民的爱国思想、激发人民的抗战热情、培养人民的抗战力量,发挥了积极的作用。

---

① 楼子芳:《浙江抗日战争史》,杭州大学出版社1995年版,第114页。
② 《浙江省政府公报·法规专号》第四辑(1939年4月),第323—324页。
③ 楼子芳:《浙江抗日战争史》,杭州大学出版社1995年版,第115页。

6. 实施浙江"教育年"

1943 年秋,省政府主席黄绍竑巡视各地的时候,感到浙江的教育受战事的影响很大,于是在同年冬天的省行政会议上决定 1944 年为浙江的教育年,并拨各县积谷 8 万石,作为教育年扩充教育所需的经费。接着,公布了《本省各县教育实施方案》《教育年运动实施办法》,具体提出了实施教育年的标准、办法和日程安排。1944 年 3 月 27 日,在云和举行教育年开幕典礼,黄绍竑亲临会场并讲话,由省教育厅发布《告教育工作同人书》《告各县县长书》等。接着又举行"教育年运动周"及其他各种活动。教育年自 1944 年 3 月至 1945 年 3 月,实施 1 年后,"结果极为良好"。[1] 据《浙江省教育年实施成绩总报告》统计显示(除余姚、衢县、嘉兴、嘉善、海盐、平湖、桐乡 7 县未统计外),在国民教育[2]方面,全省增加中心学校 332 所,国民学校 3574 所,平均各县增加 56% 以上,已达到二保一校或一保一校的有 53 个县,一乡镇一中心学校的有 46 个县;在中等教育方面,新设初中和简师的各有 14 个县,其中杭县、余姚、吴兴、德清、武康、绍兴、萧山、嘉善、海宁、富阳等 10 县,在县境大部分沦陷的情况下,还能设法于本县或邻县境内筹设初中或简师。办学经费(包括学田和基金)普遍增加,部分学校的校舍有所改善,各校公免费学额大多已照规定设置。教育年的实施成绩列为各县政绩考核内容之一,经过评估,成绩 80 分以上者记功,不满 50 分者记过。省政府根据教育年实施过程中发展很不平衡,

---

　　① 《"教育年"成绩良好,定期举行闭幕礼》,《浙江日报》(龙泉版)1945 年 3 月 21 日。

　　② 全面抗战爆发后,国民政府在初等教育阶段仍然沿用全面抗战前的义务教育制度,以普及短期小学教育为首要目标。1939 年实行"新县制",《县各级组织纲要》规定:"每乡镇设中心学校,每保设国民学校,均包括儿童、成人、妇女三部分,使民众教育与义务教育打成一片"。1940 年 3 月,教育部根据该纲领颁布了《国民教育实施纲要》,规定:全国自 6 足岁至 12 足岁之学龄儿童,除可能受六年制小学教育外,应依照纲领受二年或一年制之义务教育;12 足岁至 15 足岁的失学儿童得视当地情形及其身心发育状况,施以相当之义务教育或接受失学民众补习教育;15 岁至 45 岁的失学民众,应分期接受初级或高级民众补习教育。《国民教育实施纲领》的公布标志着国统区的义务教育制度开始向国民教育制度转轨。参见蒋致远:《第二次中国教育年鉴》,宗青图书出版公司 1991 年版,第 183 页。

且有假报敷衍的流弊,因此要求在 1945 年继续贯彻教育年的实施方案,在质
和量方面作更大的努力,并继续拨各县积谷 8 万石作为 1945 年教育经费
之用。①

　　总之,全面抗战期间,浙江的教育事业虽处艰难环境但仍有所发展,以全
面抗战时中等教育所获之成绩与全面抗战前的 1934 年比较,制成表 4-6,以
窥见一斑。

表 4-6　浙江省中等教育主要指标比较表(1934 年、1937 年、1944 年)

年度\指标	1934				1937				1944			
	中学	师范学校	职业学校	合计	中学	师范学校	职业学校	合计	中学	师范学校	职业学校	合计
校数	85	15	18	118	48	9	11	68	106	64	12	182
教职员数	1916	230	375	2521	1203	163	195	1561	2786	953	288	4027
学生数	19376	1937	2452	23765	13645	2490	952	17087	421723	12682	2107	57512
毕业生数	3877	405	509	4791	2445	352	215	3012	7347	1378	341	9066
岁出经费数(元)	1860609	228369	322186	2411164	774257	198460	188627	1161344	19454907	8954298	1639925	30049130

资料来源:《十年前后暨战前后本省中等学校各项设施比较表(一)(二)(三)》,浙江省档案馆藏,档号
L032-2159。根据张根福等:《抗战时期浙江省社会变迁研究》,上海人民出版社 2009 年版,
第 145 页表 5-3 改制。

五、增列保育、救济费,救济难民

　　全面抗战爆发后,至 1937 年底,杭嘉湖沦陷,致使成千上万的平民流离失
所、四处逃难,一时间哀鸿遍野。大量难民的产生使得难民救济成为当时社会
的一大问题。为此,省政府多方设法救济,请求中央拨款、组织临时募捐。同
时,由省府财政拨款 10 万元(法币),在永康创办浙江省赈济会难民染织工

_____
　　①　楼子芳:《浙江抗日战争史》,杭州大学出版社 1995 年版,第 278 页。

厂,进行积极救济。

(一)全面抗战前的浙江省社会救济

　　南京国民政府成立后,1928 年 5 月,内政部拟定《各地方救济院规则》(以下简称《规则》)呈准公布,救济院分养老所、孤儿所、残废所、育婴所、施医所、贷款所、妇女教养所、游民感化所、贫民习艺所、施材掩埋所等。救济对象包括:60 岁以上无人抚养的老人;6 岁以上 15 岁以下贫苦无依的儿童;贫苦及被遗弃的婴孩;残疾人。同年 6 月内政部又公布《管理各地方私立慈善机关规则》,国民政府由此开始掌握私立慈善机关的基本情况,并试图对私立慈善组织的经费进行严格监督,并且规定可以随时检查,掌握监督的主动权。自《规则》颁布后,一些地方的救济院逐步建立起来,至 1930 年,浙江在全省设立救济院 134 所。由于经费不足,当时救济院各所经常靠社会募捐来弥补经费不足。如宁波鄞县救济院养老所社会捐款占全年总支出的 60%左右。①

　　此外,为了应对天灾荒年,浙江各县历来有设常平仓的做法,但无统一的规定。1930 年 1 月 15 日,内政部公布《各地方仓储管理规则》,规定"各地方为备荒恤贫设立之积谷仓分为县仓、市仓、区仓、乡仓、镇仓、义仓六种",其中县、乡、镇各仓为必设仓。常平仓的建筑及修葺费由地方公款内开支,积谷的筹备也要以地方公款办理,只有在公款不济的情况下才实行派收或捐募,其中"派收应于丰年粮贱时以公平方法起集,其贫乏之户不得派收",具体筹备谷数"乡镇各仓以一户积谷一石为准"。仓谷使用的方法分平粜和散放,区、乡、镇仓还可实行贷与,贷与总额以所存仓谷 3 分之为限,于每年青黄不接时准各贫户告贷,待新谷登场按 1 分加息将本利并归仓。1936 年 10 月,内政部又公布《全国各地建仓积谷办法大纲》,对各地仓储种类、保管办法、经费来源等作了规定。按照上述两个文件,浙江各县大都建有常平仓积谷,并制定自己的相

---

　　① 陈召正、邵雍:《孙中山民生主义与国民政府救济体系建设》,《团结报》2020 年 11 月 26 日。

应办法。如乐清县早在清光绪年间已开办社仓,1932 年又奉令筹募积谷。县长张玉麟仿照瑞安办社仓方法,按亩征收谷款,每亩 1 角 5 分,总计 4.4 万余元,分拨各区、乡建仓购谷。① 但这类常平仓往往因管理不善而无法发挥作用。如瑞安县的谷仓原有县仓、乡镇仓和义社仓等,其中后两种都是"董亏民欠,弄到有仓无谷,或是无仓无谷的程度"。② 总之,南京国民政府前期的浙江救济体系建设虽取得了一定的成就,但更多的是停留在制度设计层面,政府的主体地位不明显,在省、县两级的财政预算科目中尚无单独设置"救济费"一项,致使具体实施的效果较为一般。

(二)全面抗战时期的浙江省社会救济

1937 年全面抗战爆发后,由于战事频繁、天灾不断,救济事务庞大繁杂,为此,国民政府适当调整了救济体系,以促进救济效益的最大化。为配合政府做好难民工作,同年 9 月,行政院在南京成立非常时期难民救济委员会总会,在地方设立分会、支会,分级负责难民的救济事务。后为统一难民救济机构,于 1938 年 4 月将原赈务委员会、行政院非常时期难民救济委员会总会合并组建"赈济委员会",并将内政部民政司的救济行政事务也划归赈济委员会掌管。相应地,各省、县赈务会、难民救济分会也合并改组成省、县赈济会。1940 年 10 月,中国国民党中央执行委员会社会部改隶行政院,原内政部民政司负责之社会福利业务划归社会部管理,社会救济事项由社会福利司负责。此前,省政府下设民政厅负责救灾及其他社会救济事项,社会部成立后,各省在省政府之下设立社会处,或于民政厅内设社会科。1943 年 9 月,国民政府颁布《社会救济法》,在法律上确立了政府的救济主体地位。《社会救济法》规定:救济事业的主管官署为"在中央为社会部,在省为省政府,在市为市政府,在县为

---

① 方新德:《国民政府时期浙江县政研究》,浙江大学出版社 2012 年版,第 203 页。
② 《瑞安县二十八年全县区乡镇长第二次会议记录》,浙江省档案馆藏,档号 L033-1-565。

县政府";临时及紧急救济,由救济委员会主管。救济设施"由各县市视实际需要及经济状况依照本法分别举办,中央及省亦得酌量办理"。救济经费采取谁举办谁负担的原则。救济设施由县市举办,费用由县市负担;中央或省举办,由中央或省负担;团体或私人举办,由各该团体和私人负担。《社会救济法》还规定,中央政府要对县市或私人举办的救济事业进行补助。同时,明确规定将救济事业经费列入中央及地方预算,救济经费不得移作别用。从而实现了专款专用和财政收入的"二次分配"。按照《预算法》(1937 年修正)和《社会救济法》的相关规定,自 1940 年以后,浙江的财政预算科目中有了"保育救济支出"的设置,当年预算列 19 万余元,约占该年预算岁出的0.3%,在各项支出中排第十二位左右。当然,想以如此微薄的预算经费支撑起全面抗战时期繁重的救济事业是不可能的,只能是聊胜于无,如碰到大的灾荒、疫情就需要动员全社会力量进行救济,以浙赣战役的善后为例,分析如下。

1. 浙赣战役后的兵灾救济

在 1942 年的浙赣战役中,浙江省遭受日寇流窜之面积,广及 47 县,扰攘连续 5 个月,"兵灾几遍全省,灾情之重,为前此所未有"。[①] 加上敌寇流窜期间,水灾、旱灾相继发生,疮痍满目,灾事之烈,惨绝人寰。当时除浙江省政府筹拨 400 多万元施行急赈之外,中央的赈款也比此前的任何一次为多,但仍是杯水车薪,无济于事,只得向社会各方呼吁捐助,详述如下。

自灾情发生至 1943 年 4 月,浙江省先后筹措的赈款有:(1)省政府先后两次拨款进行急赈:第一次拨款 30 万元,第二次拨款 400 万元,两次共 430 万元;(2)中央赈济委员会先后四次下拨赈款:第一次拨 110 万元急赈款,第二次拨水灾赈款 100 万元,第三次增拨赈款 200 万元,第四次下拨赈款 100 万

---

① 黄绍竑:《黄绍竑回忆录》,广西人民出版社 1991 年版,第 460—461 页。

元,四次共拨赈款 510 万元急救浙灾;(3)旅渝同乡筹振会赈款 1000 万元。①

总共 1940 万元②的赈灾款是如何分配运用的呢?

第一次赈款(中央赈款 110 万元、本省赈款 30 万元,共 140 万元)分配:(1)分拨浙西 20 万元,交浙西行署急赈。(2)失学青年及技术员工救济费 24 万元。(3)难童抢救及教养经费 12 万元。(4)浙东战地各县急赈款 72 万元。后方各县义民救济经费 12 万元。③

在第一次赈款筹措期间,收复各县灾民嗷嗷待哺,地方损失情形也急待调查,省政府特下拨 400 万元统筹支配,会同省党部、省参议会组织了收复地区抚慰团 4 个团,于 1942 年 9 月赴受灾各县分发赈款,部分用于慰劳慰问军警和公务员。

第二次赈款分配:中央拨发第二次赈款 100 万元,系为救济水灾,经浙江省党政及民意机关长官在赈务座谈会商决,以 24 万元作为准备金,由省统一支配;以 15 万元交浙西行署统筹分配至浙西受灾 13 县,其余 61 万元按灾情轻重分配给浙东各县及水利工程。④

第三次赈款(中央赈款 200 万元)分配:(1)桂、赣、闽等省办理浙省义民学生救济赈款 55 万元;(2)补发省拨赈款遗漏及灾情特重应予加拨赈款 60 万元;(3)青年及儿童之救济 30 万元;(4)举办施粥 20 万元;(5)用于医药 20

---

① 浙江灾情发生后,"旅渝诸公,除向中央力请拨款振济外,另发起组织浙灾筹赈会,积极着手劝募,于去岁(1942 年)12 月召开筹备会,推定戴传贤(季陶)为理事长,陈果夫、褚慧僧为理事,陈布雷、潘公展、朱家骅为监事,虞洽卿为劝募总队长,分头劝募,各同乡纷纷解囊,劝募进行顺利,仅经月余之努力,已集成巨款,刻已汇浙一千万元,两浙灾民得此巨数之振振,不啻久旱甘霖,歌颂不止,现昆明贵阳等地浙籍同乡亦分别组织筹赈会,俟劝募有成数后,当可汇浙振济"。参见守本:《浙江灾情与振济》,《浙江政情通讯稿》1943 年第三、四期。

② 据《黄绍竑回忆录》第 461 页所载,省政府共拨款为 500 万元,旅渝筹赈会后又筹汇第二批赈款,加上第一批汇款,共筹集 2200 余万元,照此计算,中央、浙江、旅渝筹赈会三方共筹赈灾款为 3210 万元。

③ 守本:《浙江灾情与振济》,《浙江政情通讯稿》1943 年第三、四期。

④ 守本:《浙江灾情与振济》,《浙江政情通讯稿》1943 年第三、四期。

万元;(6)存准备金15万元。①

第四次赈款(中央赈款100万元)分配:(1)交由卫生处办理医药50万元。(2)其余50万元由中央赈委会常委赵志游亲自发放如下;平阳县赈款2万元、永嘉县赈款2万元、瑞安县儿童保育补助费1.5万元、温岭县托儿所补助费1万元、乐清贫民习艺所6千元、三门县赈款2万元、奉化县赈款2.5万元、永嘉县救济院育婴所补助费1千元、宁海县赈款2万元、慈溪县赈款1万元、镇海县赈款1万元、象山县赈款1万元、鄞县赈款1万元、定海县赈款1万元、丽水县赈款3万元、青田县赈款4万元、杭州私立安定中学补助款1万元、杭州私立树范中学补助款1万元、杭州私立清华中学补助款1万元、杭州私立宗文中学补助款1万元、绍兴私立稽山中学补助款1万元。以上发放合计31.7万元,尚余18.3万元。②

第五次赈款(旅渝同乡筹赈会汇款1000万元)分配:(1)拨500万元办理收复地区平籴及施米;(2)200万元办理未收复县份急赈;(3)以150万元为救济青年经费(其中100万元救济学校青年、50万元救济社会青年);(4)以150万元用于救济难童。③

此外,浙江旅渝同乡会商请四联总处增拨农贷4000万元,并立即拨给3000万元,以济冬耕。④

总之,由于浙赣战役的涉及地域广、持续时间长,影响所及已远远超越浙江范围,灾民到处流浪,亟待救济。除在省内的难民外,有大批流亡到福建、江西、广西等。如浙赣战区有一二十万学生,为摆脱敌寇的穷追狂捕,过着漂泊的生活,有大批学生流亡在桂林等地,因此,解决他们的生活、医药、旅费和升学等问题,需要中央的大力支持和相关省区的协助,才能取得一定成效。

---

① 守本:《浙江灾情与振济》,《浙江政情通讯稿》1943年第三、四期。
② 守本:《浙江灾情与振济》,《浙江政情通讯稿》1943年第三、四期。
③ 守本:《浙江灾情与振济》,《浙江政情通讯稿》1943年第三、四期。
④ 楼子芳:《浙江抗日战争史》,杭州大学出版社1995年版,第268页。

除了上述传统的"消极的救济"①外,全面抗战时期浙江省政府还进行了"积极救济"的尝试。

2. 浙江省赈济会难民染织工厂的创办

面对全面抗战爆发后不断袭来的兵灾、天灾,大批难民流离失所,搬迁至永康的省主席黄绍竑便向正闲居在家的吕公望先生②问计求教。吕公望当即提出两个方案:一方面可以移送一部分难民到福建崇安农垦;另一方面可以由民政厅赈济款内拨出 10 万元专款创办难民染织工厂,既可收容难民,又可发展生产、支援抗战。这两个提议都得到了黄绍竑的赞许和采纳。在黄绍竑的力邀下,吕公望再次出山,担当起浙江省赈济委员会主任的重任,并全权负责筹措办厂事宜。

自省政府迁到了永康方岩后,永康成为浙江省抗战的中心,吕公望决定把工厂建在永康芝英。1938 年 4 月 11 日,浙江省赈济会难民染织工厂正式成立,吕公望亲任总经理。工厂开张当天,就有 3800 多名各地的难民被送来。③自当年成立至 1945 年全厂结束,工厂的发展可分为 3 个时期。

一为安定时期(1938 年 4 月至 1941 年夏)。为了办好工厂,吕公望在建厂之初就采取了一系列措施:第一,抓好难民的个人卫生,规定难民初至,需先进行洗澡、梳发、洗衣等除去身上的污秽后方能入厂。第二,为了解决难民所携带的子女问题,工厂专门设立了托儿所、幼稚园、小学部等。第三,对于年老体弱不能工作者,则视情另作安排。第四,为了鼓励生产积极性,规定每生产 1 匹布,给予若干奖金。第五,以速成方式传授染织技术,并设立夜校,为职工

---

① 黄绍竑:《黄绍竑回忆录》,广西人民出版社 1991 年版,第 460 页。
② 吕公望(1879—1954),字戴之,号叔尚,浙江永康人。早年参加光复会,系辛亥革命骨干。民国时曾任浙江省督军兼省长,被授予"怀威将军"衔。全面抗战时期,担任浙江省赈济会委员会主任。
③ 吕公望:《浙江省赈济会难民染织工厂始末记》,永康市政协教文卫体与文史委员会编:《浙江临时省会永康》,中国文史出版社 2016 年版,第 160 页。

补习文化,以提高职工的文化素质。第六,对职工进行军事化训练,以应付非常之需。经过以上措施的推行,难民们的生活得到了安定,工作积极性较高,工厂事业也随之蒸蒸日上。除了芝英总厂外,工厂还在县城、后槽桥、长城、郭山、溪岸、柿后、桥下、太平等地设置了8处分厂,产量稳步上升:1938年全年产布27903匹,1939年增至72688匹,到了1940年增至10万匹以上。生产出来的布匹除少量供给民用外,主要输往第四军需局与第五军需局支持抗战事业。

二为搬迁时期(1941年夏至1942年底)。1941年夏,日寇窜扰东阳,飞机轰炸达于永康,遂将芝英总厂移设至江山县属之王村一带,并决定于总厂外设分厂7处,其办法为盈亏由各分厂自负,分厂所产之布统归总厂经售,抽手续费1%。是年,总厂和各分厂共产布56361匹(产纱除外)。1942年5月,日寇再陷东阳。吕公望闻讯后,迅速组织职工连夜将工厂机器以及库存棉纱、布匹等抢运出去。抢运队伍按照预定路线,经缙云、丽水,跋山涉水,最后抵达了龙泉、云和赤石一带。由于敌军接踵而至,散卒、莠民趁机侵扰,使得先期运存在下圮、西溪的8000余匹军需局已定未提棉布在一夜之间被劫掠一空,而东阳二纺纱区、永康古山一纺纱区先期发放纺户的棉花也全部散失。各分厂幸存的4000多个半成品轴头历经霉天、伏天的高温,趋于腐化。吕公望重新整合了各分厂,限期将轴头进行了清理,恢复了工厂生产。但工厂遭此剧变,元气大伤,产量锐减,1942年的产布量仅为19840匹。[1] 自此以后,难民工厂的中心由永康转移至云和赤石。

三为收束时期(1943年初至1945年8月)。云和赤石为浙江偏僻山区,既乏粮食,又少房屋,布机不能多设,而难民工厂所欠军需局的1942年4月之前的定布还有2万匹。由于商路不通,棉纱无法采购,再加上纱价飞涨,与订货时的成本核对价相去甚远,工厂生产陷入窘境。吕公望与工厂管理人员再

---

① 吕公望:《浙江省赈济会难民染织工厂始末记》,永康市政协教文卫体与文史委员会编:《浙江临时省会永康》,中国文史出版社2016年版,第161页。

三筹商,决定以内地桐油来换取沦陷区的棉纱。难民工厂以浙江贸易公司的名义与上海东南公司订约,以内地桐油 22000 担,换取沦陷区 20 支棉纱 700 件,同时在杭州、建德、淳安、罗桐埠、龙泉、松阳、壶镇、丽水、云和、永嘉、上海等地设立分办事处,具体承办桐油、棉纱往来运输事宜。然而不幸的事情接二连三发生:第一批桐油运出后,遭到海关、军队等扣留,历时四五个月之久。第二批桐油运至富阳时,船遭到飓风袭击沉没,虽经打捞,但损失仍达一半以上。经此波折,加上其他困难,棉纱的供应无法保证,工厂也因此无法正常运转,机器开工陷入严重不足,1943 年产布只有 8320 匹。① 开支大而产出少,工厂已经陷入严重亏损、步履维艰的境地。但老难民的留恋,新难民的来归,使得吕公望不忍关闭工厂。于是他尽最大努力,新创办了炼油厂、小电厂、化工厂以及畜牧工场等实业,取得了一些成效。特别是炼油厂生产的汽油、火油甚合当时社会的需要,工厂难民们的生活也尚得以维持。

　　1945 年 8 月,抗战胜利,省府还治,难民工厂也最终完成了自己的历史使命。是年冬天,工厂最终停办。吕公望把机器等财产变卖,将其中的一部分款项分给难民作为回家的川资,剩下的 300 余万元悉数上交给省府。② 综计难民工厂自开办至结束,共收容难民 2 万人次以上,生产布 287700 余匹、棉纱 20 余万斤供给军需,兼以余力献机、劳军、帮助救济物资等,③对于抗战所作贡献甚多。

---

　　① 吕公望:《浙江省赈济会难民染织工厂始末记》,永康市政协教文卫体与文史委员会编:《浙江临时省会永康》,中国文史出版社 2016 年版,第 162 页。
　　② 应军:《吕公望与浙江省赈济会难民染织工厂》,永康市政协教文卫体与文史委员会编:《浙江临时省会永康》,中国文史出版社 2016 年版,第 256 页。
　　③ 吕公望:《浙江省赈济会难民染织工厂始末记》,永康市政协教文卫体与文史委员会编:《浙江临时省会永康》,中国文史出版社 2016 年版,第 163 页。

结　语

　　日本发动全面侵华战争后,浙江省作为中国东南沿海富庶之区,首先遭到日寇的轰炸与入侵。1937 年 11 月战火蔓延到浙江境内,12 月省会杭州沦陷。随后,浙江省政府被迫迁移至永康方岩。为了配合全面抗战军事需要,同年12 月,黄绍竑奉命第二次主政浙江。黄在永康方岩主政后,积极动员全省民众参加抗战,坚持中国共产党提出的抗日民族统一战线,多次与周恩来等中共领导人商谈共同抗战问题,促成了全省团结抗日的政治局面。日军在杭州湾登陆后,杭嘉湖、宁绍、温州等地区先后沦陷,浙江工业大部分瘫痪,仅少数工厂搬迁至浙西南地区,人民经济生产活动遭受严重破坏。随之而来的是财政收入的锐减,而军费、县协助费、债务费等开支剧增,以致财政入不敷出,异常困难,恢复和重振财政经济成为决定浙江抗战能否坚持到最后胜利的关键。

　　财政是"庶政之母",无论是开展抗日救亡运动,还是推进政府管理和社会治理,都需财政基础和财政政策之配合。由于历史原因,浙江全面抗战前财政已严重亏空,债台高筑,加上日寇军事入侵,使得全面抗战前已困难重重的浙江财政更是雪上加霜。黄绍竑主浙后,非常重视战时的财政建设,采取了一系列财政改革举措,如制定战时政治经济纲领、调整税收机构、开辟财税新来源、整顿旧税、节约行政开支等,使得浙江财政收入有了较大幅度的增加,收支也逐渐趋于平衡,到了 1938 年下半年开始出现结余。但自 1941 全国财政收支系统改制后,省级财政并入国家财政,省财政只有支出而无收入,而中央补助款又无法满足省政府支出数额,加上严重的通货膨胀等问题,浙江财政的收支规模被大大压缩。

战时浙江财政建设的目的十分明确,那就是为争取抗战胜利提供坚实的财政保障,正如《浙江省战时政治纲领》所指出的:"保卫浙江,收复沦陷土地,争取最后胜利,为一切努力之总方向"。战时财政政策的制定和财政改革都是围绕这一总方向而展开的。地方军费能否得到保证决定着浙江抗战能否胜利,保安费成为全面抗战时期浙江财政支出的最大项目,从 1937 年至 1940 年逐年都有所增加。黄绍竑第二次主政浙江后所采取的财政举措,主要是为了集中人力、物力、财力支持抗战,大量的财政资金被用于支援抗战前线,如组建国民抗敌自卫团、土枪队等,筹建兵工厂和政工队等。到 1939 年浙江省国民抗敌自卫团发展到近 10 万人,在浙江形成了一支强大的地方武装,每年耗费饷需约 800 万元,成为省库中负担最大的一项;从 1938 年至 1941 年的 4 年中,省财政拨给浙江铁工厂的资金共计 100 多万元,在艰苦的环境下,制造出数量众多的武器,每月可生产 1000 多支步枪、50 多挺轻机枪、五六万枚手榴弹和枪榴弹筒,产品除满足本省需要外,还远销到广西、贵州、福建、广东、安徽、甘肃等地,为国家解决了部分武器方面的困难。同时,兵工厂的创办,还给失业工人以就业的机会,并培养了一批熟练技工,为抗战作出了积极的贡献。在经济建设方面,按照《浙江省战时政治纲领》所提出的:"调整物产,保证战时生产品自给"等,成立了浙江省物产调整处、手工业指导所(后改为工业改进所)、农业改进所等机构,通过筹集和划拨专项资金,重建或新建浙东电力厂、浙江省化学工厂、浙东纺织公司、浙江炼油厂、浙江锯木厂、浙江造纸厂等,不但保证了抗战资源的供给,也部分满足了后方民众的生产和生活需求。教育方面,兼顾教育经费,实施战时教育,力保浙江的教育事业不因战事而中断。在省、县两级政府和广大教育工作者的努力下,浙江的战时教育比全面抗战前有所发展。如中学(包括普通中学、师范、职业)由 1937 年的 68 所增至 1944

年的 182 所,学生数由 1937 年的 17087 名,增至 1944 年的 64717 名;小学由
1937 年的 13699 所,增至 1944 年的 15740 所,小学生由 1937 年的 893942 名,
增至 1944 年的 1014509 名;还创办了一所省立大学——英士大学。① 另外,
诸如压缩行政开支、保持省县政府正常运转,增列救济费、开办浙江省赈济会
难民染织工厂、全力救济难民等不一而足。总之,从全面抗战爆发至抗战胜
利,浙江的经济并未崩溃,财政支撑了全省的战费与建设经费,帮助浙江人民
度过了其历史上最困难的阶段,为浙江抗战的胜利作出了重要贡献。

毋庸讳言,由于政权性质和当时社会环境所决定,全面抗战时期浙江省政
府乃至国民政府的财政政策和财政改革也存在着严重不足,其中的一些问题
令人深思。

首先,全面抗战爆发后浙江省政府采取的战时财政政策和举措加重了人
民负担,使其生活更加窘迫。如食盐运销政策,使战区民众需要缴纳敌我双重
税收,苦不堪言。浙西一带沦陷后,民众日用的食盐在入境前已由日伪征税,
以盐本、运费、税率三者合并,每担 12.5 元。入境后,财政厅浙西税务处每担
还要加收税金 6 元,"所谓二重税率即在此"。② 再如火柴公卖政策的实施,因
加重了厂商的负担,与各方发生矛盾,曾引起宁波正大火柴公司及粤闽各厂商
的反对;③实施的田赋政策,表面上赋率没有什么提高。1941 年 9 月,浙江省
全省行政会议决定,田赋改征实物。浙西各县征收实物标准为:田每亩一斗二
升,山荡二升。与 1928 年德清赋额比甚至更低。临海 1941 年改征银为征实
后,正税每元折稻谷二斗,每亩也摊不上多少。④ 但这仅仅是表面现象,种类
繁多的额外田赋附加成为农民的沉重负担,使普通农民辛苦一年却所剩无几,
即使中小地主也感觉负担沉重,遑论贫困的农民。另外,在货币信用制度日渐

①　黄绍竑:《黄绍竑回忆录》,广西人民出版社 1991 年版,第 483 页。
②　杨兴勤:《如何解决浙西战区盐务》,《战地》1939 年第 2 卷第 9 期。
③　陈昭桐主编:《中国财政历史资料选编》第十二辑(下),中国财政经济出版社 1990 年
版,第 90 页。
④　方新德:《国民政府时期浙江县政研究》,浙江大学出版社 2012 年版,第 230 页。

发达的时代,恢复田赋征实,违反社会经济进化的大趋势,因为恢复征实后,粮食的储运与库收成为一大问题。我国内地山岭重叠,交通险阻,农户纳粮必须送往指定之粮食集中点,有的远道挑送,遭沿途之征缴与收粮机构之勒索,往往送一斗要赔一斗。各地征存之粮食运输出境,所需运输费用极巨,往往超过粮食本身之价值,因此仓库存粮充溢,天时潮湿,霉败堪虞。"征实"的种种弊端,不一而足。同时征实过程中贪污盛行也严重损害了政府在百姓中的形象,成为扰民的一项苛政,遭到人民的普遍反对。只是全面抗战期间强敌当前,人民以大局为重忍而未发罢了。总之,为争取抗日的胜利,保证军费的开支,浙江省政府的这些政策克服了财政上的困难,但也给人民群众带来了沉重的负担,使他们承受了深重的剥削。浙江普通民众为抗战胜利所作出的巨大牺牲,值得永远铭记。

其次,从制度层面上来说,省级行政在中国已有几百年的历史,处于地方行政的枢纽地位。但1941年财政收支系统改制后,省级财政被取消,省政府失去了收入来源,在施政方面就难有作为。同时,中央进行财政改制的原意在于削弱省财政,确定和扶持培育县自治财政,使之独立及发展地方建设事业。而实际上,省财政的削弱并没有使县自治财政得益,至少从浙江省的情况看,财政系统改制并不是一场损省益县的游戏,而是双损。自1942年《财政收支系统纲要》核定税目后,县实际合法租课收入在财政总收入中所占百分比一再减少,上级拨补数额增加有限。而支出方面,因县事务往往临时增派,如后备队之编训,军粮之供应,又如局势突变应付费之支出,尤非原有财源所能支应,各县摊派筹款之风乃又盛行,成为弥补县财政的一条重要途径。到后来,摊派干脆堂而皇之地成为合法收入,1942年后县财政预算表中所列"地方性捐献及赠予收入"一项即为明证,使得实际上的摊派成为合法之收入来源,不仅加重了人民的负担,也使财政秩序更加混乱。这明显与中央改订财政收支系统的初衷背道而驰。

最后,全面抗战时期出现的严重的通货膨胀已无法反映真实的财政收支状况,每年编制的政府预算成了数字游戏。浙江物价发生大变化始于 1941 年的太平洋战争,日军占领上海租界后,对外贸易趋于停顿,次年浙赣会战后,一切商品逐渐高涨,物价之威胁,引起社会高度关注。如 1942 年 8 月,当地米谷杂粮、蔬菜、食用油等土产"价格腾贵",九月"继续腾贵"。1944 年日寇再犯丽温期间,住在丽水的人逃往云和、龙泉,但他们"逃过敌人的手心,但却逃不过高物价的巨掌",吃住花销都不堪重负。伴随着物价的持续上涨,法币则随之不断贬值,"在浙江平均是八百多倍"。① 在严重通货膨胀的情况下,物价指数远高于生活费指数,工薪阶层的收入绝对下降,受影响最大的是所谓公教人员,即各级政府公务员、事业单位职员和大中小学校教师。"在长长的八年当中,这些薪俸阶级的生活,实在是苦到极点! 然而,直接支持抗战局面的,却是这些公教人员。"②公教人员,是维持政府及社会正常运作的重要环节,他们生活水平的大幅度下降,必然导致其对自己服务的政权态度的变化,从而威胁到这个政权的统治基础。如广大公教人员因生活得不到保障,不但造成行政效率低下,更可怕的是造成贪污盛行。"我们想杜绝贪污,若不从社会制度改革着手,或最小限度将官吏俸给制度予以改革,恐怕贪污的事实,是不容易根除的!"③吏治败坏,与当时经济状况尤其是恶性通货膨胀有着密不可分的联系。经济牵动政治,政治又影响经济,两者形成恶性循环,对国民党统治的衰落起着极其重要的作用。深刻的历史教训值得汲取。

抗日战争是近代以来中国人民反抗外敌入侵第一次取得完全胜利的民族解放战争,其规模之大、历时之长,都是中国历史上所罕见的。浙江省政府为解决全面抗战时期的财政困难、坚持抗战所采取的财政政策和改革措施的必要性应予以肯定。每个历史时期都有特定的历史使命和历史任务,实现中华民族伟大复兴是新时代赋予中国共产党和人民的历史使命,推进新时代财政

---

① 黄绍竑:《黄绍竑回忆录》,广西人民出版社 1991 年版,第 501 页。
② 黄绍竑:《黄绍竑回忆录》,广西人民出版社 1991 年版,第 502 页。
③ 黄绍竑:《黄绍竑回忆录》,广西人民出版社 1991 年版,第 473 页。

工作必须紧扣这一主题,围绕和服务于党和国家的中心工作。公共财政的思想本质是取之于民、用之于民。财政收支活动是国民收入分配体系中的一个重要组成部分和环节,因它参与国民收入的再分配,关系到每个百姓的切身利益。因此,财政政策必须体现以人民为中心的思想,促进社会公平和公共服务均衡化,改善人民的物质生活,保障全体人民共享改革发展的成果。全面抗战时期浙江财政经济建设的过程也体现了中华民族团结一致、众志成城、不畏艰险、自强奋进的精神,这也是新时代推进财政工作所必须继承和弘扬的精神品格。

参 考 文 献

一、著作类

财政部财政年鉴编纂处编：《财政年鉴》初编，商务印书馆 1935 年版；《财政年鉴》续编，财政部财政年鉴编纂处 1945 年印；《财政年鉴》三编，中央印务局 1947 年版。

财政部财政调查处编：《各省区历年财政汇览》第一编第二册（浙江省、福建省），财政部财政调查处发行，1927 年。

余绍宋纂：《重修浙江通志稿》第 90 册《计政》，浙江通志馆修，浙江图书馆 1983 年眷印本。

实业部国际贸易局编：《中国实业志·浙江省》，1933 年印本。

魏颂唐：《浙江经济纪略》，1929 年印本。

魏颂唐：《魏颂唐偶存稿》，浙江财务人员养成所 1931 年编印。

浙江省财政税务志编纂委员会编：《浙江省财政税务志》，中华书局 2002 年版。

杭州市财税局编：《杭州财税志》，杭州出版社 1997 年版。

贾士毅：《民国财政史》，商务印书馆 1917 年版。

杨荫溥：《民国财政史》，中国财政经济出版社 1985 年版。

中国第二历史档案馆编：《中华民国史档案资料汇编》第五辑第一编，江苏古籍出版社 1991 年版；第五辑第二编，江苏古籍出版社 1997 年版。

秦孝仪主编：《中华民国经济发展史》（第二册），（台北）"近代中国出版社" 1983 年版。

朱斯煌主编：《民国经济史》，银行学会、银行周报社发行 1948 年版。

朱契:《中国财政问题》,上海商务印书馆 1934 年版。

杨汝梅:《民国财政论》,商务印书馆 1927 年版。

陆仰渊、方庆秋主编:《民国社会经济史》,中国经济出版社 1991 年版。

[美]阿瑟·恩·杨格:《1927 至 1937 年中国财政经济情况》,陈泽宪、陈霞飞译,中国社会科学出版社 1981 年版。

财政部统计处编:《中华民国战时财政金融统计》,1946 年内部印行。

中央档案馆编:《中共中央抗日民族统一战线文件选编》(中),档案出版社 1985 年版。

中共中央文献研究室编:《周恩来传》,人民出版社、中央文献出版社 1989 年版。

政协全国委员会文史资料研究委员会编:《文史资料选辑》(第 7 辑),中华书局 1960 年版。

浙江省政协文史资料委员会编:《浙江文史资料选辑》(第 4 辑),杭州印刷厂印 1962 年版。

浙江省政协文史资料委员会编:《新编浙江百年大事记》(1840—1949),浙江人民出版社 1990 年版。

方新德:《国民政府时期浙江县政研究》,浙江大学出版社 2012 年版。

丰子恺:《缘缘堂随笔集》,浙江文艺出版社 1983 年版。

黄绍竑:《黄季宽抗战言论集》,江南出版合作社 1940 年版。

黄绍竑:《黄绍竑回忆录》,广西人民出版社 1991 年版。

贾德怀:《民国财政简史》,上海商务印书馆 1946 年版。

贾士毅:《国债与金融》,商务印书馆 1930 年版。

金普森主编:《浙江企业史研究》,杭州大学出版社 1991 年版。

李新总编:《中华民国史》,中华书局 2002 年版。

娄子匡、黄海:《杭州的动乱》,中国民俗学会印 1939 年版。

楼子芳:《浙江抗日战争史》,杭州大学出版社 1995 年版。

马寅初:《财政学与中国财政问题——理论与现实》,商务印书馆 1948 年版。

彭雨新:《县地方财政》,上海商务印书馆 1945 年版。

宋子亢:《沦陷前后的杭州》,青抗社 1938 年版。

孙文学主编:《中国近代财政史》,东北财经大学出版社 1990 年版。

万必轩:《地方公债》,大东书局印行 1948 年版。

王辅:《日军侵华战争(1931—1945)》(一),辽宁人民出版社 1990 年版。

张根福等:《抗战时期浙江省社会变迁研究》,上海人民出版社 2009 年版。

中共浙江省委党史研究室等编:《浙南——南方革命的一个战略支点》,中共党史出版社 1991 年版。

中共浙江省委党史资料征集研究委员会编:《周恩来抗日前哨行》,浙江人民出版社 1989 年版。

陈昭桐主编:《中国财政历史资料选编》第十二辑(下),中国财政经济出版社 1990 年版。

陈真:《中国近代工业史资料》(第 4 辑),生活·读书·新知三联书店 1961 年版。

党德信、杨玉文主编:《抗日战争国民党阵亡将领录》,解放军出版社 1987 年版。

国家税务总局组织编写:《中华民国工商税收史——地方税卷》,中国财政经济出版社 1999 年版。

蒋致远主编:《中华民国教育年鉴》(第二册),(台北)宗青图书出版公司 1980 年版。

金华市财政税务局编:《金华市财政税务志》,浙江人民出版社 1993 年版。

金华市文化局《史料汇编》编委会编:《金华市革命文化史料汇编》,杭州大学出版社 1991 年版。

李振华辑:《近代中国国内外大事记》,(台北)文海出版社 1997 年版。

金延锋编著:《故园情深:周恩来与浙江纪实》,浙江人民出版社 2009 年版。

南开大学经济研究所经济史研究室编:《中国近代盐务史资料选辑》(第 4 卷),南开大学出版社 1985 年版。

荣孟源主编:《中国国民党历次代表大会及中央全会资料》上册,光明日报出版社 1985 年版。

施养成:《中国省行政制度》,上海商务印书馆 1947 年版。

孙毓棠、汪敬虞编:《中国近代工业史资料》(第 3 辑),科学出版社 1957 年版。

永康市地方志纂委员会编:《永康市志》,上海人民出版社 2017 年版。

永康市政协教文卫体与文史委员会编:《浙江临时省会永康》,中国文史出版社 2016 年版。

永康县政协编:《永康文史》(第三辑),永康印刷厂印 1986 年版。

永康县志编纂委员会编:《永康县志》,浙江人民出版社 1991 年版。

袁竞雄、蒋文华主编:《桂林文史资料》(第 21 辑),漓江出版社 1992 年版。

浙江省档案馆编:《浙江革命历史档案选编·抗日战争时期(上)》,浙江人民出版社 1987 年版。

浙江省汽车运输总公司编史组编:《浙江公路运输史》第 1 册,人民交通出版社

1988 年版。

　　浙江省人民银行金融研究室编:《浙江近代金融史》,浙江图书馆古籍部藏,1984 年油印本(未刊)。

　　浙江省烟草志编纂委员会编:《浙江省烟草志》,浙江人民出版社 1995 年版。

　　浙江省政府秘书处编印:《浙江省临时政治会议及中央政治会议浙江分会会议纪录汇刊》,1928 年 5 月。

　　浙江省建设厅编:《浙江省五年来建设工作报告》(1942 年),《民国浙江史料辑刊》第一辑第 7 册,国家图书馆出版社 2008 年版。

　　郑绍昌主编:《宁波港史》,人民交通出版社 1989 年版。

　　周厚才编著:《温州港史》,人民交通出版社 1990 年版。

　　陈昭桐主编:《中国财政历史资料选编》第十二辑(下),中国财政经济出版社 1990 年版。

　　政协嘉善县委员会文史资料研究委员会编:《嘉善文史资料》(第 1 辑),浙江嘉善文教印刷厂印 1986 年版。

　　浙江省电力工业志编纂委员会编:《浙江省电力工业志》,水利电力出版社 1995 年版。

　　云和县政协文史委员会编:《云和文史资料》(第 4 辑),云和印刷厂印 1989 年版。

　　《战时农民运动法规方案汇编》,浙江省农会编印 1939 年版。

　　《浙江省建设事业概览》,浙江省建设厅编印 1940 年版。

　　《浙江省政府施政报告》,浙江省政府秘书处 1939 年版。

　　《中华民国重要史料初编——抗日战争时期第二编·作战经过(二)》,(台北)中国国民党党史委员会 1981 年版。

　　《浙江省流动学校设施大纲》,浙江省教育厅编印 1938 年 9 月。

　　浙江省政府秘书处第二科统计股汇编:《浙江政务现况》(1934 年 5 月),上海图书馆藏。

　　陈红民主编:《中华民国史新论——经济·社会·思想文化卷》,生活·读书·新知三联书店 2003 年版。

　　浙江省政协文史资料委员会编:《浙江文史集粹·经济卷》(上),浙江人民出版社 1996 年版。

　　杨长岳主编:《金萧地区抗日战争史长编》(中卷),人民日报出版社 2009 年版。

　　沈雨梧:《浙江近代经济史》,人民出版社 1990 年版。

　　千家驹主编:《旧中国公债史资料》,中华书局 1984 年版。

金普森等:《浙江通史·民国卷上》,浙江人民出版社 2005 年版。

袁成毅:《浙江通史·民国卷下》,浙江人民出版社 2005 年版。

汪敬虞:《中国近代经济史 1895—1927》(上、中、下),人民出版社 2000 年版。

徐和雍、郑云山、赵世培:《浙江近代史》,浙江人民出版社 1982 年版。

中国人民银行总行参事室编:《中华民国货币史资料》第 2 辑,上海人民出版社 1991 年版。

孙翊刚、李渭清编:《中国财政史参考资料》,中央广播电视大学出版社 1984 年版。

严中平编:《中国近代经济史统计资料选辑》,科学出版社 1955 年版。

中国人民银行总行参事室金融史料组编:《中国近代货币史资料》,中华书局 1964 年版。

章有义:《中国近代农业史资料》,生活·读书·新知三联书店 1957 年版。

财政部财政科学研究所、中国第二历史档案馆合编:《国民政府财政金融税收档案史料(1927—1937)》,中国财政经济出版社 1997 年版。

浙江省政协文史资料委员会编:《浙江近代金融与金融家》,浙江人民出版社 1992 年版。

周峰主编:《民国时期杭州》,浙江人民出版社 1997 年版。

[美]小科布尔:《江浙财阀与国民政府(1927—1937)》,蔡静仪译,南开大学出版社 1987 年版。

中共浙江省委党史研究室等编:《浙江百年沧桑》,当代中国出版社 1999 年版。

政协杭州市文史资料研究委员会编:《杭州工商业史料选》(杭州文史资料第 9 辑),浙江人民出版社 1988 年版。

浙江省汽车运输总公司编史组编:《浙江公路运输史》第一册,人民交通出版社 1988 年版。

孙文学主编:《中国近代财政史》,东北财经大学出版社 1990 年版。

杨培新:《旧中国的通货膨胀》,人民出版社 1985 年版。

陶士和:《民国浙江史研究》,陕西人民出版社 2003 年版。

张彬:《从浙江看中国教育近代化》,广东教育出版社 1996 年版。

贾士毅:《民国续财政史》,上海商务印书馆 1933 年版。

叶云龙:《中国财政问题》,上海商务印书馆 1939 年版。

贾康:《转轨时代的执着探索:贾康财经文萃》,中国财政经济出版社 2003 年版。

叶振鹏、张馨:《公共财政论》,经济科学出版社 1999 年版。

石柏林:《凄风苦雨中的民国经济》,河南人民出版社 1993 年版。

张郁兰:《中国银行业发展史》,上海人民出版社 1957 年版。

邹宗伊:《中国战时金融管制》,财政评论社 1943 年版。

程悠等编:《中华民国工商税收大事记》,中国财政经济出版社 1994 年版。

果鸿孝:《中华近世通鉴经济专卷》,中国广播电视出版社 2000 年版。

潘国旗:《民国浙江财政研究》,中国社会科学出版社 2007 年版。

二、论文类

阮发俊:《凄伤的天堂——抗战时期杭嘉湖地区的沦陷》,《浙江档案》2007 年第 7 期。

北溟:《浙江政治的现阶段》(社论),《浙江潮》1938 年第 9 期。

楚屏:《黄季宽先生访问记》,《新华日报》1938 年 6 月 7 日。

蒋剑农:《十万亩的冬耕竞赛》,《浙江潮》1939 年第 89 期。

戚志元:《浙江之粮食增产工作》,《浙江经济》1947 年第 3 卷第 2 期。

朱家骅:《从浙江财政说到发展生产建设》,《浙江省建设月刊》1937 年第 10 卷第 10 期。

黄绍竑:《本省财政问题》,《浙江潮》1939 年第 81、82 期合刊。

沈松林:《浙江之战时财政》,《浙江潮》1939 年第 70 期。

沈松林:《浙江战时经济史料》,《浙江经济》1946 年第 1 卷第 2 期。

张作周:《抗战三年来浙江经济建设鸟瞰》,《浙江潮》1940 年第 115 期。

夜鸣:《浙江敌我经济封锁线》,《浙江潮》1939 年第 90 期。

守本:《浙江灾情与振济》,《浙江政情通讯稿》1943 年第三、四期。

杨兴勤:《如何解决浙西战区盐务》,《战地》1939 年第 2 卷第 9 期。

张一凡:《民元来我国之地方财政》,朱斯煌主编:《民国经济史》,银行学会、银行周报社 1948 年版。

浙江省建设厅:《浙江省发展农业生产计划》,《浙江省建设月刊》(农业专辑)1939 年第 1 期。

《一年来之浙江财政》,《浙光》1942 年第 9 卷第 1 期。

《浙省政府开征卷烟特种税》,《申报》1939 年 12 月 7 日。

《财政大有起色,生聚教训中之浙江,黄绍竑在桂林谈话》,《申报》1939 年 3 月 10 日。

《本省厉行预决算制度纲要》,《浙江省政府公报》1937 年 4 月 10 日。

《全国财政会议开幕》,《银行周报》1941 年第 25 卷第 24 期。

《全国财政会议宣言》,《银行周报》1941 年第 25 卷第 25 期。

《一年来浙江省抗卫团队之战斗经过》,《抗卫》1940 年第 3 期。

《"教育年"成绩良好,定期举行闭幕礼》,《浙江日报》(龙泉版)1945 年 3 月 21 日。

陈其采:《过去一年中之浙江财政》,《浙江财务人员养成所开学纪念刊》(1928 年 10 月),上海图书馆藏书。

《浙江省国家及地方 1928 年度实收支及 1929 年度预算表》,《统计月报》1930 年第 2 卷第 7 期。

《浙江省二十年度岁计简明表》,《中行月刊》1932 年第 4 卷第 3 期。

张森:《田赋与地方财政》,《地政月刊》1936 年第 4 卷第 2、3 合期。

朱契:《对第三次全国财政会议之感想》,《财政评论》1941 年第 6 卷第 1 期。

陈召正、邵雍:《孙中山民生主义与国民政府救济体系建设》,《团结报》2020 年 11 月 26 日。

熊彤:《全面抗战时期浙江的税收改革及成效分析》,《近代中国》2019 年第 2 期。

潘国旗:《第三次全国财政会议与抗战后期国民政府财政经济政策的调整》,《抗日战争研究》2004 年第 4 期。

潘国旗:《论战时的浙江省财政》,《抗日战争研究》2009 年第 2 期。

黄兰英:《"浙江省战时物产调整处"述评》,《浙江学刊》1996 年第 6 期。

杜恂诚:《民国时期的中央与地方财政划分》,《中国社会科学》1998 年第 3 期。

张履政:《国民党统治时期浙江省财政厅见闻》,《浙江文史资料选辑》第 4 辑,政协浙江省文史资料委员会 1962 年印。

吴欣、谈建军:《抗日战争时期的浙江金融研究》,中共浙江省委党史研究室编:《浙江省纪念抗日战争胜利 50 周年论文集》,当代中国出版社 1997 年版。

林心雨:《抗战时期浙江省铁工厂研究》,硕士学位论文,浙江大学,2018 年。

尹红群:《民国时期的地方政权与地方财政(1927—1945)——以浙江为例》,博士学位论文,2005 年,浙江大学。

王合群:《浙江"二五"减租研究》,博士学位论文,华东师范大学,2003 年。

后　记

2021 年是中国共产党成立 100 周年,也是中国抗日战争爆发 90 周年。在这场长达 14 年之久的艰苦卓绝的抗战岁月中,中国共产党秉持民族大义,积极倡导和促成抗日民族统一战线,成为全民族抗战的中流砥柱。包括国民党爱国官兵在内的全体中华儿女同仇敌忾,共赴国难,赢得了近百年来中国反抗外敌入侵的第一次完全胜利,为世界反法西斯战争的全面胜利作出了巨大贡献。

浙江抗日战争史是中国抗日战争史的重要组成部分。因浙江地处中国东南抗日前哨,战略地位非常重要,因此,日军在发动对上海侵略的"八一三"事变不久,就开始了在杭州湾地区的登陆,虽遭到当地军民的顽强抵抗,但浙西杭嘉湖地区还是于 1937 年底先后沦陷了,浙江省政府被迫迁驻永康,永康随之成为整个浙江的政治、经济和文化中心。黄绍竑在永康方岩主政期间,政治思想比较进步,实行了一系列的开明政策。如制定与颁布《浙江省战时政治纲领》、组建战时政治工作队、积极发动和组织全省民众参加抗战等,使得全面抗战初期的浙江呈现出了团结抗日的新气象。但全面抗战初期,因失去了浙西等大部分的富裕地区,浙江的财政收入锐减,而军费、县协助费等开支剧增,使得在全面抗战前已困难重重的浙江财政雪上加霜。为此,黄绍竑在第二次主浙后,对战时的浙江省财政采取了一系列改革措施,如调整税收机构、整顿财务行政、举办土地陈报、开辟财税新来源、整顿旧税（营业税等）、活跃社会金融等，使财政收入有了较大幅度的增加，借以建立和扩充抗敌自卫团、兵工厂等，为浙江的抗战胜利作出了重要贡献。财政是政府施政的基础，为了全面收集、整理战时浙江财政史资料，总结其经验和教训，为今天地方财政政策的制定和财政改革起到一定的借鉴作用，中共永康市委、永康市人民政府组织编委会编纂《全面抗战时期浙江财政史研究》一书。经过编委会全体成员的不懈努力，书稿于2021年底完成，并经多次修改，现在终于要付梓了。在此，我们谨向在本书编纂过程中给予大力支持和帮助的各位领导、专家等表示诚挚的感谢。

《全面抗战时期浙江财政史研究》的撰写坚持论从史出，史论结合的原则，通过史料的收集、整理和分析，力图全方位展示抗战时期浙江财政经济的全貌，全书分为"绪论——全面抗战前浙江财政概述""第一章　省会迁永康——浙江全面抗战局面的形成""第二章　1937—1941年的浙江财政概述""第三章　全面抗战时期浙江省的财政收支及后期国地收支系统的改制""第四章　战时财政对浙江全面抗战的贡献"和"结语"六个部分。各章执笔人分工如下：绪论潘国旗（浙江越秀外国语学院）、第一章蔡令（江西警察学院）、第二章和第三章潘国旗、第四章潘国旗和马俊译（杭州师范大学）、结语黄丹（浙江大学）和蔡令，全书由潘国旗统稿。

《全面抗战时期浙江财政史研究》一书，尽管全体编纂人员竭尽全力，反复修改，但由于时间紧、资料少，加之编者水平有限，因此遗漏与差错在所难免，恳请广大读者批评指正。

《全面抗战时期浙江财政史研究》编委会

2023年8月

责任编辑:王彦波

封面设计:汪　阳

图书在版编目(CIP)数据

全面抗战时期浙江财政史研究/《全面抗战时期浙江财政史研究》
编委会 编著. —北京:人民出版社,2023.10
ISBN 978－7－01－024638－3

Ⅰ.①全…　Ⅱ.①全…　Ⅲ.①地方财政-财政史-浙江-1931—1945
Ⅳ.①F812.9

中国版本图书馆 CIP 数据核字(2022)第 041971 号

全面抗战时期浙江财政史研究
QUANMIAN KANGZHAN SHIQI ZHEJIANG CAIZHENG SHI YANJIU

《全面抗战时期浙江财政史研究》编委会　编著

人 民 出 版 社 出版发行
(100706　北京市东城区隆福寺街 99 号)

中煤(北京)印务有限公司印刷　新华书店经销

2023 年 10 月第 1 版　2023 年 10 月北京第 1 次印刷
开本:710 毫米×1000 毫米 1/16　印张:18.5　插页:2
字数:257 千字

ISBN 978－7－01－024638－3　定价:49.00 元

邮购地址 100706　北京市东城区隆福寺街 99 号
人民东方图书销售中心　电话 (010)65250042　65289539